中公新書 2848

小原雅博著

外交とは何か

不戦不敗の要諦

中央公論新社刊

まえがき

ナチスドイツがチェコスロバキアを併合した1939年3月、ソ連封じ込め政策で知られた米国の外交官ジョージ・ケナンは、首都プラハの米国公使館に勤務していた。第二次世界大戦が勃発する半年前である。彼は、当時の欧州情勢を振り返って、「暗い雲が広がり、わけのわからない恐怖と胸騒ぎに満ちていた」と回顧している（『ジョージ・F・ケナン回顧録』）。

そんな暗い雲が私たちの時代にも広がりつつある。

ロシアによるウクライナ侵略は、欧州諸国を震撼させ、安全保障観を一変させた。平和主義を標榜してきたドイツは武器供与や国防費増に動き、中立政策を維持してきたフィンランドとスウェーデンは北大西洋条約機構（NATO）に加盟した。プーチン大統領は、タブーとされてきた「核の恫喝」さえ平然と行う。習近平国家主席や金正恩総書記もその効果を学んだに違いない。

中東では、イスラム組織ハマスによる残虐な大規模テロ攻撃が起き、イスラエルが自衛権の行使として地下トンネルに潜むハマスを殲滅すべく、ガザ一帯を激しく空爆した。多数の子供を含む民間人が犠牲となり、水や食糧や医薬品も欠乏する人道危機となった。

ユーラシア大陸の地政学的断層である東欧と中東で起きた戦争は、3つ目の断層たる東アジアにも暗い影を投げかける。台湾海峡、南シナ海、朝鮮半島などで常態化する軍事的緊張は、戦争へのエスカレーションと隣り合わせの危うさを感じさせる。

歴史の教訓に学ぶなら、現状を放置するのは余りに危険だ。ケナンが抱いた恐怖や胸騒ぎを覚えるのは筆者だけではあるまい。第三次世界大戦の勃発さえあり得ないことではないと思う。それを危惧する者を悲観論者と笑って済ませられるほどに人間は賢明ではない。

そして、戦争はひとたび始まれば、容易には終わらない。ニュース番組でロシアや中東の専門家は戦争が月単位で終わると予想したが、そうはならなかった。

そんな危機の時代にあって、国家国民の生存や安全をどう守るのかという問いかけが重く伸しかかり、抑止や防衛をめぐる議論が熱を帯びる。

しかし、それは外交が不要だということを意味しない。もちろん外交は万能ではないし、労多くして益少ない結果に終わることもしばしばである。それでも、力を過信し、武力に訴えれば、稀代の軍事家クラウゼヴィッツが戒めた「戦場の霧」が計算を狂わせ、大きな代償を払うことになる。プーチン大統領がウクライナで始めた戦争にも、そんな誤算が見て取れた。

世界最強の軍隊を持つ米国でさえ、第二次世界大戦後のほとんどの戦争で勝利できなかった。サイゴン陥落後に米国大使館の屋上から脱出者を乗せたヘリコプターが離陸する映像やアフガニスタン・カブール国際空港に殺到した避難民が米軍機にしがみつき振り落とされる光景は、戦争の不確実性と大国の力の限界を印象づけた。

戦争をせずに外交によって平和的に問題を解決する。そんな意思や努力を放棄すべきではない。

1962年、ソ連が密かに核ミサイルをキューバに配備し、核戦争の危機が起きた。ジョン・F・ケネディ大統領は強い意思と指導力を発揮して外交的解決に全力を尽くした。それがフルシチョフ第一書記を動かし、危機を回避できた最大の要因であった。危機の最中、ケネディ大統領は弟のロバート・ケネディ（当時司法長官）にこう述べている。

《もしこのこと（引用者注：キューバ危機）について今後書こうとする人がいるならば、その人は、われわれが平和を見出すためにあらゆる努力を行ない、相手側に行動の余地を与えるために、あらゆる努力を行なったことを理解するであろう》（『13日間』）

危機の中で兄を支え続けたロバート・ケネディこそ、「その人」にふさわしい人物だった。兄に続いて凶弾に倒れる前に書かれた『13日間』は、「人々を感動させる鋭敏な記録」（マクナマラ、1962年当時国防長官）である。それは今日も私たちに外交についての重要な示唆や深い洞察を提供してくれる。

同書が明らかにしている通り、外交にはさまざまな制約や限界がある。それでも、キューバ危機は、外交によって解決された。外交を論じ、理解を深めることが平和への第一歩である。国際社会は、どうしようもなく不完全だ。しかし、わずかでも希望と可能性がある限り、私たちは外交に全力を尽くすべきだ。

戦前の日本で、外交は軍事に圧倒され、戦争を回避できなかった。その原因はどこに見いだされるべきなのか。検証は、『外務省極秘調査報告書』を含め、多々なされてきた。そして、そこで得られた教訓は、戦後日本外交の原則や理念の中にも埋め込まれた。その柱となったのが国際協調と平和主義である。それは戦後日本外交の成功体験を支えた基本政策であったが、今日、国際環境は厳しさを増している。試練の日本外交はどうあるべきか。

そんな問題意識を抱きながら、本書では、外交の要諦を探り、戦略的思考や外交感覚について論じ、日本外交について考えてみたいと思う。それが危機の時代にあって大切なことだと思うからだ。

目次

第7章 外交力の要諦

地図作成／モリソン
DTP・図表作成／今井明子

外交とは何か

不戦不敗の要諦

編集部注

○引用文の旧字旧仮名は適宜、新字新仮名に改めた。

○外国語文献の引用で参考文献に訳書を掲げていないものは、著者による訳出。

○外国語文献には原著の刊行年を付した。

序章　外交とは何か

・どの会議においても彼等は母国語で自由に論弁し、日本の委員はそれを聞き漏らさないように努めるだけでも簡単なことではない。ましてや、意見を述べるにしても、すぐに起立しないと、議論は直ちに他に移る恐れがあり難儀した。（牧野伸顕　パリ講和会議から帰国後の弁「牧野伸顕文書」国立国会図書館憲政資料室）

・日露戦争のときのごとき少額の金では戦争はできず。……米国以外に日本の外債に応じ得る国は見当たらず。……結論として日米戦争は不可能……外交手段により戦争を避くることが……国防の本義なり。（加藤友三郎海軍大臣）

外務省極秘調書『日本外交の過誤』

1951（昭和26）年3月、吉田茂首相は対日講和の進展と外交の正常化に備え、満州事変から終戦までの日本外交を検討し、戦争の阻止、早期終結のため取るべきであった態度を考察するよう、外務省の課長クラスに指示した。その調書が、極秘文書『日本外交の過誤』（2003年4月に外務省公表）である。

そこには、満州事変から、三国同盟締結、南部仏印進駐、日米交渉、そして終戦工作までの一連の対外政策が「作為又は不作為による過誤の連続であった」との吉田の総括が記されている。当時の政治や外交に携わった人々を戦争に押し流していった作為と不作為の根本原因について、調書はこう結論づけている。

《対華政策の根本が改められない限り、本省や現地の事務当局がいかに努力して見ても、外交的には無にひとしい。軍というものが存在していた以上、当時としては、それ以上のことはできなかったにしても、根本に誤りがある場合には、枝葉末節の苦心は、単なる自慰に終る外ない》

本調書については、第1章で改めて触れることにしたい。

「根本」の大切さについて、吉田茂は、『回想十年』で、エドワード・マンデル・ハウス大佐（筆者注：「大佐」はニックネーム）の忠言を引いている。大佐はウィルソン大統領顧問としてパリ講和会議などで活躍した人物だ。吉田は、1932～33年に欧米視察に出た際、義父である牧野伸顕（内大臣などを歴任）の紹介によってハウス大佐と面会した。以下はその時に吉田が聞いた話である。

《自分は過《す》ぐる欧洲大戦の直前に、ウィルソン大統領の命を受けて、欧洲に渡った際に、ドイツ皇帝ウィルヘルム二世を訪問した……ドイツが無謀な戦争に入るようなことがなければ、世界第一流の強国として存在し、繁栄をつづけ得るであろうが、もしそうでなくして、戦争を始めるようなことになれば、それは単なる独仏間の争いに止《とど》まらず、世界戦争にまで発展するであろう。そうなれば……これまで築き上げたドイツ興国の大業を根底から覆《くつがえ》すことにならぬとも限らない、と述べた。ところがドイツ皇帝およびドイツの政治家たちは、自分の忠言に耳を藉《か》すことなく、その後戦争をはじめ、その結果は、自

外務省極秘調書『日本外交の過誤』
調書草案表紙には、「本稿の趣旨ニテ省員へ講演を試み批評せしむべし」との吉田直筆の指示が書かれている。

分の予言通りになってしまった》

よほど自らの思いに通じたところがあったのであろう。「大佐に会った当時の日本はいわば第二のドイツといったようなところ」であったと指摘した上で、大佐が日本にも次の通り忠言をしたと記している。

《日本が徒《いたず》らに戦争に突入するようなことにでもなれば、近代日本の輝かしい興隆発展は、一朝にして覆されてしまうであろうし、もしまた反対に日本がこの際自重して、平和を維持し、冷静に国運の隆盛に専念するならば、日本の前途は洋々たるものであろう》

しかし、日本もこの忠言を聴き入れず、「(日本が)興国の大業を根底から破壊してしまった」と慨嘆している。

ハウス大佐の忠言と吉田の慨嘆には、根本の何たるかが示されている。それは、誤りなき国益を外交によって平和的に追求するという国家運営の基本原則である。ここに言う「誤りなき国益」とは国家・国民の平和と繁栄、そして自由である。それをどう守るか、それこそ外政家の真価が問われ、国民の理性も問われる。

吉田は、『回想十年』において、日本を開国に動かした米国との外交、日の没することなき大英帝国との同盟、第一次世界大戦頃からの対英米関係の変調、戦争と敗戦を経ての日米同盟という歩みを振り返ってこう述べている。

《日本外交の根本基調を対米親善に置くべき大原則は、今後も変らぬであろうし、変えるべきでもない。それは……明治以来の日本外交の大道を守ることになる……日本は海洋国であり……英米両国に自ずと重きを置かざるを得ない……そうすることが、最も手っとり早く、且つ効果的なのである。要するに、日本国民の利益を増進する上の近道に外ならぬのである》

ここに先述した「根本」についての吉田の考えが凝縮されている。現実主義的な吉田らしい外交哲学の披瀝であると言えよう。

戦後、首相となって、先の戦争を「10年間にわたる無謀なる戦争」（1949年4月4日、施政方針演説）と呼んで、厳しく糾弾した。

《過去において、たまたまわが国が国際情勢に十分の知識を欠き、自国の軍備を過大に評価し、世界の平和を破壊してはばからざりしことが、遂にわが歴史を汚し、国運の興隆を妨げ、国民に、その子を失わしめ、その夫を失わしめ、その親を失わしめ、世界を敵として空前の不幸を持ち来した》（1949年11月8日）

吉田茂（1878-1967）　首相官邸ホームページより

戦争への歴史を振り返る時、日本の政治の中枢にあった人たち、就中《なかんずく》、軍の指導層や中堅参謀らがいかに国際情勢認識を欠き、あるいは誤り、そして自国のパワーを過信して、希望的観測と独善的思考によって動いていたかを知って愕然とする。それをつぶさに見た吉田は、「外交感覚」の重要性を強調するとともに、戦後の日本のパワーと国際情勢を慎重に分析し、その基礎の上に立って日本の平和と繁栄を実現し得る現実的戦略を追求した。後に「吉田ドクトリン」と呼ばれる「軽武装・経済重視・日米安保基軸」である。

その柱が、戦後日本の外交・安全保障の枠組みとなったサンフランシスコ講和条約と日米安全保障条約である。それらの締結は、吉田が「日本国民の本性」にかかっていると述べた（1951年10月12日）ほどに国論を二分し、沸騰させた。しかし、その外交路線は、戦後日本の国際社会への復帰と経済の復興を可能とし、平和と繁栄への道を切り開いた。それは、『日本外交の過誤』で戦前の外交に欠けていたと強調された実利主義と現実主義を体現していた。

外交か軍事か？

孫子は、「戦わずして人の兵を屈するは善の善なるものなり」と述べたが、戦争ではなく外交で国益を維持・増進することもまた「善の善なるものなり」である。

先述した通り、キューバ危機において、ケネディ大統領は、弟のロバート・ケネディの助けも得て、核戦争の危機を収束させた。当時国防長官としてケネディを支えたマクナマラは、危機を回顧して、こう述べている。

《彼（ロバート・ケネディ）は……米国大統領というものは、わが国の死活的な利益を守る一方、とりわけ核破滅に導く可能性のある大国間の対決を、阻止せねばならないと理解していた。／彼の目的は、戦争をしないでキューバからミサイルを撤去させることであった。この目的は達成された。それは彼が助けてつくり、彼の兄が指揮した戦略――非合理的、自殺的、発作的な反応を余儀なくさせるような点にまでソ連を追いつめずに、しかも相手に圧力を加えた戦略によって達成されたのである》（『13日間』）

この戦略こそまさに「孫子の兵法」であった。ケネディ兄弟は戦わずしてソ連軍を撤退させたのであり、それは戦争の勝利ではなく、外交の勝利であった。

戦後に吉田茂が残した名言がある。

《戦争で負けて、外交で勝った歴史はある》

この言葉は、戦前、戦争に反対し、戦後は外交によって敗戦からの再建と国際社会への復帰に道筋をつけることになる外政家だからこそ口にできた言葉である。

軍事も外交も国家・国民を守るためにある。どちらか一方だけでは国家の生存と安全は期し得ない。しかし、優先すべきは外交である。外交官は国家の前面に立って平和のために粘り強く交渉する。軍人は万が一を想定して、その背後で静かにどっしりと構えて準備を怠らない。この外交と軍事の関係を間違えてはいけない。

そのことを誰よりも理解していたのが、湾岸戦争を勝利に導いた米国の将軍であり、国務長官も務めたコリン・パウエルである。パウエルはこう述べている。

《戦争は回避されるべきだとの前提に立って、利用可能なあらゆる政治的、外交的、経済的、財政的手段を用いて問題を解決し、大統領が設定した政治目的の実現を目指す。同時に軍事力は外交を支えるために存在しており、外交が失敗した時に初めて軍事力が外交に取って代わることを理解しておく必要がある》（*It Worked for Me*）

昭和天皇は、対米戦争を決定づけた昭和16年9月6日の御前会議の前日、近衛文麿首相との面会をこう振り返っている。

《（近衛の案を見て、）之では戦争が主で交渉は従であるから、私は近衛に対し、交渉に重点を置く案に改めんことを要求したが、近衛はそれは不可能ですと云つて承知しなかつた》（『昭和天皇独白録』）

天皇の命で急遽参内した杉山元参謀総長と永野修身軍令部総長に対し、天皇は厳しく質問し、両名とも外交に重点を置くことを約した（『太平洋戦争への道　開戦外交史　7　日米開戦』)。翌日の御前会議でも、天皇は「異例発言」によって「和平意向の表明」を行った。しかし、「力の発動による国運の打開という参謀本部の強い意志」(五百旗頭真『日本の近代6 戦争・占領・講和』)を変えるには至らず、近衛内閣は総辞職し、東条英機内閣となり、いよいよ開戦の色が濃くなった。

日米交渉の最後の段階で特使として渡米して戦争回避に努めた来栖三郎は、後に、真珠湾攻撃の「煙幕」になることをあらかじめ意識していたのではないかと疑われた外交官であった。そのことを確信していた米国政府高官がコーデル・ハル国務長官であった。ハルは、来栖の印象を回想録でこう述べている。

《彼の顔つきにも態度にも信頼や尊敬を呼ぶものがなかった。私ははじめからこの男はうそつきだと感じた。私は傍受電報や正規の情報やこれまでの交渉における日本の態度を分析したところから日本の意図を知っていたから、来栖が日本をたつときに日本政府の計画と彼に負わされた役目を知らなかったはずはないと思った》(『ハル回顧録』)

その上で、ハルは、来栖が派遣された目的として、「第一はあらゆる圧力と説得を用いてわれわれに日本側の条件を受諾させることであり、第二はそれが失敗した場合日本の攻撃準備が出来るまで会談でわれわれをひきずっておくことだった」(同前書)と書いている。しかし、来栖は、フランクリン・ルーズベルト(以下、F・ルーズベルト)大統領との最後の会見の前日、東郷茂徳外相に送った電信の中で、日本が予告なく自由行動に出るようなことのないよう、交渉を打ち切る場合には、東京で米国大使に通告、又は、世界に声明するよう要請しており（昭和16年11月27日、野村吉三郎駐米大使発東郷茂徳外務大臣宛電報第1190号）、少なくとも来栖本人は交渉妥結に全力を注いでいたのであり、戦争準備が整うまで軍部と結託して時間稼ぎをしていたとの疑惑は正しくない。不幸だったのは、本省から届いた交渉打ち切り「最終覚書」のタイプが、機密保持の観点から、タイピストではなく、上級書記官に委ねられたため、ハル国務長官への手交が真珠湾攻撃後になってしまったことである。

こうして、日米両国は戦争に突入し、外交は役目を終えた。その影響を最初に体験するのが外交官である。当時の駐米大使であった野村吉三郎の帰国までの様子はこう記されている。

《野村、来栖両大使が国務省からもどると、大使館の前には人だかりができ始めていた。〝奇襲攻撃〟をなじる人々の群れだったが、野村らは館内に入るまで「開戦」の事実を知らなかった。大使館には抗議の電話が殺到した。誰もが口汚く日本を罵った。だが、その電話線も間もなく切断され、大使館は遂に陸の孤島と化した。それは東京のアメリカ大使館の運命でもあった。／半年に及ぶ幽閉生活を余儀なくされた大使館関係者……が、中立国の斡旋により日米交換船……を乗り継ぎ、アフリカーシンガポール経由で横浜に帰着したのは、翌一九四二（昭和十七）年八月二十日であった》（尾塩尚『駐米大使野村吉三郎の無念』）

日本陸軍の強硬論に反対した吉田は、戦前の軍の誤りを教訓にして創立した防衛大学校の第1回卒業式（1957年　筆者注：卒業式というのは吉田の記憶違いのようだ）で首相としてこう述べたと回顧している。

《自衛隊が国民から歓迎されチヤホヤされる事態とは、外国から攻撃されて国家存亡のときとか、災害派遣のときとか、国民が困窮し国家が混乱に直面しているときだけなのだ。言葉を換えれば、君たちが日陰者であるときのほうが、国民や日本は幸せなのだ。どうか、耐えてもらいたい》（『回想十年』）

これもまた国家の存亡に関わった吉田だからこそ言えた至言である。その指摘通り、自衛隊には外敵の侵略のみならず、災害においても国民の生命・財産を守る使命がある。そして、吉田の訓示当時は想像もし得なかった「国際社会の平和と安定のための貢献」としての国連平和維持活動（PKO）も求められるようになった。

戦後の日本は、「平和を愛する諸国民の公正と信義に信頼して、われらの安全と生存を保持しようと決意した」（憲法前文）。しかし、マキャベリとその後のリアリストたちが観察した「抗しがたい力の原則」に突き動かされる人間の本性は変わらない。平和憲法と現実の国際政治という二つの対極的要請を前にして、果たしてどう日本を守るのか。日本に突き付けられてきた難題である。一つの有力な答えは外交であった。しかし、世界には話せばわかる善人だけでなく、隙あらば武力によってでも目的を達しようとする悪人もいる。戦前の日本のように、軍事が外交を押しのけてまかり通るようなことはあってはならないが、軍事を嫌悪し忌避して、外交だけで平和が保てると考えるのもユートピアに過ぎる。

「いざ鎌倉」という時に備えて日々鍛錬を怠らない自衛隊。そんな事態を起こさないように日々情報収集や対外折衝に当たる外務省。軍事と外交が共にあるべき役割を発揮してこそ、国家・国民は安全と安心に近づくことができる。それが国家経営の基本である。

外交の定義

吉田は、「外交感覚」の重要性を説いた。その第一歩は、外交の原則や仕組みを理解し、それがどう作られ、どう機能してきたかを知ることから始まる。本書もまた、「外交とは何か」という問いかけから始めてみたい。

江戸末期から明治時代に日本に駐在した英国の外交官アーネスト・サトウは、外交を「独立国家政府間における公的諸関係の行為に知性と機転を適用することである」と定義した（*A Guide to Diplomatic Practice*〔1917年〕）。「知性と機転」は、激動の時代に日本の歴史的人物と交わり外交官として活躍したサトウらしい表現である。

ただ、定義としては、国際関係論の大家ヘドリー・ブルの名著の記述が十全である。ブルは、「外交（diplomacy）」を「公式代表による、かつ平和的手段による、国家、およびそれ以外の世界政治上の地位をもつ実体間の関係の処理」（『国際社会論』１９７７年）と定義した。本書は、この定義を用いて、議論を進める。

「公式代表」には、外交使節団（相手国に継続的に派遣される常駐外交使節団と特定の任務のために本国から出張等の形で派遣される臨時外交使節団）が含まれ、その長は信任状を接受国に提出することによって任務を開始する（外交関係に関するウィーン条約第13条）。

本書では、国家試験等により外務省に採用されて外交活動に従事する職業外交官を「外交官」と略称し、外交・内政で歴史的業績を残した首相や外相を「外政家」と呼ぶ。外交と内政の関係は重要であり、第４章で論じる。ちなみに、日本で最初の外交官試験は１８９４年に始まり、戦争中の中断を経て、戦後の１９５０年に外交官領事官試験が復活した後、外務公務員採用上級試験（後の同Ⅰ種試験）となり、２００１年には、国家公務員採用Ⅰ種試験（現在の同総合職試験）に統合された。その他に、外務省が独自に実施する専門職員採用試験がある。

試験制度導入に尽力したのは陸奥宗光外相とその下で通商局長を務めた原敬である。陸奥も原も非藩閥出身で苦労したこともあり、また語学を含めた優秀な人材拡充が急務とされたことから、競争的で公正・公平な試験制度が導入されたのである。この試験に合格して外交官として勤務した後に外相になった人物として、幣原喜重郎（第4回試験、戦後に首相）、芳澤謙吉（第8回）、松岡洋右（第13回）、佐藤尚武（第14回）、広田弘毅（第15回、首相）、吉田茂（第15回、戦後に外相・首相）、有田八郎（第18回）、重光葵（第20回）、東郷茂徳（第21回）、谷正之（第22回）、岡崎勝男（第31回、戦後に外相）がいる。なお、芦田均（第20回）は戦後に首相を務めた。

ブルの定義「それ（国家）以外の……実体」には、国際連合や欧州連合などの一般的・地域的国際機構が含まれる。「関係の処理」においては、「（対外）交渉」が重要であるが、広義の外交においては、その前提となる（対外）政策の形成という国内の意思決定過程も含む。

ハロルド・ニコルソンは、著書『外交』（１９３９年）において、立法的側面としての対外政策の決定と執行的側面としての外交交渉を峻別した。ニコルソンは英国の著名な外交官を父とし、自らも20年間の外交官生活を送った人物である。第一次世界大戦後、「公開外交」という新しい原則の登場を受けて、外交に対する民主的統制のあり方を論じ、政策決定過程は公開しても、交渉過程は公開になじまない（交渉結果は公開）と主張し、こう述べている。

《民主主義における「対外政策」は、内閣が国民の代表者の承認を得て決定すべき事柄であるのに反し、同政策の遂行は「外交」と呼ばれようと或いは「交渉」と呼ばれようと、普通、経験と思慮分別を有する玄人に委ねられるべきものなのである》

この指摘は今日も妥当するが、民主主義と外交の関係は奥が深い。

日独伊三国同盟も対米開戦も国民の与《あず》かり知らぬところで決定され、それによって国民は筆舌に尽くしがたい犠牲を強いられた。戦後、国民主権を定めた新憲法には、外交の民主的統制の観点からの規定が盛り込まれた。その一つが条約の批准である。国際約束は、国民の権利や義務に影響を与える度合いによっては、「事前に、時宜によっては事後に、国会の承認を経ることを必要とする」（日本国憲法第73条3項）。これらは「国会承認条約」と呼ばれ、国会承認を要しない「行政取極」と区別される。なお、国際約束に当たらない文書として、共同宣言や共同声明があるが、1956年の「日ソ共同宣言」（両国に平和条約が締結された後にソ連が歯舞諸島と色丹島を日本に引き渡すことに同意）は、批准書の交換を効力発生要件としている点で、明白に国際約束である。

こうした国内プロセスの重要性に鑑み、本書は「広義の外交」を取り扱う。それは多くのプロセスを伴う。国益の確定、戦略・政策の策定、国力の投入、自国の立場・政策の発表や外国政府への申し入れ（デマルシュ）、二国間・多国間の会談・交渉、条約の締結などである。端的に言えば、外交とは、国益や政策の決定を中心とする国内プロセスと外国との交渉を中心とする対外プロセスからなる国家の国益追求行動である。

外交の起源と外交慣行・外交思想の形成

それでは、こうした（現代）外交の有り様は、どのような歴史的発展を経て形成されたのであろうか？　外交は、国際社会の存在を前提とする。国家が国際社会の構成員としての自覚を持ち、互いに交渉する必要性を認識することで外交慣行が形成されてきた。

古くは紀元前5世紀後半、トゥキディデスの『戦史』に、古代ギリシャの都市国家が互いに使節を派遣し合って、自国の立場を滔々と弁じる描写が頻繁に出てくる。ニコルソンは、『戦史』が古代ギリシャ時代の外交慣行に関する知識を与えてくれると指摘した上で、アテーナイ使節がスパルタ民会で発言を許されたといった記述から、「外交慣行の予想外の進歩」であると解説した（『外交』）。

当時、ローマの元老院議員3人がギリシャ諸都市を視察しており、外交慣行はローマにも伝わったが、外交は戦争の付随的活動の域にとどまっていた。ローマは、毎年のようにどこかと戦争し、そうでなければ国内の貴族と平民の抗争に揺れた。その後、ローマは地中海の覇権を握る帝国となったため、ローマの歴史は外交史として語るべき内容に乏しい。

外交が重視されるようになった契機は、力が衰えた東ローマ帝国後期に至って、諸国家の内情や諸国家間の関係についての情報収集と報告が、帝国の生存と安全のために必要とされるようになってからである。

13～14世紀のイタリアでは、同盟や連合や謀略を繰り広げた諸都市において、外交が官職として広がった。15世紀末には常駐使節団が生まれ、条約や儀典（外交プロトコール）が定型化されていった。外交文書の保管・分類・研究も進み、条約作成方法や交渉術の教材となった。

17世紀、フランスの外交官として活躍したカリエールは、「慎重で腕利きの交渉家をヨーロッパの諸国に常時駐在させ」ている君主が成功を収めると説いて、リシュリュー枢機卿の『政治的遺言』の一部を引用しつつこう述べた。

《近くや遠くの国々と、公然とまたは秘密裡に、平時と戦時とを問わず、絶えず交渉を続けているということがいかに有益なことであり、また、必要欠くべからざることでもあるか……「たとえ今すぐ成果を生まなくとも、また、将来に期待し得る成果がはっきりと目に見えなくとも、諸国家の利益のために全く欠くことのできないことである。」》（『外交談判法』）

当時、フランスは英国より多くの常駐使節を欧州各地に配置するなど、欧州外交の中心にいた。そのフランスで最高位の大臣リシュリュー枢機卿は、キッシンジャーが外交史の名著『外交』において最も高く評価した人物である。リシュリューは、国家理性の概念を生み出し実践してフランスをその後200年にわたって欧州で最も影響力のある大国にした。国家理性は、中世を支配した信仰という道徳律を国家が打ち捨てて国家の利益に従って行動する理論的な根拠となった。それが欧州諸国の新しいルールとなり、大国は支配を求め、中小国は連合して対抗し、大国の侵略を阻止するほどに強力になれば、勢力均衡（balance of power）が出現した。そうならなければ、ある大国が覇権を握った。国家理性の本質はリスクやコストと利益の関係を計算することにある。情報の収集や分析が外交の重要な役割となり、交渉や戦争という国家活動のダイナミズムが外交に活力を与えた。フランス語は欧州共通の外交用語となった。第一次世界大戦後のパリ講和会議では、ロイド・ジョージ英首相とウィルソン米大統領がフランス語を解さなかったため、フランス語の他に英語も使用言語として認められ、英仏語による会議通訳が使われた。日本代表団も英語を使った。

外交官が固有の位階制度と規則とを持つ公職として確立されたのは、1814～15年のウィーン会議の頃である。これによって、外交団の間で見られた見栄の張り合いや席次の争奪も決着を見た。例えば、「外交使節の席次に関する規則」（1815年）は、「各級における外交使節の席次は、その着任の正式な通知の日に従って定める」（第4条）と明記し、在勤期間が最も長い大使が外交団（ある国に駐在する諸国の外交使節団の外交官全体）の長となり、以下その長さに応じて席次が自動的に決まることになった。

19世紀の欧州は古典外交華やかなりし時代であり、ウィーン会議にはその成果が凝集されていた。この会議において、フランス革命とナポレオン戦争で混乱した欧州秩序は再建された。その設計者がオーストリア＝ハンガリー帝国〔以下、オーストリア〕のメッテルニッヒ外相である。ウィーン体制の下で、欧州はクリミア戦争（1853～56年）まで大国間戦争のない40年の平和を実現した。その後も第一次世界大戦まで半世紀、大戦はなかった。

先述した『外交』において、キッシンジャーは大きな足跡を残した外政家を次々に登場させ、透徹した観察眼によって彼らの外交思想や戦略を見事に描き出している。その中に、19世紀欧州秩序の理性を代表したメッテルニッヒがいた。彼の外交術がいかに巧みで洗練されたものであったかは、ウィーン体制のメカニズムを分解し、さまざまな要素やプレイヤーの相互の関係を眺めることで見えてくる。そこには、勢力均衡と価値の共有という二つの柱があった。メッテルニッヒは、「均衡なき平和は幻想だ」と喝破したし、キッシンジャーは価値の共有についてこう書いている。

《メッテルニッヒの最高の技術は、主要な諸国が相互の対立を共通の価値観によって克服するよう導いたことにある》

キッシンジャーに言わせれば、「勢力均衡は武力を用いる機会を減らし、共通の価値観は武力を使おうという意思を減じた」（同前書）のである。

以下、ウィーン体制の主要な要素を列記してみよう。

❶ドイツ統一は認めないが、プロシアとオーストリアを指導的国家とし、その他の中小諸国

と調和させる形でドイツを強化した。それはフランスのドイツ侵略とドイツの周辺国への侵略を共に抑制する力のバランスを反映した。

❷敗戦国のフランスを戦後秩序の一員として受け入れた。敗戦国に対する懲罰を含む和平は安定した国際秩序たり得ない。メッテルニッヒとフランス外相タレーランはそのことを理解していた。第一次世界大戦後のヴェルサイユ会議にはそんな外政家はいなかった。敗戦国ドイツに対する苛酷な要求が次の大戦の原因となった。タレーランはフランス革命以前の状態に戻るという「正統主義」を提唱し、戦後処理で責めを負うべき敗戦国でありながら革命の被害者であると位置付けることによって、フランスを他の大国と対等の立場に押し上げた。その類まれなる外交手腕を、キッシンジャーは「度外れた頭脳の持ち主」と表現した。

❸政治体制が百八十度違う英国を体制の中につなぎ留めた。メッテルニッヒは、英国が政治体制よりも国益を重視していることを見抜いていた。19世紀を通じて、英国は他国の国内政治体制には無関心であり、その外交を支配したのはイデオロギーではなく国益であった。パーマストン英首相（1855～58年、59～65年）の発言（「永遠なるものは同盟ではなく国益なり」　第5章の「死活的国益」を参照）はその集大成的名句であった。それにもかかわらず、英国が国益を定義することはほとんどなかった。国益は本能的に理解され、外交問題

が起きれば自動的に対応でき、世論もそれについてくるだろうとの自信を持っていた（同前書）。何が政策なのかと問われたパーマストンは、「問題が起こるたびに、我が国の利益に照らして一番良いと思われることを行うことである」と説明した。これを聞いた日本人なら当たり前のことを言っていると思うだろうが、この当然のことを実行できた国はほとんどない。

一方、同じ民主主義国家であっても、ウィルソン大統領に代表される米国の外交は異なる。米国は民主主義という価値を政策に反映させた。英国は価値のために国益を犠牲にはしなかったし、ましてやあえて危険を冒すことなど考えもしなかった。この違いは、19世紀の英国と米国の対中国政策を比較すれば明らかである。それを簡単に言えば、アヘン戦争に象徴される英国の対中強硬外交と、門戸開放宣言に象徴される米国の道徳主義外交の違いである。

そんな実際的国益主義外交を展開した英国は、勢力均衡が崩れたときのバランサーを自認していた。メッテルニッヒは「均衡なき平和は幻想だ」と喝破したが、勢力均衡が動的なメカニズムであり、適時適切な調整を必要とする理論である以上、メッテルニッヒにとって英国はウィーン体制の維持に欠かせない最後の切り札であった。

❹メッテルニッヒは、ナショナリズムや自由主義という価値とは正反対の保守主義という価

値によってロシアもつなぎとめた。保守主義という共通価値に基づく神聖同盟や四国条約によって列強の赤裸々な権力政治を自制させることに成功した。フランス革命後のナショナリズムや自由主義の流れに抗するには、ロシア一国だけでは困難であった。保守主義を共通の価値とするウィーン体制の維持こそがロシアやオーストリアの国内体制の安全につながる。そのためには相互の自制と協調が必要である。こうした認識が共有されたことがウィーン体制を持続させたのであった。その意味で、クリミア戦争はメッテルニッヒ亡き後の価値の共有システム崩壊を招くことでウィーン体制を終焉させたと言える。

以上からわかる通り、19世紀において、外交理論と外交術は高いレベルに達していた。もちろん、それはメッテルニッヒ個人の能力によるところが大きいが、同時に外交を一種のゲームのような感覚で自由に発想する環境があったことも指摘せねばならない。「会議は踊る」という名句が物語るように、ウィーンを舞台とした外交交渉は社交的雰囲気の中でゲームのルールに従ってゆっくりと進められた。そのことを高坂正堯はこう書いている。

《勝つという目的だけが重要ではなく、ゲームそのものが重要であって初めてルールは確固たる座を得る……外交の営みをゲームとして楽しむ感覚なしに、外交という複雑で微妙な技術はあり得ない。実際、19世紀の後半から、外交は単純で粗暴なものになって行った。軍事力に頼るところが多くなった》（『古典外交の成熟と崩壊』）
ウィーン会議では、メッテルニッヒによって考案されたゲームの枠組みとルールが共有された。勢力均衡と価値の共有からなる共通の基盤が戦争ではなく、外交による平和と安定を可能とした。それは政治体制を含む現状維持と平和の配当という現実的利益を大国すべてに享受させることにより、欧州に長い平和をもたらすこととなった。問題は誰がルールを作るかであり、ルールを作りに参加した国家は現状維持勢力となり、参加しなかった国家は現状打破勢力となる。第一次世界大戦後のパリ講和会議は、ドイツを「被告人」としてゲーム作りから排除し、結果的に現状打破勢力に追い込んだ。メッテルニッヒの凄いところは、敗戦国フランスを含め、欧州列強すべてをゲーム作りの参加者として招き入れたことであった。こうして「踊る会議」は古典外交の最高傑作を生み出したのである。

外交官の使命

古典外交というゲームを成立せしめたのが職業外交官である。中でも、欧州主要国の首都に駐在した大使は最も重要なプレイヤーであった。彼らは本国のエリート層を代表し、言語（英語とフランス語）を流暢に使いこなし、任国の宮廷や外務省との太いパイプを築いた。例えば、メッテルニッヒは駐仏大使時代からナポレオンとの関係を深め、その能力や性格を熟知していた。

当時、大使に対する本国指導者の信頼は厚く、大使の報告は本国の外交政策に反映された。例えば、ロシア駐在ドイツ大使プルタレース伯爵は、革命を恐れるロシアが戦争を起こすことはないだろうと本国政府に何度も報告し、カイザー（ヴィルヘルム2世）を喜ばせた（バーバラ・W・タックマン『八月の砲声』）。

しかし、ひとたび戦争となれば、外交官は舞台から去る。プルタレース大使にもそんな時が訪れた。1914年8月1日、彼は宣戦布告書をロシア外相に手交する段になると、《うす青色の眼のふちは赤く充血し、白い山羊ヒゲもかすかにふるえていた。……窓のそばへいき、よりかかって泣き崩れると、「これでわたしの任務は終わった」。ロシア外相が彼の肩をなで、両人は硬く抱き合ったのであった》（同前書）。

平和があってこその外交である。二人は外交のルールや術という共通道具を駆使しながら、戦争回避という外交の責務を果たすべく、職業外交官同士の「協力関係」を築いていたのである。

外交が歴史を刻む中で、外交慣行は、国際慣習法として定着し、第二次世界大戦後に新しく独立した諸国にも広がっていった。1960年代には、その法典化作業が進められ、外交関係と領事関係に関する二つのウィーン条約がほぼすべての国家によって署名・批准された。

「外交関係に関するウィーン条約」には外交官等に対する特権・免除が規定されている。この特権・免除は、「外交官を特権階級として優遇するためにあるのではもちろんなく」「外交関係のために不可欠な存在である外交使節団の……職務の円滑な遂行を確保するために不可欠なものである」（小松一郎『実践国際法』）。この点を外交官が自覚し、外交官を受け入れる政府や一般国民も理解し尊重する必要があるが、そうならなかった事例も少なくない。

スパイ活動や密輸など、外交官の「自覚」が欠如した行為があった場合には、ウィーン条約第9条で、接受国が他国の外交職員を「ペルソナ・ノン・グラータ（好ましからざる人物）」であると通告することができ、派遣国にはその者の召還や任務修了の義務が生じることが規定されている。

2020年7月、テクノロジー企業が集積し、医学と製薬分野の研究で世界をリードする大都市ヒューストンにある中国総領事館が40年以上の歴史に幕を閉じた。米国政府が「米国の知的財産と米国人の個人情報保護のため」との理由で総領事館閉鎖を要求してから72時間以内という慌ただしさであった。当時、トランプ大統領は、もっと（中国の総領事館を）閉じることができると言い放った。これに反発した中国政府は、「正当かつ必要な措置」として、四川省成都にある米国総領事館の閉鎖を求めた。中国外交部は、「総領事館の所掌以外の活動に関わり、中国の内政に干渉し、中国の安全と利益を危険に晒した」との声明を発表した。米国が要求したのと同じ72時間後に、米国総領事館も星条旗を降納し、1985年から35年以上にわたって維持してきた中国西部の外交拠点は失われた。冷戦中はもちろん、冷戦後も、米ソ（ロ）両国はスパイ容疑と認定した外交官を国外追放してきたが、それでも在外公館は業務を続けた。前代未聞の在外公館閉鎖の応酬は米中間の外交的基盤を損ない、信頼関係を大きく傷つける事件であった。

一方、任国政府やその国民が外交官の特権免除を理解し尊重しなかったケースとして、1979年に起きたテヘランの米国大使館占拠事件（イスラム法学校の学生らが外交官を人質にパーレビ元国王の引き渡しを求めた）が挙げられる。国際司法裁判所は、ウィーン条約第22条（公館の不可侵と侵害防止義務）の重大な義務違反であるとの判決を下した。目隠しをされ、両手を後ろに縛られた大使館員たちの写真は、その後の米国の対イラン政策に影を落とし続けた。

また、2005年に中国で起きた反日デモによる日本の大使館や総領事館の被害については、日本政府が中国政府に対し、同条違反の観点から、陳謝、損害賠償、再発防止、違法行為者の処罰を要求し、中国政府は原状回復と修復に応じた。

このように、外交慣例は政府や国民による理解と尊重、及び外交に携わる者の自覚が伴ってこそ持続し得るのである。

　さて、日本がこうした慣行を受容し、外交に乗り出したのは江戸末期である。長い鎖国の時代から脱した日本は、どのように国際社会に参加し、世界各国と交わり、外交を展開していったのであろうか。日本外交史をどう理解し、そこから何を学び取るべきだろうか。次章では、近代日本外交の歩みを振り返りながら、その答えを探してみたい。

第1章　日本外交史の光と影

●この帝国におけるこれまでの「最初の領事旗（星条旗）」を私は掲揚する。厳粛なる反省―変化の前兆―疑いもなく新しい時代が始まる。あえて問う――日本の真の幸福になるだろうか。（タウンゼント・ハリス『日本滞在記』坂田精一訳）

（注）ハリスは1856年に着任した初代米国領事

●外交はどこまでも慎重なるを要し、慎重を欠けば多年蓄積した国力も一朝にして壊滅せしめられる……天恵に浴し過ぎた日本国民は、無謀なる大東亜戦争に突入して悲惨な敗戦に遭遇したのである。

（吉田茂『日本を決定した百年』）

3つの時代区分

序章で論じた通り、外交の本質は、戦争をしないで国家が直面する問題を交渉によって平和的に解決することにある。そこで問われるのが、これも上述した通り、外交と軍事のバランスである。本章は、そのことを念頭に置きながら、近代日本の外交史を通観する。その期間は、江戸幕府末期1853年のペリー来航によって近代外交への扉が開かれ、1945年の敗戦によって終わるまでの90年余りである。この間、外交と軍事の関係は、「調和」「攻防」「崩壊」の3つの時代に分けて整理できる。

その後の外交の歩みは終章で論じるが、単純化して言えば、それは近年までの軍事を抑制し外交に専念した「外交優先」の時代であった。憲法9条と日米安保がそんな時代を可能とした。しかし、冷戦終結以降の国際秩序の変動の中で、次第に軍事が復権し、存在感を増すようになった。外交と軍事の関係が改めて問われているのである。その意味で、外交と軍事が交錯した近代外交史は参考になる。

そんな問題意識を持って、まずは、近代日本外交史の3つの時代区分を簡潔に説明しておこう。

第一の時代は、外交と軍事の「調和」の時代（1853～1912年）である。幕末から明治時代を終えるまでの約60年の外交史である。この時代の世界の基調は帝国主義である。そんな時代に放り込まれた日本は、国家の独立を確立すべく、政軍一体となって外交と軍事に取り組んだ。

司馬遼太郎の表現を借りれば、「坂の上の雲」をめざした挑戦と飛躍の時代であったとも言えよう。そこには、時代の流れに乗りつつも、それに流されず、国際情勢の動向を冷静に見極めつつ、懸命にそして冷静に国益を追求した外政家や外交官がいた。そんな明治の群像は一枚の写真には収まり切らない。誰か数人を挙げるとすれば、日清・日露戦争で勝利し、条約改正を成し遂げ、欧米列強の仲間入りを果たす上で大きな役割を果たした伊藤博文と山県有朋という二人の指導者、並びに陸奥宗光と小村寿太郎という二人の外務大臣であろう。彼ら四人に焦点を当ててこの時代を論じることとしたい。

日露戦争は、その後の歴史が物語る通り、軍事と外交の関係において大きな転機となった。大国ロシアに勝ったことで軍部は発言力を強め、世代交代が進む中で軍事が政治の手を離れていく。一方、国民は三国干渉後の臥薪嘗胆《がしんしょうたん》に耐え、戦場で多くの血を流したにもかかわらず、講和条約が不満足な内容となったことに憤った。「軍事で勝って外交で負けた」との感情に襲われたのである。それは、日露戦争終結後、日本海海戦を勝利に導いた東郷平八郎連合艦隊司令長官とポーツマス講和会議でロシアと交渉し講和条約に調印した小村外相の帰国を出迎えた国民の態度の違いに表れた。東郷は万歳三唱・提灯行列の歓迎一色の中での凱旋であったが、小村は「国賊」と非難され暗殺も懸念された険《けわ》しい空気の中での帰任であった。この違いに象徴される通り、日露戦争の勝利はナショナリズムの昂揚と軍事の優越を促すことになったのである。

第二の時代は、外交と軍事がせめぎ合い、一進一退を繰り返しつつも、外交が勝利を収めるかに見えたが、満州事変が起きて形勢が逆転するまでの「攻防」の時代(1912~31年)である。

「調和」はなぜ「崩壊」に至ったのか? 両者の間にある「攻防」の時代には、その原因や兆候が存在するはずである。それらの中には前の時代には見えなかった影が顕在化したものもあれば、その時代に生まれ出たものもある。

前者は1930年のロンドン海軍軍縮条約締結をめぐって野党政友会が政府を攻撃した「統帥権干犯」問題である。この問題は明治憲法体制に根差す「政権」と「軍権」の関係の曖昧さに起因していた。後者は第一次世界大戦後に起きた国際秩序と中国内政の変動である。それは帝国主義時代の終焉とワシントン体制の形成であり、辛亥革命と国民党の北伐による中国統一であった。こうした内外の攪乱要因に日本はどう対応したのか。

創業の第一世代が消えゆく時代、対応は揺れた。軍縮条約締結をめぐる攻防は浜口雄幸率いる立憲民政党政権の勝利に終わったが、その反動が海軍内部の艦隊派と条約派の派閥抗争や浜口首相襲撃事件となって現れた。また、軍縮条約締結経緯に危機感を抱いた陸海軍の青年将校が接近し、民間右翼との横断的な連携が形成されていった。このように、「攻防」の時代は不穏な空気を漂わせながら、次の時代に引き継がれるのである。

第三の時代は、軍事が外交を圧倒する「崩壊」の時代（1931～45年）である。

1931年、関東軍の暴走によって満州事変が勃発する。「下剋上」と「二元外交」によって外交は空転し、力による現状変更が息もつかせぬ勢いで進んだ。1937年には盧溝橋事件を契機に中国との全面戦争に入った。日本軍は点（都市）と線（鉄道）を確保できても広大な中国を制圧することなど不可能であった。引くに引けず膠着状態に陥った日中戦争はポツダム宣言受諾まで8年にわたって続く。その間、39年に勃発した第二次世界大戦においてドイツの快進撃が続くと、「バスに乗り遅れるな」との声が陸軍を中心に高まり、日独伊三国同盟が締結される。これは南進論の積極化と共に、米国との関係を決定的に悪化させた。天皇は英米との協調を望んだが、序章で述べた通り、「戦争が主で、交渉（外交）が従」の期限を切った日米交渉がまとまるはずもなく開戦に至る。

米国という勃興する世界大国との無謀な戦争に突き進んだ日本は、第一の時代の功業をすべて失ってしまう。「大ばくち身ぐるみ脱いですってんてん」は満州国建国工作に関わった甘粕正彦の辞世の句と言われるが、近代日本最後の戦争はまさに大博打を打った挙げ句の「すってんてん」であった。東条英機や中堅幕僚の強硬論はもちろん、近衛文麿や松岡洋右の外交上の作為や不作為も厳しく問われなければならない。

振り返れば、歴史を画した日露戦争は、外交と軍事が連動し、出口戦略も共有され、相手国内政の混乱や日本に有利な国際環境にも助けられて勝利した。本章扉で引用した吉田の言葉に、「天恵に浴し過ぎた日本国民」とあるが、日本人の多くは「天恵」であったことを理解せず、軍事力を過信し、米国との国力の差を認めず、合理的な判断を下すことができなかった。国力を無視した蛮勇頼みの戦争が敗北に終わったのは当然と言えば当然であった。

以上の3つの時代を経て、戦後の外交がある。平和は偶然にして生まれ、当たり前に続いてきたのではない。そこには序章で論じた外務省極秘調書『日本外交の過誤』に象徴される反省と教訓があり、軍事は徹底的に抑制された。「平和主義」の理念は「夢の理想」(「戦争調査会第一回総会議事速記録」にある幣原発言)に終わるものでもなければ、GHQから押し付けられた借り物だと冷笑するようなものでもなかった。

敗戦で日本は革命的な転換をした。外交なき戦前を苦悩の中に生き、戦後の外交を託されたのが幣原と吉田である。日本は二人の外政家によって生まれ変わり、平和主義という大道を切り開いていった。幣原は戦前に国際協調を体現する外交を展開し、戦後に平和憲法、なかんずく第9条の「発案者」を演じた。一方、吉田は戦前、日米戦争回避のために外交内政両面で奮闘し、戦後は日米協調に努めつつ米国の再軍備要求には抵抗した。軍事に圧倒された外交の崩壊を体験した彼らの再登場が戦後の国際協調と平和主義という外交の理念と原則に現実主義的基盤を与え、その継続を確固たるものとしたのである。

国際情勢が激動する危機の時代に入った今日、この原則と理念もその運用において変化を遂げている。

改めて近代外交史をもう少し詳細に振り返ることで、軍事（戦争）と外交の関係を読み解いていきたいと思う。結局、近代日本は、「戦争で勝って外交でも勝った」明治から、「戦争で負けて外交でも負けた」昭和へと激動の歴史を記録することになった。その反省と教訓に立って、戦後の日本は「戦争はせず、外交では負けない（不戦不敗）」日本に生まれ変わった。外交の王道はウィン・ウィン、すなわち引き分けである。相互の譲歩と相互の利益が持続可能な合意の基礎となる。

そうした観点から近代史を通観すれば、外交の要諦、すなわち、国際社会の本質（第3章）、内政の重要性（第4章）、外交の目的・手段・実践（第5章）、戦略や地政学の応用（第6章）、外交力としての情報・交渉・外交感覚・「個の力」（第7章）などを理解することも容易になろう。

以下、3つの時代区分を順に近代日本外交を概観してみよう。

1 「調和」の時代（1853～1912年）

開国外交

泰平の眠りをさます黒船の来航によって、日本が鎖国から開国に転じたのは、江戸末期である。

当時、欧米列強は産業革命を背景に世界各地に進出し始めていた。蒸気機関は海軍の規模と能力を10倍以上にした（アザー・ガット『文明と戦争』）。清国は、そんな海軍力を持つ英国と戦って敗れ、南京条約で賠償金に加え、香港割譲と主要港の開放を余儀なくされた。また、追加条約で関税自主権の喪失や治外法権も受け入れた。米国は、同条約を前例として清国に迫り、より有利な望廈《ぼうか》条約を締結し、最恵国条項（清国が望廈条約よりも有利な条約を他国と結んだ場合、その内容が米国にも適用されること）も盛り込んだ。

10年後の1853年、マシュー・ペリー提督が率いる巨大な軍艦4隻が江戸湾に現れた。ペリーは、米国議会の批准を得ることを念頭に、望廈条約に倣った条約の締結を日本に求めた。

日本の朝野を揺るがしたこの歴史的事件についての定説は、江戸湾に臨戦態勢の艦隊を配置し、その強大な軍事力で威圧しつつ開国を迫り、拒否すれば力の行使も辞さないという砲艦外交であったとする。その証左として、戦争になった場合の降伏を意味する白旗をペリーが幕府に贈ったことがよく引用される。幕府は戦争を避けるべく交渉に応じ、やむなく開国した。こう理解されてきた江戸幕府の開国外交であるが、果たしてその説明に尽きるものであろうか。

定説とは異なる興味深い見解がある。すなわち、ペリー艦隊との接触は平和裏になされ、幕府の応接掛が粘り強く交渉した結果、清国のように戦争によって開国させられ、賠償金支払いや領土の割譲を余儀なくされるといった最悪の事態は避け得たと評価する見解である。

交渉の経緯について、ある書はこう記している。

《接触を重ねるうちに、双方ともに「交渉」の重要性を認識し、それに伴う行動を優先させていく。／海軍を持たない幕府は、彼我の戦力を冷静に分析し……外交に最大の力点を置き、情報を収集し、分析し、それを政策に生かしてきた》

《互いに贈答と招宴を重ね……条約交渉では、幕府がアメリカ側主張の欠陥を見出し、そこを突破口として双務性の主張を行い……（ペリーも）それを認めるや、自説を撤回した》（加藤祐三『幕末外交と開国』）

こうして、日本にとって最初の国際条約となった日米和親条約は、列強との関係で最も不平等性の少ない条約となった。最恵国待遇の米国のみへの適用（第9条）は片務的であったが、漂流民救助に必要な経費の相互負担（第3条）は双務的であり、領事裁判権や関税自主権についての規定はなかった。著者の加藤は、「一定の政治的条件の下、日米双方の当事者による外交努力の成果にほかならない」と評価する。そして、幕吏の高い交渉能力と「優れた外交官として使命を果たしたペリー」の存在が大きかったと指摘している。

当時、米国はカリフォルニアを獲得して、その国土は太平洋に達し、中国を始めとするアジア市場の拡大に力を入れ始めていた。ペリーは、米国船の安全や補給・修理のための寄港を許可する条約の締結をめざしたが、宣戦布告の権限を持たない大統領（その権限は議会にあった）から「発砲厳禁」の命令を受けており、巨大な黒船による威圧を背景とした交渉はできても、力の行使は許されていなかった。ペリーが浦賀奉行に手交したフィルモア大統領の国書には、交易によって「両国の利益極めて大なる事疑ひなし」と書かれていた（同前書）。そのことも日米交渉を妥結させた要因の一つであった。帝国主義列強が、アヘン戦争を皮切りに大国の清を武力によって屈服させる中、日本は新興の米国を相手に平和的交渉を通じて開国を成し遂げたのである。

加藤は、前掲書のあとがきで、こう述べている。

《日本側の記録にとどまらず、日米双方の資料を丹念に読み、さらに英米競争の資料や中国情報、オランダ情報などを総合的に読むと、幕府無能無策説・アメリカ軍事圧力説・極端な不平等条約説という三段論法は、歴史の実像と大きくかけ離れていることが分かる》

ペリーに続き、ロシアの使節プチャーチンが軍艦を率いて日本を訪れ、通商開始を求めた。幕府は、これとも粘り強く交渉し、千島列島の国境を択捉島と得撫《ウルップ》島の間に定め、樺太は国境を画定せず、これまでの慣行（日露混住）のままとするとともに、最恵国待遇は片務的であったが、領事裁判権は双務的な規定とする日露和親条約を結んだ。

緻密な史料分析に定評のある歴史文学者の吉村昭は、「開国以降の欧米列国との至難な外交交渉、国内の目まぐるしい混乱を経て日本を明治維新に滑り込ませることができた」要因として有能な幕吏の尽力を挙げている（『落日の宴』）。

『日本外交の150年』（波多野澄雄編著）も、幕府が自由貿易に舵を切ったのは、「幕府によって登用された開明的な幕吏たちの交渉力の成果であった」と記している。こうした評価は、「鎖国が長く続き、世界の動向に無知であり、慌てふためき、挙句の果てに不平等条約を結ばれてしまった」との定説とは異なる視点を提供して、外交史の奥深さを感じさせてくれる。

『落日の宴』に登場する川路聖謨《かわじとしあきら》はそんな幕吏の一人であった。川路は、幕府勘定奉行として、プチャーチン提督と交渉した。プチャーチンは、ペリー艦隊の成功を見越した上でのタイミングで派遣され、米国の成果をロシアにも均霑《きんてん》させ（最恵国待遇の獲得）、交易を開始することを目的としていた。従って、あらゆる敵対的な行動を自制し、日米交渉の結果を踏まえて交渉するよう指示されていた（和田春樹『開国―日露国境交渉』）。そんな背景が幸いしたとも言えるが、史上初めての日露外交交渉は力の威嚇のない中で行われ、川路はその人間力を遺憾なく発揮し、ロシア代表団に深い印象を残したのであった。

プチャーチンの秘書官ゴンチャロフは、川路に尊敬の念を抱いたことをこう記録に留めた。《川路は非常に聡明であった。彼は私たち自身を反駁《はんばく》する巧妙な弁論をもって知性を閃かせたものの、なおこの人を尊敬しないわけにはいかなかった。彼の一言一句、一瞥、それに物腰までが――すべて良識と、機知と、炯眼《けいがん》と、練達を顕《あら》わしていた》（ゴンチャロフ『日本渡航記』）

その前はもちろん、その後にも、交渉相手からこれほどの賛辞を送られた日本人はいない。吉村は、あとがきで、「談判の記録を読むと、かれがプチャーチンに少しも臆することなく堂々とした議論を展開しているのが知れる」と評している。

長い鎖国が続いた日本が当時の欧米列強と外交的に渡り合った交渉において、川路のような外政家を持ったことは幸運であった。内外激動の中での平和的開国は彼らの非凡な能力と高い道徳心なしには実現しなかったであろう。

しかし、幕府の粘り強い交渉は、「第二次アヘン戦争」と呼ばれたアロー号事件（１８５６年）や井伊直弼の大老就任もあって、その後の記録には見当たらない。１８５８年の日米修好通商条約は、米国にのみ領事裁判権を与え、日本が関税自主権を持たないという片務的な条約となった。この条約の勅許をめぐって国内政治情勢は流動化し、列強の干渉も強まった。開国に反対する攘夷論が沸騰し、尊王論と結びついて巨大な政治運動に発展して幕府を揺るがしたのである。その中心にいた長州藩と薩摩藩は攘夷を決行し、欧米列強の軍事力の強さを認識する。攘夷の実行が困難なことは朝廷も認識し、条約は勅許を得て批准された。攘夷論は後退し、薩長が同盟して討幕に動くと、幕府は大政奉還に応じ、明治維新となる。

当時結ばれた不平等条約は、日本の法制度の未整備もあって、実態上は必ずしも不平等とは言えない面もあったが、時間の経過とともに不平等性への意識が高まり、明治新政府は「法権・税権の回復」のための条約改正に取り組むことになる。

しかし、当時のアジアを取り巻く情勢に鑑みれば、条約が戦争ではなく交渉によって結ばれたことはやはり大きな成果であったと言えよう。戦争を伴わない条約には、戦争の結果としての条約にある「懲罰」という観念がない。アジア近代史において、それは稀有な事例である。開国を拒否した清国が戦争によって「懲罰」的開国に甘んじたことは既述の通りである。弱肉強食の権力政治が色濃い時代にあって、日本は外交によって平和裏に国際社会にソフトランディングすることができたのである。

近代日本外交の始動

1871（明治4）年、条約改正に向けて意見交換し、欧米の組織・制度を視察する使節団が派遣された。岩倉具視を長に、大久保利通、木戸孝允、伊藤博文など明治新政府の指導者が多数参加しており、条約改正への並々ならぬ熱意が窺われた。

最初の訪問国である米国で急遽条約改正交渉を行うこととなり、大久保と伊藤が一時帰国して、元首である天皇の全権委任状を持って戻るも、その間に片務的な最恵国待遇の問題が持ち上がり、米国との二国間交渉では埒《らち》が明かないと分かり、他日に列国合同の改正会議を開催することとなった。

その一方で、同年、日本は清国と対等の権利義務関係を定めた日清修好条規を結んだ。その第2条において、両国提携によって西欧列強の圧力に抗する姿勢を打ち出した。しかし、こうした日中提携という志向は一時的なものに終わる。日本の近代化と表裏をなした「脱亜入欧」が進み、朝鮮問題が外交課題となるにつれて、中国との対立は鮮明になっていった。

岩倉使節団の欧米視察は1年9ヵ月余りに及んだ。彼らが西洋文明の勢いに圧倒され、日本の後れを実感したであろうことは想像に難くない。統一後間もないドイツでは、晩餐会に招かれ、宰相ビスマルクから、「万国公法などというものは表向きのもので、実際に利害が反してくると結局は力がものをいう」（泉三郎『堂々たる日本人』）との認識を披瀝され、欧州権力政治の厳しい現実に衝撃も受けた。帰国後、大久保らは西郷隆盛らの「征韓論」を退け、「殖産興業」と「富国強兵」に邁進しつつ、外交交渉によって条約改正をめざすことになる。

　こうして、近代日本外交は、西洋列強がアジアに押し寄せる帝国主義の時代に制度化・組織化され、活動を開始した。外務省が設置されたのは、1869年である。翌年に在外使臣制度が創設され、1872年には、寺島宗則が最初の日本公使として英国に駐在した。1874年までに、日本は、ワシントン、ロンドン、パリ、ペテルブルク、ウィーン、ベルリン、ローマ、北京の8ヵ所に公使館を持つまでになった。また、最初の領事館は1872年に上海に置かれた。

外務省の標章　元々は歴代外務大臣が使用していた硯箱の蓋に描かれていた「外」の字の紋章。現在も外務省庁舎正門や外務省員の身分証明書などに使用

　一方、日本には、欧米諸国を中心に常駐使節が置かれるようになる。その一人に、先述したアーネスト・サトウがいた。サトウは、『ペリー提督日本遠征記』などを読んで日本に憧れ、1862年に通訳官として来日して以来、特命全権公使（1895〜1900

年）時代を含め、計25年間にわたり駐在した。その才能は、語学のみならず、政治や外交から歴史、民俗、植物、登山まで幅広い分野で発揮され、当時における日本研究の第一人者であった。もちろん、国際法や外交慣行にも通暁した外交官であった。サトウが残した2冊の書がそのことを物語る。

一冊は、『一外交官の見た明治維新』（1921年）であり、英国人の目から見た激動期の日本を生々しく描き出している。そのため、日本では終戦まで禁書扱いとなり、日本語訳が出版されたのは1960年であった。もう一冊は、*A Guide to Diplomatic Practice* であり、外交の特権・免除、言語と文書、外交団、国際会議、条約、仲裁、調停などを詳述した専門書である。同書の最後では、外交政策の目的が君主の利益ではなく国家の利益になったこと、通信・交通の発達によって文明諸国間の連帯の絆や共通の良心が強まったこと、並びに、国際法が文明世界の公法となったことを指摘し、こうした国家関係の深まりが外交官の役割をさらに重要なものとするだろうと記している。その言葉通り、サトウは、日清戦争後の日英関係の紐帯となって、後の日英同盟の基礎を作った。明治という時代の躍動感もあったであろうが、一人の英国外交官が残した足跡は実に大きいものであった。

外務省外交史料館に保存されている最も古い外交団リストである1887年1月版によれば、明治中期の東京には、ドイツ、オーストリア＝ハンガリー、ベルギー、清国、米国、フランス、英国、イタリア、ペルー、ポルトガル、ロシア、スペイン、ハワイ王国、オランダ、デンマークの公使館があった。日露戦争後には、その一部が大使館に昇格した。横浜などには領事館も置かれた。このようにして、日本は欧州で積み上げられた慣行や制度を急速に取り入れていったのである。

「坂の上の雲」をめざした明治日本の外交

新国家の創業は、多くの有為な人材がそろってこそ可能となる。明治という若く活力に溢れた国家は人材の宝庫であった。そんな中から、外交において最も大きな役割を果たした外政家を挙げるとすれば、伊藤博文、山県有朋、陸奥宗光、小村寿太郎の四人である。

彼らは明治日本の最優先外交目標と深く関わった指導者である。ここに言う外交目標とは、弱肉強食のリアルポリティーク（現実政治）、あるいは帝国主義の時代にあって、国家の独立と安全を守り抜くことであった。戦後の長い平和を享受してきた日本人にとって、伊藤らの危機感を想像するのは簡単なことではない。しかし、彼らはその危機感ゆえに日清・日露の二つの戦争に踏み切り、不平等条約の改正交渉に取り組んだのである。日本が外交と軍事を連動させることで、政治の延長としての戦争を勝利に導くとともに、粘り強い外交交渉によって条約改正を成し遂げたことで、目標は達成された。日本は欧米列強と対等の近代国家として認められ、さらには5大国の一角を占めるまでになった。その陰には中国や韓国など周辺国の屈辱と犠牲もあった。それは負の遺産として戦後の日本外交に影を落とした。そのことを認識した上で、帝国主義という当時の時代背景において、独立と安全という明治国家の目標をめざして努力した外政家たちの足跡を振り返ることとしたい。

四人の外政家

伊藤博文は、サンフランシスコでの岩倉使節団歓迎会において、英語のできない岩倉に代わって、こう挨拶した。

《今日我国の政府及び人民の最も熱烈なる希望は、先進諸国の享有する文明の最高点に到達せんとするに在り》（春畝公追頌会編『伊藤博文伝』）

東洋の小国日本の健気な国際的デビューであった。伊藤の言葉通り、明治日本は欧米列強に追い付くために、近代化という大事業に邁進することになる。伊藤自身も、初代を含め4度にわたって首相を務め、「文明国のかたち」を作らんと奮闘した。憲法、皇室典範、選挙法などの制定に携わり、1900年には、自ら立憲政友会を立ち上げ、政党政治に道を開いた。

伊藤が政党政治に込めた理念は、同年、山県有朋首相からの政権委譲の要請に答えた発言に窺える。

伊藤は、山県が結党間もない政友会潰しを狙った誘いであることを察知したが、そのことは口にせず、「政党組織の真意は……野に在ってこそ始めてその目的を達し、憲政の美を済《な》し得べきなれ」（同前書）と述べて、固辞したのであった。それは前後の伊藤の言動に鑑みても本音であっただろう。しかし、こうした高邁な理想は、天下を取るために「結集した〝政友〟たちとは所詮、同床異夢だった」（瀧井一博『伊藤博文』）。天皇の二度の求めにより組閣したものの、政友会内閣は閣僚人事を巡ってしこりを残し、結局閣内不一致で7ヵ月の短命政権に終わった。

山県との対立は、軍機（軍事上の機密）・軍令（軍事上の命令）を閣議にかけることなく直接天皇に上奏する帷幄《いあく》上奏《じょうそう》をめぐっても起きた。伊藤はそれが予算や課税に関係せず、国民の権利義務にも影響を与えない範囲に制限されるべきと考えた。しかし、山県は帷幄上奏を経る統帥事項を行政事項から切り離し、軍令として制度化し、内閣の管轄外に置くことを主張した。最終的に伊藤も大筋それを認めた。統帥権をめぐる問題は後

伊藤博文（1841-1909）　沢田謙著『伊藤博文　維新の建設者』偕成社、1952年より

のロンドン海軍軍縮条約締結時（1930年）に大きな政治問題となるが、この点については後述する。伊藤の理想は実現しなかったが、日本の保護国となった韓国において形をなした。すなわち、伊藤は帝国日本で唯一「文官が軍隊の指揮権を持ち得る官職」（同前書）である統監を創設し、伊藤自らその地位に就いたのである。

山県有朋（1838-1922）『近世名士写真　其1』近世名士写真頒布会、1935年より

伊藤と山県は時に対立し時に協力したが、その関係は松下村塾で学んで以来、伊藤がハルビンにて暗殺されるまで半世紀にわたって続いた。山県は伊藤の死後13年生きて、伊藤なき政界で隠然たる力を持った。

山県の権力基盤は、長州閥、陸軍、そして官僚勢力の総本山とも言われた内務省を中心とする派閥網にあった。特に、初代の陸軍卿や参謀本部長（後の参謀総長）を歴任し、西郷隆盛に次ぐ陸軍大将や最初の元帥となるなど明治軍隊の「総帥」となった。日清戦争では第一軍司令官、日露戦争では参謀総長を務めて戦争を勝利に導いている。

そんな山県も子供の頃には黒船に驚かされたと伝えられており、外交一般については慎重で防衛的で協調的な色彩が強く（岡義武『山県有朋』）、徳富蘇峰は彼を「穏健なる帝国主義者」と評した。国際情勢への関心を絶やさず、常に海外の情報を求め、赤電報（在外公館から外務省に入る欧文電報）を読めない者は首相になれないとよく言っていた。日英同盟の締結と継続に腐心し、「外交の基礎を英米との協調に置くことを年来その持論としていた」（同前書）。原敬も「日米戦争は山県公さへ生きて居れば、起らないよ……いくら陸軍の若手が躁《さわ》いでも、山県公の存命中は大丈夫だよ」（同前書）と語っていた。

そんな二人の外政家が直面した最大の外交課題が、朝鮮半島をめぐる清国やロシアとの対立と戦争、そして欧米列強との不平等条約の改正交渉であった。

清国との関係について、伊藤は「その政治体制が動揺して安定していないがゆえに、その国土にやみくもに進出していくことは、その政治に巻き込まれ大きな禍害を招かざるを得ない」（瀧井『伊藤博文』）と警戒し、大陸への軍事的進出に抑制的であった。これに対し、山県は外交一般には慎重であったが、「満蒙におけるわが国の帝国主義的権益の擁護については積極的」（岡『山県有朋』）であった。ロシアとの関係では、伊藤が日露協商を模索したのに対し、山県は日英同盟を主張した。

彼らとともにこれらの課題に取り組んだのが、外相の陸奥宗光と小村寿太郎である。陸奥は日清戦争外交に、小村は日露戦争外交に精魂を傾けることになる。そして、二人が近代日本外交史に残したもう一つの足跡が先述した不平等条約の改正である。それは、伊藤首相が

「最も重きを置いて居る所の一大義務」であると議会で強調した（１８９４年）程の国家的悲願であった。しかし、交渉は難航し長期化した。鹿鳴館外交の健気な努力にも見られる通り、日本は文明開化によって欧米並みの文明国となったことを示す必要があった。しかし、ヒトやモノの内地開放に反発する声は江戸末期の攘夷論を引き継いだかのような排外的ナショナリズムの高まりとなった。陸奥は国会で現行条約にない権利（内地雑居）を認めない「条約励行論」を批判する大演説を行って、内外に政府の開国主義をアピールした。こうした努力やロシア南下への英国の懸念もあって、１８９４年、伊藤首相と陸奥外相の下で日英通商航海条約は調印され、領事裁判権は撤廃された。英国以外とも新条約が結ばれ、それが発効した１８９９年、山県首相は、「国家を挙げて従事すること殆ど30年」と感慨無量であった。そして、１９１１年、小村外相の下で残された関税自主権の完全回復も達成された。半世紀を経て、日本は欧米列強と対等の近代国家として認知されたのである。

主権線と利益線

１８８８年、山県は欧州歴訪時にウィーン大学のシュタイン教授から「主権線」（国境）と「利益線」（主権線に大きな影響を与える周辺の地域）の概念を伝授された。帰国後に首相となり、第一回帝国議会（１８９０年）の総理大臣施政方針演説において、「国家の独立を維持」することが「最緊要」と強調した上で、そのためには「主権線」を守るだけでは不十分であり、必ず「利益線」を保護しなければならず、陸海軍拡張のための巨額の予算が必要であると力説した。

「利益線」とは、明治日本にとっては朝鮮半島であった。山県は、朝鮮の独立が失われれば、「我が対馬諸島の主権線は頭上に刃を掛くるの勢」に陥らざるを得ないとの見解に立って、軍備の拡張と国民の愛国心高揚を主張したのであった。

「利益線」の概念は帝国主義時代の産物であるが、そこに込められた本質的な意味は今日の国際政治においても失われていない。もちろん、国際連合憲章を持ち出すまでもなく、戦争は自衛権に基づくものを除いて違法化された。しかし、世界が平和であることは稀であり、今日も世界のどこかで戦争は続いている。日本にとって朝鮮半島の平和と安定が死活的に重要であることは今日も変わらない。

200年ほど前に書かれ、その後も綿々と読み継がれてきた書に『戦争論』（クラウゼヴィッツ）がある。その思想的核心は、戦争が平時とは異なる手段によって行われるとしても、そこには政治が存在し続けるということにある。その意味において、戦争は政治的行為なのである。だとすれば、開戦は政治的決定であり、戦争指導は政治指導でなくてはならない。いわゆる軍事に対する政治の優位である。軍人は政治の本質を理解し、政治家は軍事に対する一定の理解力を持つことが欠かせない。

伊藤が山県に譲歩した「軍令」の制度化は、軍事を政治から切り離すものであった。その結果、政府は軍の暴走を止めることができず、戦線は拡大され、遂には無謀な大戦になだれ込んだ。「利益線」は軍の統帥権と組み合わさることで、危険な概念と化すのである。

このように、「利益線」論は国家の膨張を正当化する論理でもあり、福沢諭吉の脱亜論や高まるナショナリズムとも相まって、日本の大陸進出を後押しした。

日清戦争と陸奥外交

当時の東アジアは、中国を中心とする華夷秩序と欧米列強の万国公法（国際法）に基づく国際秩序が衝突し、前者が瓦解していく過程にあった。朝鮮は伝統的に中国に朝貢する従属関係にあったが、日本は華夷秩序に組み込まれておらず、朝鮮をめぐる日中の関係は対立を孕《はら》みがちであった。古くは白村江の戦いや豊臣秀吉の朝鮮出兵など、朝鮮半島は陸と海の力がぶつかり合う地政学的断層であり続けてきた。１９５０年に勃発した朝鮮戦争では、米国主体の国連軍が中朝国境の鴨緑江に達した時、突如中国が大軍をもって参戦し前線を38度線まで押し返した。中国にとって、国境を接する朝鮮半島が米国の勢力下に置かれることは到底認められなかったのである。

19世紀後半に話を戻せば、日本では、開国・維新がなった後、早くも征韓論をめぐって国論が分裂した。一度は西郷隆盛ら征韓派参議の強硬論（西郷を使節として朝鮮に派遣して開国を要求し、拒絶されれば武力行使に踏み切る）が採択されたが、欧米視察から帰国した岩倉らは内治（国内近代化）先行を主張し、天皇の裁可を得ることで使節派遣を中止させた。反発した西郷らは下野し、後の西南戦争など各地の士族反乱につながっていく。

一方、当時の朝鮮内政は混迷を極めていた。国王高宗の王妃・閔妃《びんひ》一族と高宗の父大院君との抗争が日中両勢力を巻き込みつつ政変が繰り返された。１８８２年には日本公使館襲撃を含む軍事騒乱（壬午の政変）が起き、それ以降も同様の混乱が起きた。

こうした中、清国は朝鮮に対する宗主国の地位強化の動きを強め、日本は朝鮮が独立国であると主張して清の干渉を阻もうとした。日清両国の対立は朝鮮内の守旧派と開化派の間の抗争と共振し合って激化する。当初、伊藤首相は清国との戦争を避けて外交交渉での解決を主張したが、主戦論に立った陸奥の巧みな外交によって戦争への道筋が切り開かれていく。陸奥が戦後に著した『蹇蹇録《けんけんろく》』には、日清両国が英露を交えて外交戦を繰り広げる中で、観察眼と外交感覚を研ぎ澄ませた陸奥が次々に布石を打ちながら開戦に持ち込んでいく経緯が生々しく記録されている。このように陸奥は刻々と変化する国際情勢や半島のパワーバランスを遅滞なくかつ正確に読み解きながら、外交と軍事を連動させることで、アジアの大国清との戦争で日本に勝利をもたらした。国民は連戦連勝に狂喜乱舞したが、日清講和直後に起きた三国干渉によって茫然自失の体となった後、悲憤慷慨《ひふんこうがい》して、その鬱憤を政府に向けた。この間、陸奥は、先を読んだ上での内外政の融和という難題において最善の策を取ったものの、当時、そのことを理解する国民がどれほどいたであろうか。総じて、日本は「戦争に勝って外交に負けた」のだと酷評されたのである。この点は、第7章において外政家・陸奥の能力を論じる中で改めて触れることとしたい。

日英同盟論と日露協商論

1900年に起きた義和団事件後、満州占領を続けるロシアへの対応が大きな外交課題となった。対露政策をめぐっては、小村は元老の山県や桂首相と共に日英同盟によってロシアに対抗しようとしたのに対し、元老の伊藤や井上馨は日露協商によってロシアとの戦争を避けようとした。しかし、共に「最終的な着地点に日露開戦があったことはまちがいない」(御厨貴『日本の近代3　明治国家の完成』)との指摘がある。

ロシアが満州を支配すれば、韓国は日本の利益線のみならず、ロシアの利益線ともなりかねない。日英同盟交渉中、小村は意見書を提出してそのことを指摘した。

その上で、同盟締結をおよそ次のように主張した。

《露をして我希望のごとく韓国問題の解決に応せしむるは、純然たる外交談判の能くする所に非ず。之を為すの方法唯二あるのみ。即ち一は我希望を貫徹するが為めには交戦をも辞せざるの決心を示すことと、二は第三国と結び、其の結果に依りて露国との交戦は常に出来得る限り之を避けざるべからざるのみならず、満洲に関する彼れの要求も大に温和化したるを以て、我より進んで最後の決心を示すべき英と結び、其の共同の勢力を利用し、以て露をして已むなく我要求に応せしむるの外良策なしと思考す》（外務省編『日本外交年表並主要文書』）

日英同盟論と日露協商論は対外的には「二股外交」の様相を呈し、意外な作用を引き起こした。ロシアに赴く伊藤の動きを察知した英国が一転して日本との同盟交渉に積極的になったのである。日英交渉は急進展を見せる。伊藤はと言えば、ロシアが満洲において、日本が韓国において、それぞれ「優勢なる利益」を持つことを相互に認め合う「満韓交換論」に立って交渉に臨んだが、日露間の懸隔は埋まらなかった。こうした情勢の中、１９０２年に日英同盟が成立に至ると、これに衝撃を受けたロシアは満州からの撤兵を約束する（中国との満州還付条約）など有和姿勢を視かせたのであった。小村の日英同盟牽制論が功を奏すかに見えたが、ロシア内政の変化もあって、撤兵の実施は遅滞し、その後は軍の増強に転じ、韓国にまで勢力を伸ばす動きを見せた。それでも小村は諦めずにロシアとの戦争回避の努力を続けた。その立場は伊藤案より日本に有利であったが、ロシアの満州での「特殊なる利益」と日本の韓国での「優勢なる利益」を認め合う非対称な「満韓交換論」に立っていた。

ロシア側は日本の韓国に対する軍事上の助言や援助を認めず、満州を交渉の枠外として満韓交換論を拒否するなど強硬であった。また、中立地帯をめぐっては、日本が韓国と満州の境界両側に50キロメートルずつ設定することを主張したのに対し、ロシア側は韓国内の北部3分の1とすることを主張し、満州に設定するのを拒否した。ロシア側は、交渉の間も満州への兵力を増強し続けた。

小村は伊藤、山県、桂と熟議し、満州は譲歩してもいいが、韓国については絶対に譲歩せず、戦争を賭するも要求を貫徹するとの方針を決定した。ところが、桂は自らの微力を挙げて戦争遂行の任に堪えないと言い出し、伊藤の蹶起《けっき》を求め、辞意を表明する（岡『山県有朋』）。政権を元老に返したいとの発言の裏には、元老であり政友会総裁でもある伊藤の掣肘は耐えがたいとの桂の不満があった。これを受けて、山県が画策し、天皇から伊藤に枢密院議長に任ずる旨の御沙汰が下される。伊藤はやむなく、山県と松方正義も枢密院に入ることを条件に同意し、政友会総裁の座を去ることになる。こうして伊藤が政治の前面に立つ時代は終わる（『日本の近代3』）。桂は「内政と外交の双方における統治システムの安定を得ることができた」のである（同前書）。

さて、日露戦争は避け得なかったのであろうか。半藤一利は、ロシアの政府や軍部の一部にあった非戦論を根拠とする日露戦争不要論に疑問を呈している。当時の指導者は皆「一大決心をなし戦争を賭して」起《た》たねばならぬ秋《とき》との覚悟を固めていたのであり、ロシア側から戦争回避の上手い提案があってもそれは時間稼ぎの狡猾《こうかつ》な方法と見るほかなかったであろうと指摘している（『日露戦争史』）。加えて、沸騰しつつある日本国民の世論を挙げている。国民感情を燃え上がらせた一つの動きに東大七博士の言論活動があった。主要紙がこぞって報じた彼らの建議書にはこう書かれていた。

《満洲問題を解決せざれば朝鮮空しかるべく、朝鮮空しければ日本の防禦は得て望むべからず……このさい決する所なくんば、これ天の時を喪い、地の利を捨て、人の和に背くものにして、地下祖宗の遺業を危くし、後世子孫の幸福を失うものといわざるべからず》（同前書）

これ以前、彼らは桂首相に会って対露強硬論をぶったが、桂は「戦争のことは、軍人にまかせてもらいたい。諸君の心配は無用なり」と答えている。これに対し、最強硬の戸水寛人《とみずひろんど》教授は「ロシアと戦わねば、他日、臍《ほぞ》を噛むことになる。そのときになって後悔しても及ぶまいぞ」と言い放った（同前書）。

1903年6月に天皇に上奏された意見書にはこう記された。

《彼我の兵力いまだ平均を失わず……この好機を逸せんか……とうてい彼と相平均する程度

に追及するに能わず……韓国問題を解決する、ただこの時を然りとす》(同前書)

彼我の戦力バランスに鑑みれば戦うのは今をおいてほかにないとの主張は日米戦争前にも軍部が主張したことであるが、一つ大きな違いを挙げるとすれば、この意見書が奏上前に政府に提出され、戦力の全容が明らかにされていたことである(同前書)。軍部が政府を蚊帳の外において戦争に突き進むようなことはなかった。

1904年2月4日、御前会議で交渉打ち切りと国交断絶が決定された。会議後、山県は伊藤に対し、敗戦の場合には自分たち軍人は生きてはいないはずであり、将来のことは一に貴下の力に待つほかはなくなるだろうと述べ、その場合の貴下の苦悩を思えば、それは死にも勝るものであろうと語って、固くその手を握ったのであった(岡『山県有朋』)。その時の小村の胸中に去来したものは何であったろう。その場にいた誰にもロシアに勝利できるとの確信はなかったのであった。

日露開戦とポーツマス講和会議

5日、動員が下令され、8日夜半、旅順港沖のロシア艦隊に奇襲攻撃がなされて戦争の火ぶたが切られた。ロシアはこれに先立つ2日に、中立地帯条項を削除し、韓国における日本の軍事上の権利を認めるなど日本案以上に日本に歩み寄る譲歩案を決定したが、「電文が七日になったことにより、時すでに遅く、開戦は防げなかった」（片山慶隆『小村寿太郎』）。戦争は内政を一変させた。政府と対立状態にあった議会諸党派は一致して政府の戦争遂行に全面的に協力する態度を取るに至った。

10日の天皇の宣戦詔書は「韓国の存亡は実に帝国安危の繫る所」と述べた。戦争は軍人だけのものではない。戦費調達には高橋是清（当時は日銀副総裁）が、広報外交には伊藤博文門下の金子堅太郎と末松謙澄がそれぞれ米欧に派遣され、八面六臂の働きを見せた。特に、金子は和平仲介を要請した旧知のセオドア・ルーズベルト大統領をはじめ、米国での日本支持拡大に貢献した。

戦争は日本の連戦連勝で進んだ。山県らは、奉天会戦でロシア軍に壊滅的打撃を与えて早期和平に持ち込もうと考えていたが、勝利はしたものの、北方に退いたロシア軍は態勢を立て直し、兵力を増強しながら反撃の機会を窺う構えを見せた。欧州方面には世界有数のロシア陸軍主力が無傷で控えていた。これに比べ、日本は兵の損耗、武器弾薬の不足、軍費の逼迫が深刻化し、戦争継続は困難になっていた。

そんな時、日本海軍は大西洋から喜望峰を回って東航してきたバルチック艦隊に壊滅的打撃を与えた。同盟国の英国が陰に陽にその航行を妨害する措置を取ったことも大きかった。小村はこの機を逃さず、極秘裏に要請していたルーズベルト大統領の和平勧告を受ける形で講和交渉に動いた。一方、ロシアは上述の通り、和平への意思を見せなかったが、国内の革命気運の高まりや英仏による調停を警戒した独皇帝ヴィルヘルム2世の勧告、更には、ロシアの外債の最大引き受け国であり同盟国でもあるフランスがロシアの国力の消耗を懸念したこともあって、講和に応じ、1905年8月、米国・ポーツマスにおいて日本全権小村とロシア全権ウィッテの間で交渉が開始された。

交渉の焦点は、日本が要求した領土割譲と賠償金支払いであった。小村は、財政事情と国内世論を念頭に、両者を強く主張したが、ロシア側は拒否した。満州の軍事バランスがロシアに傾く中で、日本は要求を断念し、ロシアも日本に南樺太を譲渡することで合意が成立した。韓国に対する日本の「軍事上経済上の卓絶なる利益」や「指導、保護及監理の措置」が認められ、日本が三国干渉で清国に返還し、その後にロシアが租借していた遼東半島の旅順口と大連の租借権を清国の承諾をもって譲渡されることになった。戦争目的は十分に達せられたのであるが、国民はこれに納得せず、後述する日比谷焼き打ち事件が起きる。

韓国保護国化と伊藤の統監就任

ポーツマスから帰国した小村は休む間もなく戦後処理外交に追われた。米国の鉄道王ハリマンの鉄道や炭鉱などへの共同出資・経営参加の提案は小村を除く桂内閣の賛同を得ていたが、小村は日本の満州権益を危うくしかねないとして反対し、ハリマン構想は潰れた。日本は日清条約（北京条約）によって旅順と大連を租借し、鉄道経営権を得て、満州進出に大きな足場を築いたのである。1905年には、在英公使館が大使館に昇格し、その他の欧米列強もそれに倣った。1906年、小村はその英国に大使として赴任する。

この間、小村が取り組んだもう一つの重要課題が韓国の権益強化である。第二次日英同盟、桂・タフト覚書（日本が韓国を、米国がフィリピンをそれぞれ支配することを相互承認）とその後のルーズベルト大統領との会談などによって列強の支持を取り付けた上で、戦争中に結んだ第一次日韓協約を強化する第二次日韓協約を結び、韓国を保護国化した。日本が外交権を代行し、財政権も掌握することになり、そのための韓国統監府が設置された。先述した通り、初代統監となったのは伊藤である。

伊藤はここで軍事に対する政治の優位を実践せんとした。既に述べた通り、伊藤は統監府官制を自ら起草し、韓国に駐留する日本軍の指揮命令権を統監が持つと定めた。そして、文官である伊藤自らがその地位に就いたのであった。それは、伊藤が国内で進めた軍令（帷幄上奏して発令される統帥事項）制限の制度設計と連動する形でなされた政治的試みである。国内では、山県の当初案にあった帷幄上奏の範囲を縮小し得たという意味で、明治憲法の制定を主導した伊藤の思いは一定程度達成されたと言えようが、それでも伊藤の満足のいくものではなかったであろう。その意味で、韓国統監は伊藤の巻き返しでもあった。山県をはじめ軍部は軍人が統監となることを当然視していたので伊藤の「実践」に反発したが、伊藤への信頼が厚かった天皇は陸相の寺内正毅らに対し、統監に上述の権限を付与するので、国防用兵の計画との間に齟齬《そご》が生じないようにと命じている。「勅語の効果は絶大で」（瀧井『伊藤博文』）あった。明治天皇が大局的な判断力と軍を抑える権威を持つ天皇であったことを示したとも言えよう。

１９０９年10月26日、伊藤はハルビンにおいて安重根に暗殺される。享年68。この凶報に接した山県は驚愕し、「かたりあひて尽し丶人は先だちぬ今より後の世をいかにせむ」との歌を詠んで、その早過ぎる死を嘆いた。

翌１９１０年８月22日、日本は韓国を併合する。時の外相は第二次桂内閣（１９０８～11年）で復帰した小村であった。外相小村は再び辣腕を振るっていた。韓国併合に際しては、欧米列強の同意を取りつけるべく周到に外交的根回しを行った。ここに、「崩壊」の時代の外交との違いが見て取れる。移民排斥問題で冷え込んだ日米関係は、１９０８年に日米協商に関する交換公文（いわゆる「高平・ルート協定」）を結んで、太平洋の現状維持や清国での門戸開放原則などを確認し、一時的に落ち着きを取り戻した。１９１１年には、新日米通商航海条約が結ばれ、「不平等条約」の改正につながった。また、清国と日清協約を、ロシアと第二次日露協約を結び、諸懸案を解決した。同盟国の英国とは同年、新通商航海条約の調印に加え、第三次日英同盟条約が調印された。ただし、英国の強い主張により米国を実質的に同盟の適用範囲外とする改定内容が盛り込まれ、同盟の効力は低下した。日米関係が難しくなる中で、日英関係もその影響を免れることはできなかったのである。

主要国との関係が落ち着いた同年8月、桂内閣は総辞職し、小村も外相を辞任した。その3ヵ月後、生来体が弱い上に長年の激務で満身創痍となっていた小村は、56歳の生涯を閉じた。

日露戦争の勝利によって日本の国際的地位は大きく上昇した。植民地支配下のアジア諸国民の中には日本の勝利に勇気づけられたものも少なくなく、インドやベトナムなどの民族解放運動を刺激した。

一方、ロシアはと言えば、ハートランド（東欧からユーラシア内陸部一帯。第6章を参照）に位置する地政学的特徴から生まれる南下圧力もあって、日露戦争後は、その膨張の主方向を満州からバルカン半島に向けた。それはオーストリア＝ハンガリー帝国との対立を顕在化させ、その同盟国ドイツを巻き込む形で他の列強の同盟関係にも連鎖して、遂には第一次世界大戦を引き起こすことになる。その意味で、日露戦争は世界的・歴史的広がりも持つ戦争であったと言えよう。

明治の戦争が残したもの

二つの戦争は勝利の後にさまざまな問題を残していった。それはその後の日本の行方にも影を落とすことになる。ここでは、戦争による国家財政の窮乏と平時の軍拡要求、および国民世論の硬化を取り上げてみよう。

第一に、戦費負担による国家財政の窮乏である。日露戦争は機関銃を用いた塹壕戦に象徴される消耗戦であり、総力戦でもあった。当然戦費は増大する。内外債と特別増税で賄うしかなく、国民は増税に耐えた。最終的な戦費は10年前の日清戦争の約8倍に上った。その78%が公債で、その半分以上が英米において起債した外債によるものであった。その募集に奔走したのが後に大蔵大臣を7回務めた（その内2回が留任、1回は総理大臣との兼任）高橋是清であり、先述した通り、当時は日銀副総裁であった。

高橋の自伝（上塚司編『高橋是清自伝』）によれば、明治維新となる1867年、米国に渡って学んだ英語が後の高橋を何度も救ったことが回想されている。日露戦争が始まった時、高橋はそんな英語力を駆使して元老井上馨からの命を受けた外債募集のため欧米で奔走する。

日露講和成立のニュースは世界を駆け巡り、高橋の元には大口資本家から祝電が寄せられた。英米財界には、日本が領土や賠償金を獲得するのは当然との声が支配的であったが、講和内容が知らされると、欧米の識者や新聞は、「（日本の）智慮、寛容、忍耐実に敬服のほかなしと口を極めて賞賛するに至った」（同前書）。一方、賠償金なしという結果に、日本の外国債は一時的に消沈した。その後、日露講和や日英同盟改訂によって東亜の平和が保障されるとの見方が広がると、日本公債は高騰した。ところが、日本での講和条約反対の騒擾が伝わると、日本公債は急落し、高橋はその影響を沈静化すべく対外説明を迫られた。そこには、軍人や国民の知らない孤高の戦いがあった。

戦争は軍隊だけではできない。高橋の功績なくして日露戦争はできなかったであろう。そして、戦後ともなれば、軍人の役目は終わるが、高橋のような財政家には外債の償還という後始末が待っている。しかし、そのことを理解する軍人は少ない。

軍部は日露戦争後の平時においても軍拡予算を要求した。予想外だったのは賠償金である。日清戦争では戦前の歳出の4倍に達する額の賠償金を得たが、日露戦争では一文も取れなかった。国民の不満が爆発した理由の一つである。こうして日露戦争後には国家財政が逼迫し、国債は累積して膨大な額に上るのであった。次に来る「攻防」の時代は軍拡と軍縮のせめぎ合いが激化し、内政を揺さぶることになる。

明治日本の「富国強兵」は「富国」と「強兵」との関係においてほとんど破綻していた。富国なくして強兵はないが、軍部は「仮想敵」の脅威を強調して、軍拡予算を要求した。富国を待って強兵という正論が通るような軍部ではなかった。

遡れば1880年に山県有朋が書いた上奏文は「仮想敵」を清国に定めて、その強大さを指摘した上でこう述べている。

《富国と強兵は古今互いに本末を相為す。これ形成の自然にして、欧州各国の兵備に汲々たる、又怪しむに足らざるなり。またもし富厚（引用者注：富国）は本なり強兵は末なりと言わば、民心私利に趨《はし》り、公利の在るところを知らず》（大山梓編『山県有朋意見書』）

山県からすれば、清国による朝鮮支配を阻止することが日本の死活的国益であり、富国よりも強兵に重きを置くのは当然であった。しかし、これは平時の議論としては財政的にも無理があった。それにもかかわらず、陸軍は韓国併合を機に二個師団増設を求め、海軍は膨大な建艦予算を要求した。これを西園寺内閣が拒否すると、上原勇作陸相はロシアの兵力増強への対応の必要性を強調した意見書を提出して単独辞職した。陸軍が後任の大臣を出さなかったため、西園寺内閣は総辞職した。軍部大臣（現役）武官制の下で大臣ポストを人質に取る軍部の揺さぶりはその後一段と露骨になる。

第二に、国民世論の硬化である。日本政府は戦意発揚の観点から勝利が続く戦況は発表しても、日本軍の継戦能力が限界に達していた事実については、ロシアの主戦派を勢い付けるとして秘匿し続けた。輝かしい勝利しか知らない国民は歓喜に沸き、講和会議に期待を寄せた。しかるに、講和条約は先述した通り、国民の期待を裏切るものとなった。国民は激高した。新聞各紙は激しい非難の論説を掲載し、暴動を煽るような記事も出た。条約成立を容認する社説を掲げたのは徳富蘇峰の主宰する国民新聞のみであった。そして、いわゆる日比谷焼き打ち事件が起きた。吉村昭の『ポーツマスの旗』によれば、この騒擾の概要は以下のようなものであった。

日比谷公園には3万人の群衆が集まり、条約破棄と戦争遂行を決議し、その後、国民新聞社、内務大臣官邸、小村外相官邸、警察署などを襲撃した。東京市の7割の警察署・派出所が焼失した。群衆の一部は講和を斡旋したルーズベルト大統領を罵倒しながら米国公使館にも押し寄せて数名の米国人を殴打した。13ヵ所の教会が放火され破壊された。米国各紙はこれを激しく非難した。騒擾は東京から横浜や神戸などにも広がった。いわゆる日比谷焼き打ち事件である。小村官邸に押し寄せた群衆は「国賊」「売国奴」と叫び、火のついた俵を投げ込み、門内になだれ込んだ。小村の妻町子や長男欣一らは死を覚悟するような事態に追い込まれたが、近衛師団の一隊が到着し難を免れた。その後、町子は人声に絶えずおびえるようになって、家の奥に身をひそませ、体を震わせた。

燃え上がるナショナリズムの異様な一面がここに出現したのであった。

吉野作造は、『中央公論』1914年4月号に「民衆的示威運動を論ず」と題する論考を載せ、こう述べた。

《日比谷公園に集まっている連中を見ると……一番煽動に乗り易い。従って一番危険な分子である……我国今日の民衆運動と云うものは……非常に不健全な方向に向って居ると思う》

稀代のジャーナリスト清沢洌《きよし》（1890〜1945年）は、当時既にその正体を見抜いてこう書いている。

《外交を一個の取引と見ることが出来ず、勝敗強弱の観点からのみ観ることも、その一理由とすることが出来よう。外交目的は強硬にさえ出れば達せられる、外交の実があがらないのは強硬に出ないからだというのが、幕末以来の一貫した民間常識であった》（『清沢洌評論集』）

2 「攻防」の時代（1912〜31年）

明治モデルの限界

明治日本は帝国主義の時代にあって、国家独立の危機に直面する中、「富国強兵」を掲げ、外交と軍事がそれぞれの役割を発揮しつつ連携し調和し一体となって「坂の上の雲」をめざして駆け上がった。その結果が二つの戦争の勝利であった。成功要因は何と言っても外交と軍事の一元的管理による連動にあった。

　それは戦争が政治の延長としてなされたことを意味する。出口戦略も用意されていた。すべてを指導層が総攬し、大局的で合理的な判断を下した。日清戦争では、政治・外交を預かる首相の伊藤と軍事を預かる第一軍司令官の山県が緊密に連携した。文官の伊藤は大本営の会議にも列席した。議会も伊藤の戦争指導を全面的に支援した。日露戦争も同様である。開戦を決定した1904年1月12日の御前会議で奉呈された大山巌参謀総長の上奏文にある次の一文がそのことを明らかにしている。

《その（戦争）発動の機はもっぱら戦略上の利害にもとづき決定せられざるべからず。これ政略と戦略の合同一致すべき最大緊要の急務なり》

　大山の発言は、当時の指導者たちが政治・外交と軍事の関係の重要性を深く認識していたことを示す。昭和の戦争との決定的な違いがここにある。

　しかし、成功の物語を紡いだ明治モデルは日露戦争後、内外の変化によって次第に機能しなくなっていく。

　既に述べた通り、内では、明治の創業世代が一人また一人と去り、軍事と外交の総攬者たり得る第二世代の外政家が求められる一方で、閉鎖的な士官学校で純粋培養された少壮将校たちが台頭する。戦勝によって勢い付いた国民の民族主義的強硬論は外交を掣肘する。

外では、明治の時代が幕を閉じた翌々年、第一次世界大戦が勃発した。欧州での大戦によって列強のアジア関与は弱まった。日本は利権拡大の「千載一遇」のチャンスと捉えた。機会便乗主義の動きを主導したのが大隈重信内閣の加藤高明外相である。加藤が中国に突き付けた21ヵ条要求は中国の民族感情を大いに傷つけ、排日運動の原点となった。

一方、1000万人もの戦死者を出した史上最悪の戦争が終わった時、人々は平和を希求し、国際連盟を創設し、不戦条約を生み出した。帝国主義の時代は終焉し、国家の生存競争の克服を目指した国際連盟の活動は、国家の利益を超えた国際社会の平和と繁栄という国際益の存在を認識させる契機となった。国際政治学が誕生するのもこの時代である。戦間期の『危機の二十年』を書いたE・H・カーは、総力戦となった大戦によって、「戦争が職業軍人だけに関わる事態だとする考え方を捨てさせ、それに並行して国際政治は外交官にまかせておけばよいという考えをも消し去った」と指摘した。こうして外交は大衆化した。東大教授の横田喜三郎は、戦間期に学問として成立した国際政治を「多数の国家の共同の利益、世界全体の発達ということを目的とする……多数の国家が共同の利益と発達のために共同に努力する」(「国際政治」中山伊知郎他編『社会科学新辞典』)と定義した。

そんな時代の潮流を作り出したのが英国に代わって国際政治を主導する力を持つようになった米国である。ウィルソン大統領が提唱した国際連盟への米国の参加こそ議会の承認が得られずに実現しなかったが、14ヵ条の平和原則は帝国主義外交に代わる「新外交」として戦後秩序のあり方を予感させた。

米国は戦後に孤立主義に回帰するが、それは、伝統的な孤立主義への回帰ではなく、条約上の束縛から逃れて行動の自由を確保しようとする優越的地位の自認であった（斉藤孝『戦間期国際政治史』）。ウィルソンに代わって大統領となったハーディングは、海軍軍縮会議を提唱する。ここに、国際連盟の外において米国主導による多国間外交が展開され、大国の協調による「ワシントン体制」が形成されることになる。

しかし、そんな変化を理解し適応する必要性を認識した日本人は多くはなかった。その一人が、外務省に入った小村欣一（小村寿太郎の長男）であり、父の外交スタイルを否定する「新外交」に呼応するため、新しい政策の立案に取り組んだ。

原敬を失った大正日本

国際潮流の変化を感じ取った人物が政治の世界にも現れた。それが最初の本格的政党内閣を樹立した原敬である。１９１８年、原首相は、国会で、「外交は強硬を装ってでき得るものではない」と述べて、対中強硬政策の転換と日米協調に取り組んだ。

１９０８年に米欧を半年かけて視察した原は、日記に「将来、此国は世界に対し如何なるものとなるかは常に注目すべき要件たること」（『原敬日記』１９０８年10月8日）と記したように、米国が大戦後の国際秩序を主導することを見通していた。中国問題における米国要因を見抜き、対中政策と日米協調が不可分の関係にあることも理解していた。

原敬（1856-1921）　歴代首相等写真【憲政資料室収集文書 1142】より

伊藤や山県ら明治の第一世代が国家の独立を最重視したように、原も安全保障を重視した。第一次大戦中に帰郷して話題にしたことの多くは安全保障であった（伊藤之雄『原敬』）。そして、そのカギは合理的な産業振興と秩序ある民主化による英国型立憲君主制（政党政治）の実現にあると考えた（同前書）。外交と内政の関係をこれほど的確に認識していた政治家は、当時、原をおいて他にはいなかったであろう。

原は、教育の振興、産業の奨励、交通・通信機関の整備、国防の充実という4本柱からなる画期的な改革構想を打ち出した。最初の3つの柱は原が長年温めてきた「富国」積極策であった。一方、陸海軍の膨大な軍事予算要求に対しては、第一次大戦後に軍縮の時代がくると予想し、高橋蔵相との内談で軍縮という外圧を予算編成に利用する腹づもりであった（同前書）。その読みが当たったことはその後の歴史が証明した。

原の政治家としての凄さは以上に止まらない。伊藤が生み育てた政友会を「公利」（公共性）を重視する政策集団に発展させて議会第一党を維持した政治的能力の高さ、「カミソリ」の異名をとった政治・外交的天才陸奥を敬愛し、その下で磨き上げた政治・外交感覚の鋭さ、外交官時代に駐在武官と交流し、閣僚時代には陸海軍大臣と話し合う中で得られた軍事への理解、首相時代に山県の信頼を背景に陸軍を制御し、宮内大臣・牧野伸顕（前外相）を首相に服従させる形で宮中と宮内省も掌握した統治術の切れ味である。政党出身の首相が陸・海軍や宮中までも統制し、責任をもって政治を主導する制度を形成したのであった（同前書）。中でも、統帥権の独立をめぐる原の攻勢は注目に値する。原はシベリア撤兵を参謀本部に相談せずに決定し飲ませるなど、原内閣で始めた陸軍統制の慣行を法制化する考えであった。参謀本部縮小論についても田中義一陸相と合意していた。原が敬愛した伊藤ですらできなかった改革である。それは、82歳の山県が死去すれば、「それほど困難ではなかった」（同前書）。しかし、誰が予想したであろうか、原は山県より先に逝ってしまったのである。

1921年11月、原は東京駅で一人の男に襲われ、刺殺された。享年65。男は、安田善次郎（安田財閥創始者）の暗殺に刺激されたという「絶望気味」の18歳の青年であり、右翼活動家に唆《そそのか》された可能性があると指摘された（同前書）。その後、軍や右翼による威嚇や暗殺が原の描いた立憲国家への発展を脅かし、遂にはその息の根を止めることになる。原に続いて非業の死を遂げた政治指導者には、浜口雄幸首相、井上準之助前蔵相、犬養毅首相、斎藤実内大臣（前首相）、高橋是清蔵相らがいる（肩書は暗殺当時のもの）。言論が暴力によって封殺される時代が始まっていた。

原は外交官としての豊富な経験に基づく透徹した国際的見識と大与党の辣腕党首としての政治力を兼ね備えた稀有な外政家であった。国際情勢が激しく変動する時代に内政と外交を掌握し、外交と軍事を連動させ得る偉大な指導者を失ったことは、その後の日本の軌跡を振り返る時、誠に痛惜に堪えない。

ワシントン体制と軍の反撃

まさにそんな時、米国の首都ワシントンD.C.では、時代を画する国際会議が始まろうとしていた。先述したワシントン会議である。それは、欧州の戦後秩序を決めたヴェルサイユ会議に続き、極東・太平洋の新秩序の構築についても主導権を握らんとする米国のパワーと意思を示すものであった。日本からは、原が任命していた首席全権の加藤友三郎海相と全権委員の幣原喜重郎駐米大使を中核とする大代表団が参加した。

米国は会議劈頭、建造中の主力艦と一部の現有艦の廃棄や主力艦総トン数の比率を5：

5：3とすることなどを内容とする海軍軍縮案を提示し、各国を驚かせた。

一方、日露戦争後、戦勝で勢いづいた陸海軍は大軍拡を要求し、1907年の「帝国国防方針」において陸軍は敗れたロシアを、海軍は講和を仲介した米国を仮想敵国とした。軍という組織は軍備を整えるための想定標準国たる仮想敵国を必要とする。とは言え、それがあたかも現実の脅威であるかのような感覚となって軍人の間に浸透していくのが軍事史の教えるところである。その意味で、国防方針は政治を排除した軍という閉鎖的なサークルにおいて、軍の利益を至上とする独善的要求の発露であった。

加藤海相は、自ら推進した「八八艦隊（戦艦8隻、巡洋戦艦8隻）」の否定となる軍縮比率ではあったが、「初めから五・五・三でたくさんだという肚を決めていたようで」（幣原喜重郎『外交五十年』）ある。首席随員の加藤寛治中将らが対米7割を主張して反対したが、首席全権の加藤海相は太平洋の防備、すなわち軍事施設を現状維持に制限することを条件に軍縮条約案に同意する。

幣原は会議後に来日したルーズベルト海軍次官（セオドア・ルーズベルト大統領の長男）が語った裏話を回顧録に次の通り記している。

《現在保有している軍艦を基準にしてソロバンをはじくと、5・5・3即ち十・十・6にはならない。日本は少し足りない。3ではなくて2半か、2・7だったのだろう。この小数点以下をどうするかについて、盛んに議論が起きた。すると国務長官のヒューズ氏が、そんな細かい理屈を言ってはいけない。……四捨五入して、5・5・3で行こうと強く主張したので、海軍側もやむを得ず、それに従った。……日本の海軍もアメリカの好意を喜ぶだろうと思った。ところが……日本海軍は……憤慨した。とにかく日本の利益を計った提案が、日本の恨みを買うようになろうとは、実に意外であった。太平洋の防備制限の問題……加藤全権の熱意に動かされて……承諾してしまった……アメリカ海軍部内に猛烈な反対が起った。……要するに、こういうふうに、アメリカの海軍にも不満があり、日本の海軍にも不満があるということは、結局この条約が公平であったという結論になるのではないか。双方都合のいいようなものは、とても出来るものではないと、しんみり小ルーズヴェルトは話していた》(『外交五十年』)

幣原は、その後(1939年1月)、外務省職員のために、「外交史話　ワシントン会議の裏面観　其ノ他」(国立公文書館アジア歴史資料センター)を書いて、外務省に提出している。その中で幣原は、ヒューズが海軍力比率の議論が会議の空気を悪化させ、大局上不得策であることを強調したと書いており、この会議を成功させるとの米国の強い意思が窺われる(なお、外務省は「外交史料として重要なばかりでなく、外交官として味わうべき教訓を少なからず含んでいる」として、「永く将来に伝えるため」印刷に付し、改めて配布したようだ)。

日米双方に国際協調を重視する指導者がいたことが史上初めての軍縮条約の締結を可能にした。当時、日本海軍の軍艦建造費は国家予算の4割近くを占め、「富国」を犠牲にしていた。首席全権加藤友三郎は後に首相となり、海軍軍縮のみならず、「進んで陸軍軍備の整理縮小を断行」（1923年の施政方針演説）し、これによって浮いた予算を義務教育と高等教育の充実に充てた。国益を見据えた軍人であり、外政家としても誠に優れた人物であった。

ワシントン会議では、米国の伝統的な門戸開放政策を条文化した9ヵ国（中国を含む）条約も締結され、日本の中国進出に一定の歯止めがかかったが、満蒙権益を脅かすものではなく、むしろ裏書きするものとなった。幣原は、条約に明記された機会均等主義について、こう述べている。

《日本が列国と結んだ中国に関する条約の中には、ほとんどすべてこの機会均等主義ということが書いてある。……（中国市場において）日本は実に有利な地位を占めている。だからわが商工業の正当な進路を妨げるものは、かえって機会均等主義の違反であって、ボイコットのごときがそれである。……初めから私が……是非入れる必要がある……といった……決して英米の方からの発案ではなかったのである》（『外交五十年』）

また、太平洋に関する4ヵ国（日英米仏）条約によって、米国が不信感を抱いていた日英同盟は廃棄されることになった。明治の成功要因となった英国との同盟の終焉に喪失感を抱いた政治家や外交官は少なくなかっただろうし、その思いは今日も残る。しかし、亡き原とその継承者たちは、日英同盟から日米協調に外交の基軸を移すことで新時代に適応する新外交を思い描いていた。来るべくして来た変化であった。当時の本国政府からの訓令も、幣原が回顧録に書いた通り、日英同盟の修正や廃棄ということでもよいというものであった。

協調外交と強硬外交

ここに、「ワシントン体制」というアジア太平洋における新たな国際秩序が日米英の協調によって姿を現したのである。この体制を日本外交において体現したのが幣原外交であった。幣原は、外務次官時代に政友会総裁の原の信頼を勝ち得て、原が首相になると、駐米大使に抜擢された。義兄加藤高明（憲政会）が首相（護憲三派内閣）になると、52歳で外相に就任し、その後も、憲政会単独の若槻礼次郎や浜口雄幸の内閣において、史上最長の通算5年3ヵ月（1924～27年、29～31年）にわたって日本外交を指導した。幣原外交の理念は、就任当日に発表された談話によく現れている。

《今や権謀術数的の政略乃至侵略的政策の時代は全く去り、外交は正義平和の大道を踏んで進にあり……日本は巴里講和条約・華盛頓会議諸条約諸決議等に明示又は黙示せられたる崇高なる精神を遵守拡充して、帝国の使命を全うする……》（1924年6月11日）

この声明は国際社会で歓迎された。『ニューヨークタイムズ』紙（6月12日付）は護憲三派連立の加藤新内閣が近年では最も強力な政権で、加藤は親米ではないが、新外相となった幣原男爵は米国の友人であるとの見出しを掲げ、駐米大使時代に最も有能な進歩的外交官との評判が高く、協調と親善とが傲慢と暴力とよりも永遠の平和を増進するとの一貫して確固たる主義の下に行動したと賛辞を惜しまなかった。

１９２７年1月の帝国議会の外交演説において、幣原は対中外交方針について、①中国の主権および領土の保全を尊重し、その内争については絶対に干渉しない、②中国の現状にはできるだけ耐忍し、寛大の態度をとるとともに、わが正当かつ重要な権益はあくまで合理的手段で擁護する、などと述べている。

問題は満蒙権益の是非ではなく、それをどう守るかであった。原敬内閣でさえ、こう閣議決定した。

《満蒙は我領土と接壌し、我国防上並びに国民の経済的生存上至大緊密の関係を有するは今更絮説を須《もち》いず。而して右二大利益を主眼とし満蒙に我勢力を扶殖すること即ち我対満蒙政策の根幹なり》（１９２１年5月13日）

幣原の対中不干渉政策は、同時代の田中義一首相（１９２７年4月～29年7月）の対中強硬外交との比較において、国際協調外交を際立たせた（第7章4節参照）。

背景には、第一次世界大戦後の国際情勢の変動があり、それが国内政治の変化を誘発した。政友会の原内閣が対中政策の転換に動いたことは先述した通りであり、原の後を継いだ高橋是清内閣はワシントン会議で山東半島租借権を中国に返還した。これに対し、21ヵ条要求当時の外相であった加藤高明が総裁を務める憲政会（1927年より立憲民政党）が反発した。坂野潤治は、憲政会と政友会の相違を普通選挙制への賛否（普選支持の前者が進歩的）と合わせて比較し、憲政会の民主主義、または政友会の平和のどちらかが確保される二大政党制は「極端な右傾化はもたらさないから」「危機の時代にはならなかったであろう」と論じている（『日本近代史』）。ところが、1924年の護憲三派内閣の成立を機に、憲政会は国際協調と対中不干渉政策を柱とする外交政策に大転換した。これが幣原外交の内政的背景である。

一方、1927年に成立した政友会の田中義一内閣は、原や幣原の外交路線とは正反対の対中強硬政策に転じた。その現れが蔣介石国民党軍による北伐の際の居留民保護を名目とした三度の山東出兵であり、中国の反日感情を刺激するだけに終わった。田中の対中政策は強硬であったが、不戦条約の締結など、「国際協調路線から離れたわけではなかった」（北岡伸一『日本の近代5　政党から軍部へ』）。両党の対立は1930年のロンドン海軍軍縮条約の締結をめぐって先鋭化し、政友会の党利党略が軍部や右翼と結びついて外交を圧迫し、民主主義を危うくすることになる。

そうした流れを作り出した人物の中に森恪《もりかく》がいた。森は三井物産時代から中国大陸に深く関わり、政友会代議士となってからは、幣原外交を「軟弱外交」と激しく批判し、政務次官として外務省に乗り込むと、外相を兼任した田中に代わって事実上の外相として、対中外交の刷新に気炎を吐いた。その具体化の場が田中首相はじめ、中国駐在公使・総領事、外務省・陸海軍・関東軍等の幹部が一堂に会した東方会議であり、満蒙権益の発展と対中政策を議論し決定した。その一つが奉天軍閥の首領・張作霖支援であったが、張を介さず直接満州支配を目論む軍人もいた。関東軍参謀の河本大作大佐らは1928年6月、奉天郊外で張作霖の乗った列車を爆破して張を殺害した。

統帥権干犯問題

1930年、ロンドン海軍軍縮会議が開催された。ワシントン軍縮条約の枠外に置かれたため建艦競争となった巡洋艦や潜水艦を制限する会議であり、大型巡洋艦、補助艦及び潜水艦について、日本はワシントン軍縮条約での主力艦比率（対米6割）を上回る7割を要求し、6割を主張する米国と激しく対立した。交渉は難航したが、英米日の補助艦全体保有比率を100：100：69・75とすることでまとまった。若槻全権が「これ以上の再交渉は余の力には及び難い」と付言した請訓（本国政府の指示を求めること）に対し、幣原を始めとする外務省は承認方針だったが、先のワシントン会議同様、加藤寛治（当時は海軍軍令部長）が強く反対した。浜口首相は、物別れに終わった海軍首脳部との話し合いの後、単独で宮中に参内し、「速やかに協定の成立する様十分努力すべき旨言上」し、「優渥なる（ねんごろで手厚い）御詞を拝し」たのであった（『濱口雄幸　日記・随感録』）。こうして、回訓（請訓に対する政府の回答）案は閣議決定を経て若槻全権に回訓され、条約は調印を見た。

しかし、この間、加藤軍令部長は天皇に不同意の上奏を行おうとして天皇側近に阻まれていた。陸軍の参謀総長や海軍の軍令部長が直接天皇に上奏する権限（帷幄上奏権）が行使される前に条約調印の訓令が発せられ、調印に至ったことが問題になった。海軍軍令部長の「統帥権」を内閣が「干犯」したというのである。この悪知恵を働かせたのは野党政友会である。当時、政界では離合集散の結果、「平和と民主主義」の憲政会（後に立憲民政党）と「侵略と天皇主義」の政友会による二大政党制（坂野『日本近代史』）が成立していた。条約調印3日後、政友会の鳩山一郎は衆議院で政府をこう糾弾した。

《政府が軍令部長の意見に反し、或いはこれを無視して、国防計画に変更を加えたと云うことは、洵《まこと》に大胆な措置と謂わなくてはならない》（『帝国議会衆議院議事速記録』54巻、1930年4月25日）

統帥権干犯ではなく、兵力量不足を主張していた海軍軍令部もこれに呼応し、海軍省と対立した。当時、海軍内部では、条約妥結やむなしとする条約派（海軍省）とこれに反対する艦隊派（軍令部）が対立して派閥抗争に発展し、3年後、条約派は予備役に追いやられる。

こうした批判に対し、浜口首相は、「軍部の専門的意見を十分斟酌し、然る上に政府が之を決定した」のであり、条約調印によって「内は国民の負担を軽減するとともに、外は関係各国間の親交を増進し、世界平和の確保に貢献することを得る」と反論した。衆議院で絶対多数を占める政党内閣の首相である浜口の強い意思によって条約は批准された。

その翌月、浜口は統帥権干犯に憤る右翼活動家に狙撃され、重傷を負った。傷は深く、翌年4月に若槻礼次郎に首相を譲り、8月に死去した。事件当時、東京駅に居合わせた幣原は、倒れた浜口が苦しい呼吸の下からハッキリと「男子の本懐だ！」というのを聞いた（幣原『外交五十年』）。その後、政友会は痩せ衰えた療養中の浜口の議会出席を要求し、浜口は制止を振り切って議会に立った。誠に責任感と気骨のある大政治家であったが、この無理が浜口の死を早めたとすれば、政友会の道義が問われよう。

この軍縮により、日本は1億3400万円の減税を実施できた。しかし、軍部の宣伝や政友会の論難が国民の中に浸透し、世論は右傾化していった。ファッショや「下剋上」の風潮が青年将校や右翼団体の間に広がりを見せ、国内ではテロやクーデター、国外では軍の暴走を生み出すことになる。

こうした空気を後押ししたのが現状打破の思潮である。1918年、近衛文麿は、「現状を維持せんとせし平和主義の国必ずしも正義人道の味方として誇るの資格なし」と主張する『英米本位の平和主義を排す』との論文を発表した。1923年、北一輝は、軍部のクーデターによる国家改造や自衛権以外の積極的開戦の権利を主張する『日本改造法案大綱』を出版し、後に2・26事件を起こす青年将校たちに理論的支柱を提供した。

3 「崩壊」の時代（1931〜45年）

満州事変

1931年9月18日未明、関東軍参謀の石原莞爾や板垣征四郎の謀略によって、奉天近郊の柳条湖で満鉄線路が爆破された。自衛行動を名目に出動した関東軍は満鉄沿線の主要都市を占領した。満州事変の勃発である。政府は不拡大方針を取ったが、関東軍はそれを無視して満州各地に進出した。関東軍の暴走を止められなかった若槻内閣は閣内不一致で総辞職し、幣原外交も終焉を迎える。

幣原の満蒙政策は一貫性を欠いた。その理由として、幣原は中国の国権回復運動に対する国民の憤懣《ふんまん》の勃発とクーデターへの強い憂慮を挙げた（臼井勝美『満州事変』）。

後年、吉田茂が述べているように、幣原は外交官としては優れていたが、国内政治への感覚が鈍く、政治的な能力や基盤も欠いていた。それが原敬との違いであり、幣原外交の限界でもあった。浜口雄幸が民政党総裁になる際、高等中学から大学まで同級生であった浜口からの副総裁就任要請を謝絶した幣原は後にこう「白状」している。

《私の一つの信念で、外務大臣というものは政党に関係があっちゃいかんというイデオロギーを持っていて、政治方面へ行くという気持は、その頃は全くなかった》（『外交五十年』）

当時の幣原は伊藤や原のような外交と内政を指導する外政家ではなく、内政を忌避した外交官の域を出ていなかった。それは次のような外交と内政が交錯する場面における立ち回りの拙劣さにも現れている。

統帥権という日本の特異な政策決定制度を踏まえて、日米間の外交折衝を齟齬なく進めていくには細心の注意を要する。満州事変が起きた時、不拡大方針を決定した日本政府は、米国の抗議を受けた幣原外相が南次郎陸相、更には金谷範三参謀総長と連絡を取り合い、参謀総長から現地司令官に停戦を下命した。このまま収まれば、幣原外交は続いたであろうが、小さな外交的やりとりの過誤が統帥権干犯という重大事態を招くことになったのである。ことは幣原の過誤から始まる。幣原は怒りを爆発させたスティムソン国務長官（１９２９～33年）に対し、秘密厳守を条件に現地へ指示した経緯を出淵勝次駐米大使経由で伝えた。この時の出淵との意思疎通にも問題があったが、スティムソンは記者会見で幣原の内話を発表してしまったのである。関東軍による現地の行動は統帥権に属し、外相が陸相や参謀総長と相談できる事項ではない。この一件で、幣原は統帥権干犯と非難され、南と金谷も立場がなくなった。関東軍の行動は拡大し、幣原外交はこうした過誤によって終焉したのであった。

関東軍は、1932年初頭には東三省（満州）全域を支配下に収め、3月には、清朝最後の皇帝であった溥儀を執政（元首）に迎え、満州国建国を宣言した。国際連盟によって派遣されたリットン調査団は、その報を日本で聞いた。東京では天皇に謁見したのを始め、犬養毅首相や芳澤謙吉外相、荒木貞夫陸相と会見し、三井財閥の団琢磨総帥の晩餐会にも出席するなど多忙な日程をこなした。荒木はリットンにこう述べている。

《中国には真の政府が存在しているかどうか疑問である。中国を統一された文明国とみなすことはできないと私には思われる……そのうえ満州には、ロシアからの共産化の脅威がある……今や日本国民は一体となってあらゆる犠牲をはらっても、真の平和を得るため問題の解決を計ろうと決心している。最近の選挙で政友会が圧倒的に支持されたのも、この国民の要望を示している》（臼井、同前書）

リットン調査団滞日中に団は暗殺される。旧交のあったマッコイ米代表は葬儀に参列した。一行は京都に立ち寄った後、硝煙消えやらぬ上海に出航した。その2ヵ月後、5・15事件で犬養首相が暗殺された。日本国内も騒然としていた。

調査団は、1932年10月に報告書（『日本外交文書　満州事変　別巻』）を発表し、日本軍の行動を「合法ナル自衛ノ措置ト認ムルコトヲ得ズ」とし、「満洲国」成立は日本軍の存在と日本の文武官憲の活動がなければ成立しなかったと指摘した。しかし、その一方で、事態解決の原則及び条件として、日中双方の利益の両立、満州における日本の利益の承認、日中間の新たな条約関係の設定などを提示しており、日本が一方的に不利となる内容ではなかった。日本は報告書の全貌を事前につかんでいたが、内田康哉外相は、帝国議会（8月25日）で「国を焦土にしても此主張を徹すことに於ては一歩も譲らない」と述べ、あらゆる交渉を拒否した。

9月15日、日本は報告書の公表前に国際連盟を無視する形で日満議定書の調印を強行し、「満洲国」承認に突き進んだ。

1933年3月、日本は国際連盟を脱退した。常任理事国という5大国の地位を自ら捨てたことになる。ウクライナを侵攻したロシアでさえ国連安保理常任理事国席にしがみついている。当時、日本国内の世論は脱退論が強かったが、連盟にとどまるべきと主張した新聞もあった。朝日新聞は、撤退勧告に応じるか否かは当事国の裁量であって、応じないからといって連盟が制裁に訴えるわけではないと論じた。問題は、日本の新たな軍事行動との関係にあった。

当初、臨時総会代表の松岡も現地の代表団も残留の腹積もりであったが、日本政府が関東軍の熱河作戦を決定したことで、連盟の勧告後に日本が戦争を仕掛ける格好になれば、連盟規約第16条の制裁を受ける可能性が出てきたため、制裁を回避する脱退を選んだのであった。

「昭和維新」

一方、日本国内では、関東軍の暴走と共振し合うかのように、1931年に、軍部主導による政権樹立を企てるクーデター未遂事件（3月事件）が起き、翌32年には犬養毅首相を暗殺する5・15事件が起きた。青年将校の一団は「話せばわかる」と応じた犬養（76歳）に銃弾を浴びせた。しかるに、裁判で国家改革を訴えた青年将校たちへの同情や減刑嘆願の声が高まり、海軍内の派閥抗争も絡んで、判決は求刑よりはるかに軽いものであった。1936年には日本近代史上最大のクーデター（2・26事件）が皇道派青年将校たちによって引き起こされ、多数の政府要人が襲撃され、殺傷された。テロの恐怖は自由な言動を封殺する効果を持ったであろう。

衆議院議員の斎藤隆夫は有名な「粛軍演説」においてこう述べている。

《ロンドン条約は統帥権の干犯であるというと、一途にこれを信じる、国家の危機目前に迫る、直接行動の他なしと言えば、一途にこれを信ずる、かくのごとくにして、軍人教育を受けて忠君愛国の念に凝り固まっておりますところの直情径行の青年が一部の不平家、一部の陰謀家等の言論をそのまま鵜呑みにして、複雑せる国家社会に対する認識を誤りたることが、この事件を惹起すに至りたるところの大原因であったのであります……陛下の重臣が国を守るがため授けられたる軍人の銃剣によって虐殺せらるるに至っては（拍手）軍を信頼するところの国民にとっては実に耐えがたき苦痛であるのであります》（１９３６年５月７日、第69議会）

天皇は、「朕が最も信頼する老臣を悉《ことごと》く倒すは、真綿にて朕が首を絞めるに等しき行為なり」と述べ、自ら近衛師団を率いて鎮定に当たるとの意思まで示したのであった。

殺された重臣の一人に高橋是清蔵相がいた。高橋が日露戦争時に外債募集で活躍したことについては既に触れたが、彼は原内閣の大蔵大臣時代に軍部を公然と批判するパンフレット（「内外国策私見」１９２０年９月稿）を書いていた。

中身は参謀本部廃止論であり、政治の外で独立《どくりつ》不羈《ふき》の存在となって陸軍の統一的行政を阻害し、外交にも介入していると激しく批判している。軍縮条約に対する海軍軍令部の反対については先述の通りであるが、参謀本部や軍令部の軍官僚は統帥権を盾に内閣や議会の関与を排し、軍事の独立を強めた。それは、高橋が批判した通り、内においては政府から独立し、

近衛文麿（1891-1945） 歴代首相等写真【憲政資料室収集文書1142】より

政治を圧倒し、外においては政府を無視し、外交を侵蝕した。高橋の批判は正論ではあったが、当時、これほどに大胆な見解を発表していたのはおそらく吉野作造一人である（坂野『日本近代史』）。パンフレットは事実上出回っていたが、党としては配布しないことで決定されており、高橋の主張が政治的な力につながることはなかった。

一方、この事件後、皇道派のエリート将校はほぼすべて予備役に編入された。軍を掌握した統制派は、政治や外交に露骨に介入するようになる。そんな中、陸軍を含め、国内政治諸勢力によって支持された名家（五摂家筆頭）の貴公子近衛文麿（45歳）に組閣の大命が下った。

その一月後の１９３７年７月７日、北京郊外の盧溝橋付近で起きた衝突が拡大し、日中は全面戦争に突入した。当時は北支事変と呼ばれたが、戦火が上海に広がると支那事変と呼ばれるようになる。日本は軍需品等の輸出を禁じる米国中立法の適用を避けるため宣戦布告を避けた（中国も同様）。日中戦争は泥沼化する。共産党が勢力を伸長し、それを恐れる蔣介石率いる国民党との三つ巴の戦いとなって、日本が連合軍に無条件降伏するまで続くことになる。

内外で次々に起きたこれらの事件は、まさに下剋上と言ってよい状況であった。日本の国家意思がどこにあるのか分からなくなるような外交と軍事の不一致が頻発した。原因の一つは、先述した統帥権の独立と軍部大臣現役武官制（陸海軍大臣は現役の大将か中将に限る）にあった。

重光葵（1887〜1957年。戦中戦後に外相）は回顧録にこう書いた。

《武官は、軍部の統帥事項と認むるものは、勝手に相手国と交渉を行う……日本には既に、統帥部（参謀本部）と内閣との二箇の政府が併立した。そして、おのおのが、独立した別箇の対外交渉機関をもっていたわけである》（『昭和の動乱』）

戦後、近衛も手記『平和への努力』でこう述べている。

《統帥が国務と独立していることは歴代の内閣の悩む所であった。……政府が一生懸命交渉をやっている一方、軍は交渉破裂の場合の準備をどしどしやっているのである。而も其準備なるものがどうなって居るのかは吾々に少しも判らぬのだから、それと外交と歩調を合せる訳に行かぬ。船を動かしたり動員したりどしどしやるので、それが米国にも判り、米国は我が外交の誠意を疑うことになるという次第で、外交と軍事の関係が巧く行かないのは困ったものであった》

表　戦前日本の軍事費

（単位：万円）

1936年度	10億8,500
1937年度	32億9,400
1938年度	59億7,900
1939年度	64億9,000
1940年度	79億6,300
1941年度	125億1,500
1942年度	188億3,700
1943年度	298億2,900
1944年度	735億1,500

資料）大蔵省『決算書』

近衛の述懐は、極東軍事裁判が意識にあったであろうことを差し引いても、当時の政府と軍部の関係、外交と軍事の関係がいかに異常なものであったかを当事者の肉声として赤裸々に語って余りある。

政治の軍事への屈服や満州事変以来の現地日本軍の策動が日本を出口のない戦争に追い込んでいった。しかし、それは日本の国力のなし得るところではなかった。軍縮の時代は満州事変やナチスの台頭によって終焉する。１９３７年には日中戦争が勃発し、日本は大部隊を大陸に置き続けなければならなくなった。軍事費は急増し、財政経済を圧迫していく。日中戦争前の１９３６年度に10億８５００万円だった軍事費は倍々ゲームで増え続け、太平洋戦争終結前の１９４４年度には表の通り、68倍の７３５億円に達した。日本は「強兵」になったが、「富国」にはなれなかった。大蔵省や商工省は全面的な戦時統制経済へ移行せざるを得なかった。１９３０年代半ばの日本経済は、重化学工業化が進展した時代であった。中村隆英は、「戦争さえ起こらなかったならば、戦後にみられた設備投資を起爆剤とする経済成長が可能だったのかもしれない」と書いている（『昭和史』）。

戦争は、政治の延長ではなく、政治の手を離れ、戦争自体が目的化し、外交は戦争に従属するものとなっていった。

外務省革新派と三国同盟

そうした流れを後押しする勢力が外務省の中でも勢いを増していた。外交を預かる外務省も決して一枚岩だったわけではなかった。「外務省革新派」と呼ばれた外交官たちは外交の刷新、内外秩序の刷新を主張した。その中心に、日独伊三国同盟を策動した白鳥敏夫（1887〜1949年）がいた。彼は軍部とも密着して、外交の大衆化という流れの中で過激な世論を助長し、しばしば先導した。

当時の外務省の内情について、亜米利加局長をしていた寺崎太郎は次の通り述懐している。《威勢のいい「枢軸派」と、これに同調する「灰色組」とでほとんど要所要所を占められていた……「枢軸派」の局・部長の下には、威勢のいい、若い事務官連がおり、松岡さんをトップに、わがもの顔で省内外を横行していた》（『れいめい　日本外交回想録』）

寺崎は東条内閣になると、その下で仕事するのを潔しとせず、外務省を辞した。なお、駐米大使館に勤務していた寺崎英成は兄太郎と情報交換したことは有名である。

一方、陸軍は、ドイツを近代化の参考として関係を深め、多くの親独将校が育った。その一人が駐独大使館付き武官だった大島浩（1886〜1975年）少将である。父健一は陸軍のドイツ化を推進し、陸相も務めた。重光が「ドイツ語に堪能なる明朗闊達の武人」（『昭和の動乱』）と評した大島はナチ党のリッペントロップとの関係を構築し、日独防共協定締結（1936年11月）の立役者となった。1938年10月に駐独大使に抜擢されると（当時中将）、外相に抜擢されたリッペントロップと連携しつつ同協定の同盟条約への格上げに精力的に動いた。大島の大使昇格については、枢密院で審議された際に、顧問官の石井菊次郎（第二次大隈内閣の外相、駐米・駐仏大使や国際連盟日本代表を歴任）は日独同盟結成のための布石であれば問題だと懸念を表明した（石井『外交随想』）。ヒトラーは日本に先んじて駐日ドイツ武官を大使に昇格させる異例の人事を行っており、大島人事はそれに倣った格好となったため、日独間に一種の黙約があったのではないかとの観測が流れていたのである。事程左様にドイツの日本軍部への浸透や宣伝は巧妙であった。

しかし、1939年8月に突如として独ソ不可侵条約が締結され、平沼騏一郎内閣は「欧州情勢は複雑怪奇」の言葉を残して総辞職した。F・ルーズベルトは驚かなかった。彼は、独ソの提携は一時的な便宜主義の産物であろうと見抜いていたし、西部戦線がヒトラーの勝利に終わったときには、次の標的がソ連となることを摑み、スターリンに警鐘を鳴らした。

同条約の締結は、防共協定秘密附属協定（相互の同意なしに防共協定の精神と両立しない政治的条約をソ連と結ばない）に違反する行為であり、大島は帰朝を命じられ、帰国後依願免官した。日本にとっては、ドイツと袂を分かち「複雑怪奇」な欧州政治から足を洗う絶好の転機であったが、ドイツに抗議して終わってしまった。

第二次世界大戦が始まり、ドイツ軍の快進撃が続くと、陸軍からは再び日独同盟締結の声が高まり、大島は再び駐独大使に復活する。ドイツの短期的勝利を確信し、バスに乗り遅れるなという気運に押し流されていくのであった。

革新派とは微妙な関係にあったが、日独伊三国同盟を最も熱心に推進したのが松岡洋右外相である。世論という言論空間での影響力で言えば、極東軍事裁判で「戦争を鼓吹した」として A級戦犯となった白鳥に軍配が上がったが、外交の実権は松岡（A級戦犯に指名後、判決前に病死）の方にあった。

松岡は、三国同盟こそが日米戦争を回避する最良の道であると強調し、近衛首相らを説得した。三国同盟に反対していた天皇の承諾について、戦争回避に尽力したジョセフ・C・グルー駐日米国大使は、「天皇は三国条約に同意することをこの上もなく嫌い、最後に松岡が、枢軸国との同盟が締結されぬ以上合衆国との戦争は避けえないという、深くたくらんだ確信を申述べるにいたって、とうとう同意したそうである」と日記に書き残している（『滞日十年』）。

1940年9月、三国同盟調印に加えて、日ソ中立条約まで引っ提げて得意満面で帰国した松岡外相は、留守中に近衛のルートで交渉し、軍を含めて合意可能な「日米諒解案」に頑として同意しなかった。結局2週間後に松岡の修正を入れた強硬な対案を発出した。米国の回答は原則論に終始するものであった。穏健派は傷つき、強硬派は憤激した。

日米交渉

1941年4月に野村駐米大使とハル国務長官との間で始まった交渉は、順調には進まなかった。最大の原因は、奇才ぶりを発揮する松岡外相と外務省革新派、大局的な国益ではなく力による現状打破を目指す自己完結的な陸軍、そしてそれらを統率する指導力を欠いた近衛首相という分裂した政治体制にあり、そんな国内政治を背後において対米外交の任に当たった野村大使以下日本大使館の苦悩は想像に余りある。

一方、ドイツからは、大島大使が日米交渉に対するドイツの不満と疑念を縷々報告し、過激な調子で反対意見を述べた。大島は駐独日本大使館付き武官（陸軍中将）であった1938年に大使に抜擢された。枢密顧問官の石井菊次郎が日独同盟結成のための布石であれば問題だと警鐘を鳴らした人事であった（『外交随想』）。

松岡は松岡で近衛に対し、陸海軍の弱腰を批判し、自分は独伊との結合を主張すると息巻いた。10代で単身米国に渡って苦学した松岡は、米国人には強い姿勢で臨まなければならないとの信念の持ち主であった。ところが、そんな信念は彼の思い込みに過ぎず、対米交渉に資さないどころか逆効果となった。

そんな中、日本海軍が傍受した英国の電報に、野村大使がハル国務長官に対し、天皇を始め陸海軍の首脳ことごとくが（日米交渉の）成立を希望しているのに、外相ただ一人が反対だと述べたとの件《くだり》があり、松岡は憤激した。更にハル国務長官からも松岡の排除を暗に求める口上書が届いていた。松岡が外相でいる限り、日米交渉は進展しないという状況が誰の目にも明らかになっていた。

6月、ドイツは独ソ不可侵条約を破ってソ連に侵攻した。独ソ戦の引き金を引いたヒトラーは統一ドイツの宰相ビスマルクが徹底して避けた二正面作戦に迷い込むという致命的な失敗を犯した。しかし、日本の政府も軍もそうした見方を取ることができなかった。動かないでさえいれば、戦争による消耗を避け得た日本が戦略的高みに立つこともできただろう。後に、近衛は「あのとき、三国同盟を解消しておけばよかった」と後悔することになる（勝田龍夫『重臣たちの昭和史』）。日米交渉促進の観点から言えば、中国からの撤兵と並んで最大の難関であった三国同盟解消の好機であっただけに悔やまれる不作為であった。ちなみに、三国同盟締結時の交換公文で、ドイツは、日ソ関係について「その力の及ぶ限り友好的了解を増進することに努め」「周旋の労を執るへし」と約束しており、対ソ開戦は独ソ不可侵条約の締結に続く約束違反であった。

さて、松岡はと言えば、大島大使から電報を受け取ると直ちに木戸に手続きを依頼して天皇に拝謁し、こう述べた。

《日本もドイツと協力してソ連を討つべきである。この為には南方は一時手控える方がよいが、早晩は戦わねばならぬ。結局日本は、ソ連、米、英を同時に敵として戦うこととなる》(同前書)

天皇は驚いたが、松岡の独断専行を懸念した木戸幸一内大臣の事前の機転もあって、首相と十分相談するよう命じた。南進論を主張していた松岡が突如として対ソ戦を主張し始め、「英雄は頭を転回する」と嘯《うそぶ》いたのである。

近衛首相は松岡外相を交代させるために、7月総辞職を断行し、日米衝突回避を主張していた豊田貞次郎(前海軍次官)を外相に据えた第3次内閣を発足させる。日米交渉を主眼とする総辞職であり、組閣であった。しかし、日本軍が南部仏印に進駐するに及んで、米国は硬化し、対日石油輸出の全面停止という日本側の想定を超えた強硬措置を取った。石油で「ジリ貧」に追い込まれるより機先を制して開戦すべしとの声が高まる中、近衛首相は富田健治内閣書記官長らの進言を受けて、ルーズベルト大統領との直接会談によって局面を打開せんとの決意を固め、軍部の同意を求めた。

海軍はすぐに賛意を示し、陸軍は不成功の場合には「断固対米一戦の決意をもって臨むということなら、陸軍としてもあえて異存を唱えるものではない」と回答した。8月6日、天皇の裁可を得て、8月7日近衛提案は野村大使に訓電された。しかし、この時、ルーズベルトはチャーチルと大西洋上で会談しており、当時は秘密とされた協定を結んでいた。それは、日本がこれ以上侵略をすれば米国は戦争の危険を賭しても対抗手段をとることを声明するという厳しい内容であった。17日、大西洋会談から帰国したルーズベルトはその日（日曜日）に大使を招くという異例の形で野村から近衛提案を聞いた。野村の報告によれば、大統領は終始上機嫌で、提案にも賛同した。

28日、近衛のルーズベルト宛メッセージがワシントンの野村大使を通じて伝達された。その主要部分は次の通りである。

《日米両国間の関係が、今日のごとく悪化したる原因は主として両国政府間に意思の疎通《そつう》を欠き、相互に疑惑誤解を重ねたると、第三国の謀略策動によるものと考えらる……七月中断したる予備的非公式商議は……現在の時局に適合せず、まず両首脳者直接会見して……大所高所より……討議し、時局救済の可能性ありや否《いな》やを検討することが、喫緊の必要事にして、細目《さいもく》のごときは首脳会談後必要に応じ、事務当局に交渉せしめて可なり……会見の期一日もすみやかなることを希望し、会見の場所としては……ハワイ付近を適当と思考する次第な

り》（同前書）

ルーズベルトは、「非常に立派なものだ。近衛公とは三日間くらい会談したい」（同前書）と野村大使に述べた。近衛は両首脳の合意に陸軍が反対しても、会見先（アメリカ）から天皇の勅裁を得るとの「非常手段」さえ考えて、交渉に意欲を燃やした。しかし、9月3日と4日になされた米側の回答は、これまでの日米諒解案が成立しない限り、首脳会談には同意できないというものであった。ハル国務長官は「四原則」（領土保全と主権尊重、内政不干渉、機会均等主義、地域の現状維持−現状変更は平和的手段による）への明確な支持も求めてきた。このハルの「原則主義」外交については、グルー大使の外交思想と併せ後述する。

9月6日の御前会議では、「対米（英蘭）戦争を辞せざる決意の下に概ね十月下旬を目途とし戦争準備を完整す……外交交渉に依り十月上旬頃に至るも尚我要求を貫徹し得る目途なき場合に於ては、直ちに対米（英蘭）開戦を決意す」との「帝国国策遂行要領」が決定された。その際の天皇陛下の異例の発言については、序章の「軍事か外交か？」において既に書いた通りである。外交を主とすべしとの天皇の言葉に軍首脳は恐懼《きょうく》したが、この「帝国国策遂行要領」が修正されることはなかった。

日米交渉のカギを握るのは中国問題であった。近衛は、中国からの完全撤退について同意を得るべく、東条陸相の説得に努めたが、答えは常に「否」であった。二人の最後となる10

月14日朝の会談でも「撤兵問題は絶対に譲れない。撤兵を認めれば、結局満州、朝鮮さえも危うくなる」と強硬姿勢を崩さず、その日の夜には近衛に総辞職を迫った。10月16日、近衛内閣は総辞職する。近衛の辞表は、東条の非協力によって万已むを得ず、「所信を貫徹して補弼の重責を全うすること能わざる」と記して、天皇への恐懼の思いを表した（同前書）。

10月18日、東条内閣が発足した。11月1日の大本営政府連絡会議は非戦派の東郷茂徳外相と賀屋《かや》興宣《おきのり》蔵相が開戦派の杉山元参謀総長他陸海軍首脳部に対峙する形で激論を交わし、午前9時から翌日の午前1時半まで続いた。孤軍奮闘する東郷外相を「首相も珍しく支持」（『東郷茂徳外交手記』）した。天皇の言葉に従って実直に動いた東郷の生真面目さや、外相の辞職による政変を恐れたこともあったであろう。最終的に、12月1日午前0時を交渉期限と決め、米側が甲案に難色を示した場合の応急措置案として東郷外相が提出した乙案（これ以上武力進出しないと約束し、米側が資産凍結と石油禁輸を解除すれば日本軍は南部仏印から撤退する）が了承され、最後の交渉が続けられた。

振り子原理と幻の日米首脳会談

この間、東京の米国大使館もグルー大使を中心に日米開戦回避に奔走していた。グルーは、1932年、5・15事件直後に着任して以来、宮中側近、外務省高官、海軍将校、財界人などを関東大震災後に新築した大使公邸に招き、親交を深めた。その多くは穏健平和勢力に属する人々であった。グルーによれば、海軍士官は社交的でコスモポリタンであり、その中には山本五十六、米内光政、野村らがいた。実業家の多くは海外経験が豊富でグルーのゴルフやポーカーの相手となった。天皇側近には、近衛がいた。西園寺の秘書原田熊雄も常連の一人であった。グルーは彼らから日本情勢への理解を深めていった（ハインリックス『日米外交とグルー』）。

座標軸となったのが陸軍に代表される強硬と、天皇を頂点とする穏健との間を揺れ動く振り子であった。それは、強硬に振れてはいたが、グルーはいつか穏健に振れるとの望みを抱き続けた。しかし、現実は厳しいものであった。グルーが残した日記（『滞日十年』）は、そうしたグルーの葛藤が滲み出ている。日本の友人たちへの惜しみない友情と軍部に対する強い嫌悪感が交錯し、グルーの思考も振り子のように揺り動かされるのであった。

「振り子」原理は、吉田茂の持論であり（第7章3節を参照）、グルーが親交を深めた吉田や松平恒雄（駐米・駐英大使を歴任）、幣原らから授かった認識であろうと思われる。吉田は、この原理を持ち出すことで米英の日本に対する協調的態度を促した。

グルーも、吉田の主張に与して、穏健勢力との関係を強め、外交的にも彼らの政治的立場を支援しようとした。しかし、独伊というファシズム国家との同盟締結はそんな希望を打ち砕いた。

1940年10月1日、日独伊三国同盟が締結された4日後に、グルーはこう書いている。

《近衛と松岡の下で、いわゆる「新体制」が設立されて以来……軍部その他の極端分子が……領土拡張の野心を実行に移す理想的な機会だとしていることは疑いない。ドイツの勝利は、強い酒のように、彼らを酩酊させた……外交手段はかかる国々（引用者注：日独伊）を取扱おうとしても効果がない……力かまたは力を行使する用意のあることを示すことだけが、かかる国々の目的の実現を阻止する……もし強硬方針によってわれわれが太平洋の諸情勢を、英国が欧州戦争で有利な立場を占めるにいたるまで現状のままに維持することが出来れば、日本は現在の機会主義的観望が優勢ではありえない形勢と直面することになる。かかる時……太平洋の諸問題の調整に取りかかることは可能であるかも知れない……今や米国側が忍耐と自制の行使を継続することが、日米両国の関係をますます不定にする時がきたと私は信じる。私は日本政府と日本国民が、やり過ぎていると感じさせられる時がくれば、振子は反対の方向に揺れ、その時こそ米国と日本の親善関係を再建することが出来るという希望をいだいている。私にとって、これ以外のことは絶望と思われる》（『滞日十年』、傍線は筆者による）

グルーは、「忍耐と自制」の外交から「力かまたは力を行使する用意のあることを示す」

強硬方針に転換する時だと考えるに至ったのである。しかし、彼は絶望したわけではない。振り子が反対の方向に振れるとの望みを捨てず、最後の最後まで戦争を回避すべく努力するとの意思は揺るがなかった。それが外交の役割であり、大使の使命であるからだ。1年後、グルーが待ち望んだ、その時が訪れる。

1941年9月29日、グルーはハル国務長官宛長文電報の中で、次の通り書いた。

《今年の七月、近衛・豊田内閣が成立すると共に、米国の外交は非常に活潑な新生命を獲得した……日本では振子が常に穏健政治と極端政治の間を揺れている……ドイツのソ連攻撃開始は三国条約の基礎をくつがえしてしまった……自由主義者が優位を占める時がくるかも知れぬという意味のことを、国務省に報告したことを想起する。彼はこのような時機がきたと考える……ここ何年間も実行されてきた、寛容と忍耐強い論議と説得の努力を根本となす米国の政策に加うるに、必要あらば積極手段にでるという合衆国の決意の表明と……世界的進展が……日本の思想の再生と、日米関係の完全な調整を持ち来すかも知れぬと、大使は考える……日本の軍機関と陸軍の信用を失墜させる唯一の方法は、完全なる軍事的敗北だが、大使は現在のところ、この予想は持っていない。それに代る唯一の方法……は、現在の米国の努力の線に沿い、積極的調和を通じて日本の思想と観望の刷新を企てることである……日本国内の反対論を克服することが出来なくなる前に……叡智と政治道の大部分が傾けらるべき》（『滞日十年』）

日本はヒトラーやスターリンのような独裁者に統治されているわけではなかった。米国との関係一つをとってみても、反米と親米という二つの立場が存在した。それは、軍事か外交かという対立でもあった。グルーにとって、日本は善悪二つの顔を持つ国家であった。友人たちは信頼に値する善であり、軍部は残忍貪欲な悪であった。グルーを駆り立てたのは、振り子が前者たる穏健政治に振れているとの観測であり、先述した通り、それは6月の独ソ開戦によって松岡外交が完全に信頼を失墜し、7月には近衛が松岡を交代させるための内閣改造を行い、新体制で日米交渉の早期妥結に乗り出したことに起因する。

グルーはこれを戦争への流れを食い止めるチャンスと捉えた。日記に「今まで交渉を持った外務大臣の誰よりも彼が好きだ」と書いた豊田と緊密に対話を重ね、9月6日には近衛との晩餐において3時間にわたって話し合い、近衛が大統領との会見で公約は過去のような「無責任なものではなく」、「相互的満足のいくように解決される自信を持って」いると述べて、必ず成功させる決意を示したことに意を強くした。グルーは、この国務長官宛電報の中で、日本の政治状況や面子にも触れつつ、原則も細部も米側を満足させるような公約を首脳会見の前提条件とする限り、日米交渉は進捗せず、近衛内閣は瓦解し、軍部独裁に至るであろうと警鐘も鳴らしている。その上で、近衛がこれまでの予備会談で日本側が提示したものよりも「一層的確で満足すべき約束を提供する立場にあると考えて、不都合はあるまい」と述べて、近衛の「意図の真摯さと誠意に、米国が合理的な量の信頼を寄せ」るべきだと説いた。しかし、原則主義者のハルのみならず、ルーズベルトも近衛の懸命の訴えを拒否し、グルーの進言にも応じなかった。こうして振り子は再び極端政治に振れていった。戦争回避の最後のチャンスは失われた。

ルーズベルトは、近衛の提案をなぜ蹴ったのか。外交は常に成果が出るものではないし、成果が保証されない限りやらないというものでもない。戦争を避けるために首脳同士が直接会って話し合うことは決して間違いではない。そのことはルーズベルトも認識していたはずである。しかしながら、毎日のように穏健勢力と会っていた駐日大使と硬化する米国世論やチャーチルの対日強硬姿勢（日本軍の南進は大英帝国の危機）に直面していたルーズベルトとの間にはグルーの懸命な報告にもかかわらず、超えられない溝が広がっていた。ルーズベルトは、既に1月21日付電報で対日政策が「世界戦術」の一部でなければならないことをグルーに伝えていた。

首脳会談の実現を強く進言した電報を発電した翌9月30日、グルーは日記にこう記した。

《私としては当大使館の立場から見ているので、私の意見は大統領とハル氏の、より高い場所に立っての視野に十分の敬意を払っての上であることを明瞭にした。この両氏は日一日と対日強硬処置に傾いていくらしく思われる世論と、極東はその他のすべてに絡みあっていはするものの、要するにその一部に過ぎぬ全世界状況とを、考慮しなくてはならぬのである》（同前書）

グルーは、大統領や国務長官と衝突してまで、政策論を戦わせることはしなかった。その意味では、忠実な職業外交官の域を出るものではなかった。しかし、その枠内で日本の友人達と共に戦争を避けるため全力を尽くしたことは間違いない。近衛とルーズベルトの会談は、グルーの本国政府への懸命の進言にもかかわらず実現しなかった。戦後グルーは、そのことを回顧し、首脳会談が実現していたら、戦争は回避できたかもしれないと慨嘆するのであった。

11月26日（米国時間）、ハル国務長官から手交された非公式提案は、米国の「原則外交」を体現するものであった。戦後「ハル・ノート」と呼ばれるようになった同提案を野村大使と共に受け取った来栖大使は、その内容の厳しさもさることながら、「（ハルの）全体の態度がほとんど問答無用といった風」（『泡沫の三十五年』）であり、甚大な失望に襲われたと回顧している。「ハル・ノート」は本国政府にとっても衝撃的であった。「海軍部内の躊躇していた分子も、政府の他の方面における異論も、悉く開戦論に合一してしまった」（『昭和の動乱』）のである。翌27日、大本営政府連絡会議は米提案を最後通牒と結論し、12月1日の御前会議で対米英蘭開戦は決定された。こうして日米開戦は時間の問題となった。

12月6日、ルーズベルト大統領は天皇に宛てた親電を書き、「大至急グルーに送れ。灰色暗号（秘密の度合の最もうすい暗号）でいいと思う。時間を節約するのだ。傍受されてもかまわない」と指示した（『ハル回顧録』）。しかし、富田健治内閣書記官長の記録によれば、東郷が木戸に電話したのが12月8日午前0時40分であり、その後参上した東郷が天皇に報告したのは真珠湾攻撃が始まる1、2時間前であり（『近衛文麿と日米開戦』）、親電は戦争回避には何らの役割も果たし得なかった。

真珠湾攻撃が始まった時、日本の「最終覚書」、すなわち事実上の最後通牒はまだハルの手元に届いていなかった。野村と来栖が国務省にハルを訪ねた時は、攻撃から1時間以上経っていた。その時のことをハルは回顧録にこう書いた。

《私はひややかな態度で彼らを迎え、イスをすすめることもしなかった……この通告の終りまで大急ぎで目を通すと……いった。「……私は五十年の公職生活を通じて、これほど恥知らずないつわりとこじつけだらけの文書を見たことがない。こんなに大がかりなうそとこじつけをいい出す国がこの世にあろうとは、いまのいままで夢にも思わなかった」……私は手を振ってなにかいい出しそうな彼（引用者注：野村大使）を制止し、アゴでドアの方をさした。両大使はなにもいわないで頭をたれたまま出ていった……私は速記を呼んで思い出すまま私のいった言葉を書きとらせた。それを私は新聞に発表した》（『ハル回顧録』）

日本外交史において、野村と来栖ほどに悔恨と屈辱と悲哀を味わった外交官はいなかったであろう。しかし、事は大使の責任にとどまらず、日本という国家が背負うことになる歴史的汚点でもあった。

一方、世論の支持なしには戦争ができないことを誰よりも理解していたルーズベルトは用心深くその時を待っていた。その時は日本の真珠湾攻撃によってやってきた。孤立主義で冷え切った巨大なボイラーに火が付いた。その火は日本とドイツを焼き滅ぼし、米国を戦後の覇権国家となした。しかし、それは米国の戦略的勝利であったのだろうか？

ジョージ・ケナンの批判

ルーズベルトは第一次世界大戦後に孤立主義に回帰した米国民の世論を変える時がいずれ来るものと信じて、戦略を準備し、着実に布石を打っていた。その一つが、１９３３年の大統領就任後最初の外交イニシアティブとなったソ連承認であった。当時駐日大使のグルーは、ルーズベルトの判断は間違いだと考えた。それ以前にも、本国政府が日本の満州占領を非難したことを遺憾にも思っていた。彼は、日本が共産主義の膨張を食い止める「堅固な緩衝国」となるとみなしていた（アーネスト・メイ『歴史の教訓』）からである。

日本の無条件降伏の半年前の1945年2月、米英ソはヤルタ会談で秘密協定を結び、ソ連の対日参戦とその「見返り」を約束し合った。その中には、日本が日清・日露戦争で獲得した南樺太や満蒙権益が含まれていた。日本はその情報を摑むことなく、ソ連に和平仲介を依頼するという独り相撲外交に貴重な時間を浪費していた。広島と長崎に原爆が落とされ、ソ連は日ソ中立条約を破棄して満州に大軍をもって侵攻した。貧すれば鈍する。日本は外交に敗れ、戦争にも敗れた。一方、米国も戦争には勝ったが、外交では敗れることになったのかもしれない。

そのことを物語るのが、ヤルタ会談後の展開である。すなわち、ヤルタで結ばれた密約は日本の息の根を止めただけではなく、アジアの戦後秩序の形成においても決定的な役割を果たしたのであるが、それは、米国にとって望ましい結果とはならなかった。

2005年、ブッシュ大統領は、ヤルタ会談がヨーロッパに分裂と不安定をもたらした史上最大の過ちであると批判したが、それはアジアについても言えよう。

米国は戦後秩序を構想していなかったわけではない。第二次世界大戦勃発の1939年には早くもハル国務長官の発案を民間のシンクタンク（具体的には、国際関係評議会）が支援する形で、戦後秩序についての検討が始まり、真珠湾攻撃の直後に、ルーズベルト大統領の同意も得て、ハルが長を務める「戦後対外政策諮問委員会」が活動を開始している。第一次世界大戦後のヴェルサイユ体制は20年で崩壊し、新たな大戦が起きた。その反省と教訓に立った米国の行動であった。ここに当時の日本にはない指導層の視野の広さと戦略的思考力、そしてそれらを支える国力の充実が見て取れる。それにもかかわらず、ヤルタ会談でルーズベルトは戦略的誤りを犯したのである。

その原因を米国の極東政策の過誤に求める有力な見解がある。

その一つが、戦後の１９５１年にジョージ・Ｆ・ケナン（１９０４〜２００５年）が発表した見解である。『アメリカ外交50年』の中で、ケナンはある外交官の覚書を次の通り引用している。

《日本を抹殺することが可能であるにしても、それすら極東ないしは世界にとって祝福すべきことにはならないであろう。それは単に新たな一連の緊張状態をつくり出すだけであり、日本に代って……ソヴィエト連邦が、東アジア制覇の競争者として……立ち現れるだけであろう。このような戦争におけるわれわれの勝利から利益をうるものは、おそらくロシアの外にないであろう》

その上で、ケナンは次のように結論する。

《ついに日本は中国本土からも、満州および朝鮮からもまた駆逐された……結果は、まさに賢明にして現実的な人びとが、終始われわれに警告したとおりのこととなった。今日われわれは半世紀にわたって朝鮮および満州方面で日本が直面しかつ担ってきた問題と責任とを引き継いだのである。他国がそれを引き受けていた時には、われわれが大いに軽蔑した重荷を、今自ら負う羽目になり苦しんでいる》

この見解に立てば、力ずくで日本を中国から駆逐した結果、日本に代わるより強力で野心的なソ連にその空白を埋める機会を与えてしまったということになり、米国は重大な戦略的失敗を犯したことになる。さらに言えば、ソ連と中国共産党が極東大陸部を支配し、1950年代には朝鮮半島や台湾海峡で衝突が起きた。米国は朝鮮戦争で北朝鮮および中国と戦い、台湾海峡危機で蔣介石を支援した。冷戦は東アジアで熱戦となり、米国を悩ましたのであった。

ルーズベルトはマッキンダーのハートランド理論（第6章参照）を知悉していたが、ソ連がハートランドを支配し、ユーラシアでの優位を目指して露骨な干渉や進出を強める前に世を去った。

ケナンは冷戦中の米国の対ソ戦略策定に大きな役割を果たした国務省きってのロシア／ソ連専門家であり、国務省を辞めた後は外交全般にわたり多くのすぐれた論考を発表した。その中で、米国が外交政策形成において犯した最大の過誤は、いわゆる国際問題に対する「法律家的・道徳家的アプローチ」にあり、それが日米戦争を引き起こす原因にもなったと考えた。例えば、スティムソン国務長官は日本の満州における軍事行動を9ヵ国条約（中国の主権尊重、機会均等、門戸開放の原則）と不戦条約に違反するとして不承認声明（スティムソン＝ドクトリン）を通告したが、これなどはその典型的な例であろう。スティムソンは弁護士出身であり、ハルも法律を学び、裁判官を経て政界入りした。ハルの原則論と日本の軍部の強硬論の間にあっては、現場の野村や来栖はもちろん、近衛や外相の東郷茂徳にも動ける余地はほとんどなかった。ケナンが主張したように、「国際法と道徳律の観念の奴隷となる代わりに」、穏健な国益に基づく交渉を行っていれば、日米戦争は避けられたのであろうか。

日本は日本で国際問題へのアプローチをめぐって致命的な過誤を犯した。ドイツの背信行為にもかかわらず、三国同盟順守論と日米交渉推進論の間で逡巡し、日ソ中立条約に関しては、ソ連を仮想敵国とし、北進論を柱の一つとしていたことを忘れたかのように、同条約に最後の望みを託した。

後に、グルーはこう述べている。

《われわれが冒してはならない最も危険なことは、われわれがソ連の誠実さに、たとえわずかであれ、信頼を寄せることである。というのも、われわれが国際関係に対する自分たちの道義的原則に執着するなら、ソ連が貪欲に自国の利益を拡大し続けることを、われわれはよく知っているからである。ソ連は、われわれの道義的行為こそわれわれの弱点で、ソ連の側の利点であるとみなし、今後もみなし続けるであろう》(Joseph C. Grew, *Turbulent Era: A Diplomatic Record of Forty Years, 1904-1945* 2vols〔Boston : Houghton Mifflin, 1952〕II〔『歴史の教訓』中の引用〕)

国際法と権力政治、すなわち正義と力の関係をどうバランスするかという問題は外交においての難題であり続けている。そのさじ加減次第で、国家の安全や国際秩序が左右される。当時の米国の外交がケナンやグルーが望んだようなものであったなら、今日私たちが直面している東アジアの国際秩序も随分違ったものとなっていたであろう。

第2章　戦前の教訓と戦後の展開

- 平和を望むなら、平和の準備をしなさい。（1928年8月、ケロッグ米国務長官が不戦条約調印のため上陸したノルマンディー地域のル・アーヴルにおいて、同地の人々から贈られた金ペンのケースに書かれていたラテン語の言葉（「平和を望むなら、戦争の準備をしなさい」という有名なラテン語の言葉の言い換え））
- とに角に平和ほどよきはなく、戦争ほど恐るべきものはなし。（永井荷風『断腸亭日乗』昭和20年8月20日）
- 日本国民よ、自信を持て。（戦後首相を務めた吉田茂が晩年言い遺した言葉）

1 「崩壊」の原因

陸軍の独断専行

帝国主義の時代に国家の独立を守りきり、欧米列強と並ぶ植民地帝国となった日本は、第一次世界大戦後の新たな国際秩序に挑戦するかのように、旧態依然の帝国主義国家として力による対外膨張（満州事変から日中戦争まで拡大）を続け、遂には無謀な日米戦争に突き進んで、敗戦した。その元凶が日本帝国陸軍であった。陸軍は、内においては政治に優越し、外においては外交から独立した存在であった。陸軍に最大の責任があることは明白である。日米開戦前、天皇は陸軍の独断専行を次のように批判していた。

《従来内治外交共に甚だ乱れたるは其の根源陸軍の不統制に在り……朕は自ら一線に立ちて此の問題の解決に当る決心なるを以て、卿之を補佐せよ》（『高木惣吉　日記と情報』１９３９年8月30日、組閣を命じた阿部信行への発言）

しかし、その後の歴史は天皇の思い通りには展開しなかった。１９４０年11月、天皇が頼りにした最後の元老西園寺が死去した。跋扈する軍部の権力を制御する制度も勢力もなく、強硬論がすべてを圧倒し、進軍ラッパが中国大陸で、そして太平洋で打ち鳴らされたが、国力の差が歴然とした米国に次第に圧倒され、原爆投下とソ連参戦によって国家滅亡の淵へと追い込まれた。その一歩手前で暴走軍事マシーンを止めたのは天皇の聖断であった。もっと早く聖断を仰げなかったのかとの疑問は残る。天皇は講和のタイミングを計っていたが、戦況はそれを許さない速さで悪化した。

《昭和天皇は、一九四四年七月のサイパン陥落で……少しでも有利な条件で講和しようと……一撃講和論者となった。ところが……ドイツ降伏を機に、ソ連を仲介者とする早期終戦論者に転換した。さらに、ソ連参戦によって……命の危険をかえりみず、即時終戦を決断したのである》（古川隆久『昭和天皇』）

次に問われるのが、終戦の聖断ができたのであれば、なぜ開戦を止める聖断を下せなかったのかとの疑問である。終戦前後の侍従長を務めた藤田尚徳は、戦後の天皇の発言を回想記にこう記している。

《そうは出来なかった……天皇はこの憲法の条規によって行動しなければならない……私はそれが意に満ちても、意に満たなくても、よろしいと裁可する以外に執るべき道はない。／もしそうせずに、私がその時の心持次第で、ある時は裁可し、ある時は却下したとすれば……これは明白に天皇が、憲法を破壊するものである》（藤田尚徳『侍従長の回想』）

終戦の際には、御前会議で首相以下の意見が一致しなかったため、天皇は裁可あるいは却下ではなく、聖断を求められた。そこで、天皇は終戦の聖断を下された。しかし、開戦の時には首相以下開戦やむなしで一致していたので、聖断ではなく、裁可を求められたのである。天皇の聖断を求めればよかったのではないかとの意見もあったが、首相以下の開戦やむなしとの総意に反対することはほとんど不可能であったろう。内大臣として天皇の側近として仕えた木戸幸一も述べた通り、軍備も戦意もあふれんばかりになっていたところにハルノートを突き付けられた時の空気は、日本が滅亡するかどうかという時期と大きく異なったのである。

戦後、天皇は宮内省御用掛となった寺崎英成と宮中側近とが行った天皇からの聴き取り記録の中ではこう述べている。

《陸海軍の兵力の極度に弱った終戦の時に於てすら無条件降伏に対し「クーデター」様のものが起った位だから、若し開戦の閣議決定に対し私が「ベトー」を行ったとしたらば、一体どうなったであろうか……国内は必ず大内乱となり、私の信頼する周囲の者は殺され、私の生命も保証出来ない……日本は亡びる事になっ（た）であろうと思う》（『昭和天皇独白録』）

当時、天皇が危惧したような状況は十分起こり得た。幣原は、軍の下剋上についてこう回顧している。

《軍の内部はいわゆる下剋上で、陸軍大臣でも、海軍大臣でも、ほとんど結束した青年将校を押さえることが出来なかった。／これは旧帝国憲法が悪いので、軍の命令系統は参謀総長もしくは軍令部総長が握っていて、総理大臣といえども、それに関係することが出来ない……有力な将軍たちが結合して、生命を投げ出して建て直しをやるほかに道はなかったと思う》（幣原『外交五十年』）

下剋上は、幣原が満州事変で経験した通り、陸軍大臣どころか、参謀総長でも関東軍を押さえられないほどであった。中堅参謀が政策と作戦の決定権を握り、青年将校は横断的集まりを作って現状打破を唱え、軍上層部を突き上げた。満州事変の際、謀略の中心人物であった参謀の石原莞爾中佐と関東軍司令官の本庄繁中将はどちらが上官かわからないような力関係にあった。石原らの行動を厳しく処断しなかったが故に、現場の将校が独断専行に走る下剋上の風潮を広げてしまった。「軍人勅諭」には、「上官の命を承ること実は直に朕が命を承る義なりと心得よ」とあるが、朕である天皇はどう認識していたのだろうか。

1939年7月5日、天皇は、板垣征四郎陸相に対し、日独防共協定を締結せんと策動していると述べて、日頃の陸軍への不満と板垣への不信感を露わにした。続けて、「陸軍の下剋上、陸軍が凡て物事を主観的に見る伝統あること、延ては幼年学校の要否、其教育の不備等に関し種々御意見」（伊藤隆ほか解説『続・現代史資料』四）を述べた。翌日、天皇は、信頼を寄せていた畑俊六武官長に対し、その真意をこう説明している。

《元来幼年学校の教育が頗偏しある結果にして、是独逸流の教育の結果にして、手段を撰ばず独断専行をはき違えたる教育の結果に外ならず》（同前書）

天皇は、幼年学校の教育偏頗が軍人の独断専行を生んだと批判した。陸軍士官学校につながる陸軍幼年学校（以下、「陸幼」）は、13歳から15歳の男子であれば出自を問わず試験次第で入学でき、将来は将校となることが約束される。プロイセンに範を取った将校養成機関はいかなる精神構造を持つ職業軍人を育てたのか。閉鎖的エリート主義教育の弊害という観点から一つの興味深い研究（広田照之『陸軍将校の教育社会史』）がある。そこでは、天皇制イデオロギー（国体概念）と立身出世主義が表裏一体となった行動が日本陸軍の軍事拡張主義の一要因として指摘されている。すなわち、近代化を支えた心理的起動力たる出世欲は、尊王愛国という精神によって正当化されたのである。

国家や所属集団に貢献しているという自己行動認識は、目的が正しければいかなる手段も許されるという独善を生む。一方で、将校という社会的に高い地位を持ちながら、中佐に昇級できなければ、俸給は低く、定年も早いという悲哀も味わう。退職将校の生活難は深刻だ。そのことが上昇志向と出世競争を生み、人事や待遇への不平や不満を残し、派閥や権力闘争の温床ともなった。そんな焦慮や閉塞感を打ち破ったのが満州事変以降の現状打破を目指す空気の広がりである。軍事的膨張を支持する世論もあった。社会のあらゆる面で軍人の発言権は増大した。陸士志願者も急増した。軍事の優越と軍部の独断専行が頂点に達し、日本を戦争に押し流していったのである。

真のリーダーの不在

5・15事件で犬養内閣が倒れて以降、日米開戦までの9年余りの間に9人の首相が11次の政権を担った。斎藤実、岡田啓介、林銑十郎、広田弘毅、近衛文麿、平沼騏一郎、阿部信行、米内光政、近衛（第2次、第3次）、東条英機であるが、この中に決死の覚悟をもって、和平のために奮闘した外政家はいなかった。強いて挙げれば、2・26事件で政治が封殺された時、天皇の大命を受けたにもかかわらず陸軍の反対で組閣できなかった宇垣一成陸軍大将なら日中戦争や対米開戦は避けられたかもしれない。宇垣は、1937年7月の盧溝橋事件勃発後に閣議で三個師団派兵が決定される10日程前の日記にこう書いている。

《現閣僚中に識見高き人がありあるいは智恵者がありたならば恐らく、子供の喧嘩に親が飛出し……喧嘩腰になるのは大人気なし……先ず外交交渉で纏める……出先の喧嘩を切かけにイキナリ棍棒を振り挙げるのは国際正義を主張強調して居る手前からも慎まねばならぬ、と論破して、遮二無二的に見ゆる如き派兵は見合わせしならんも其人なかりしは遺憾也》（『宇垣一成日記』）

一方、外相としては、戦争回避への最後の努力を振り絞った東郷外相が印象に残る。

序章で取り上げた外務省極秘調書『日本外交の過誤』(以下、『調書』)はこう述べている。《一国の外交の衝に当る者には、常に果断と真の勇気の必要なことは、いつの世でも同じであろう……外務大臣がやめる腹さえ決めたら、もっと何とかなっただろう、少くとも一時的にもせよ事態の進行を喰い止めえたであろう……結局は大勢を如何ともできなかったであろうということは、当事者の弁解として成立たない。当時の内閣制度の下においては、一人の大臣ががんばれば、内閣の総辞職を余儀なくせしめることができたのである》

この指摘との関連で想起されるのは、広田と東郷という二人の外相が取った態度の違いである。広田外相は、盧溝橋事件勃発後の7月20日の閣議において、事務当局の事前の進言にもかかわらず、米内海相が反対する中、なぜか陸軍が求める派兵にあっさりと同意した。『調書』は「責任回避」と批判している。一方、先述した1941年11月1日の大本営政府連絡会議において、東郷外相は「乙案が容れられない時には辞職する覚悟を有して居た」(『東郷茂徳外交手記』)。その覚悟は東条や武藤章軍務局長が気付いたように本物であった。武藤は休憩を取って控室で他の軍首脳を説得し、東条首相と共に乙案を基本的に認める形で取りまとめた。こうなると、《品性高潔な東郷だけに……席を蹴ることは難しかった》(五百旗頭真『日本の近代6 戦争・占領・講和』)。

歴史の「If」にはなるが、《この人を松岡外相もしくは豊田外相に代わって近衛首相につけておけば、日本は三国同盟、南部仏印進駐、外交に期限を切っての開戦、などの致命的な決定をせずにすんだかもしれない》（同前書）。

しかし、歴史はそうならなかった。東郷は最後の最後に登場し、辞職覚悟で臨んだ連絡会議で軍部が譲歩して乙案が容れられるという想定外の展開にも、一晩考えさせて欲しいと慎重に応じた。狂いはその夜に東郷が相談した相手が吉田茂でなく、広田であったことから生じた。吉田なら辞職を勧めたであろうが、広田は交渉成立のため職にとどまるよう返答した。「危機対処の大局を誤ってきた人」（同前書）と評された広田はこの時も誤った。

敗戦はそこに至るいくつかの重要な決定の一つ一つに関わった人たちの過誤の積み重ねによって起きた必然的結果であった。満州事変や盧溝橋事件とその後の政府の対応は、軍事が外交を圧倒する中で起きた。その根本には統帥権という明治日本の体制に根を持つ病根があった。日米関係を決定的に悪化させた三国同盟や南部仏印進駐などは、強硬が協調を圧倒し、軍事が外交を従属させる中で起きたものであった。

外交「崩壊」の原因

『調書』は、軍の権力が圧倒的に強かったという特異の事情があったことは認めるとしても、それも程度の問題で、それだけではすまされないと指摘して、満州事変以降の外交の過誤を取り上げている。それらの指摘の多くは、既に論じた通り、軍部には大きな責任がある。終戦外交はその最たるものであった。軍部は外交を蔑《ないがし》ろにして力による現状打破に走り、日本を国力不相応の戦争に引きずり込んだ。それにもかかわらず、戦局が悪化し、敗色濃厚となった途端に、手のひらを返したように、外交の力を頼りにするというご都合主義と無責任体質を露わにした。当時ソ連大使であった佐藤尚武は、自分を軟弱と批判していた軍部や右翼がソ連との中立関係に甘い期待をかけて外交による打開を論じ、外務省に現実味のない訓令を何度も打たせた定見のなさに憤った。戦後、佐藤は公開の席で、「軟弱以上の軟弱」（戦争調査会第一部会「佐藤駐ソ大使講演速記」1946年6月18日）と軍部や右翼を批判した。若手課長たちが『調書』に書き入れた「軍の尻拭い」との言葉にもそんな軍部の身勝手な体質への憤懣が現れている。

その上で、『調書』は外交に参画するものが反省すべき点として、序章で述べた「根本の重要さ」に加え、「現実的で実利主義」「一貫性と柔軟性」「機会に敏」「決断力と実行力（果断と真の勇気）」を挙げている。すべてもっともな指摘である。

『調書』で指摘されたこれらの諸点と本書で通観してきた近代外交史を踏まえて、筆者なりに日本外交の過誤を簡潔に総括すれば次の通りである。

第一に、国際情勢認識や仮想敵国とされた米国やソ連に対する認識が不正確であり、特に軍部においては独善的で希望的な思考により客観性を欠いたこと、第二に、その結果、外交・軍事政策が現実離れしたものとなり、合理的な一貫性も柔軟性も持ち得ない機会便乗主義に陥ったこと、第三に、そこから生まれた致命的な過誤は国益とパワーの関係にあった。国家の安全を「主権線」のみならず、「利益線」にも置くというドイツ地政学は行き着くところまで行って破綻する戦略理論であった。外交と安全保障の王道は、誤りなき国益の設定であり、それはパワーと均衡の取れたものでなくてはならない。「富国」の実現と調和する必要最低限の「強兵」こそが国家経営の基本である。死活的国益が自国のパワーによって確保できないなら、外交に加えて同盟も模索すべきだが、同盟の相手を間違えてはいけない。日本は海洋国家であり、曲がりなりにも「大正デモクラシー」の下での政党政治の道を目指していた。その意味で、日英同盟は戦略的にも価値観的にも正しい選択であったし、近代日本の成功物語に欠かせない条件となった。しかし、軍部の力が強大化する中で、ファシズム提携の形となる三国同盟に迷い込んでしまった。この同盟は日本にとって大きな害をなした。それを破棄するチャンスはあったが、対米戦という固定化した思考の枠組みに雁字搦めになった軍部の受け入れるところとはならなかった。

以上が日本外交の過誤についての筆者の結論であるが、重要なのは、こうした過誤を生んだ原因である。それは、一言で言えば、外交と軍事のバランスが失われ、軍事が外交を圧倒してしまったことにある。寺崎が述べた通り、外務省でも「革新派」と言われる少壮官僚が軍に呼応した。なぜ軍事至上主義による軍部暴走となったのか。明治の創業者たちの現実主義は第二世代の青年将校や中堅参謀たちの過信と傲慢によって失われていた。「強兵」による成功体験の負の遺産である。明治憲法という制度はそれを制御し得る仕組みを持たなかった。統帥権干犯問題はその証左であった。

このように、「崩壊」の原因は、『調書』が取り上げた満州事変以後の時代よりも前に既に存在していたのである。それは前章で取上げた「調和」の時代に潜在し、「攻防」の時代に顕在化した。偉大な明治の物語が成功体験となって軍人から大衆まで支配する日本的空気を形作った。それが帝国主義時代の終焉という世界の変化への適応を困難にした。「攻防」の時代に適応を図ろうとした原や浜口といった勇気ある外政家は暴力によって散った。こうした観点から日本の近代外交史を捉え直せば、「攻防」の時代は、「脱亜入欧」の国際（欧米）協調時代から「脱欧入日」の反米英・自存自衛時代への転換期であると言え、両者は日本近代史に深く根差した二つの思潮のせめぎ合いの結果でもあった。こうしたジレンマは日本にとどまらず、清国や朝鮮などにも見られた政治イデオロギーの攻防であった。日本の「攻防」は、陸軍という圧倒的存在の前に、結束すべき政治社会勢力が党利党略に走った政党、強硬に染まりやすい国民感情、煽動的メディアなどによって分裂したこともあって、軍の勝利に終わった。

外交は内政の鏡であり、政治の対外的表現である。戦後の外交は敗戦と外圧によって内政が大転換されたことによって生まれ変わった。その最大の特徴は外交の優先である。

軍事が外交を圧倒した時、日本は道を誤り、無謀な戦争に突き進んだ。その反省と教訓を踏まえて、次章以降で外交の要諦を論じていくことにしたい。

近代日本の悲劇的結末について、吉田はこう回顧している。

《戦えば必ず勝ち、勝って国力の増進となり、天佑常に我にありと信ずるまでに至ったために戦争に突き進み初めて敗戦の苦悩を知るに至った。今にして考うればこの敗戦もやがては国民にとってよき試練、よき教訓となり、国政をとるものに最も良き戒めとなるであろう》
（『日本を決定した百年』）

2　「外交優先」の時代（1945年〜）

果たして、戦後日本の外交は戦争の教訓から再出発したのであった。その根本は外交の優先であり、「不戦不敗」であった。戦前からそれを目指していた幣原と吉田が首相となって、平和憲法と日米安全保障条約を柱とする平和体制を打ち立てた。以来、日本は今日まで平和を維持することができた。戦争の教訓は十分に生かされたのであった。

今日、外交にはひと時の休みもない。毎日24時間、世界のどこかで外交は展開されている。執筆現在（2025年1月末）、日本は195ヵ国を国家として承認して、大使館を置いている。ただし、そのうち39ヵ国には実館はなく、第三国にある日本大使館が兼轄する。その他に、67の主要都市に総領事館が置かれており、経済関係や邦人保護を中心に活動している。また、13の国際機関や地域機関に日本政府代表部も置いている。これらの在外公館に働く職員は3500人に上る。一方、日本に大使館を置く国は157ヵ国であり、42の国際機関が事務所を置く。

東京の外務本省は、これらの在外公館や駐日外国使節と日々連絡を取り、外交活動を展開している。外務本省には、大臣官房の他、10局3部に2800人が勤務している（左図参照）。

外交の分野は拡大し続けている。伝統的な分野である政治や安全保障に加え、貿易・投資、援助（経済協力）、金融・財政、科学技術、環境、エネルギー、文化、人権人道など、およそ外交に関わらない分野はないと言っても過言ではない。本書は外交において最も重要な平和の問題に焦点を当てて書かれたものであり、経済や援助の他、近年重要となるサイバーや

外務省　組織と機構

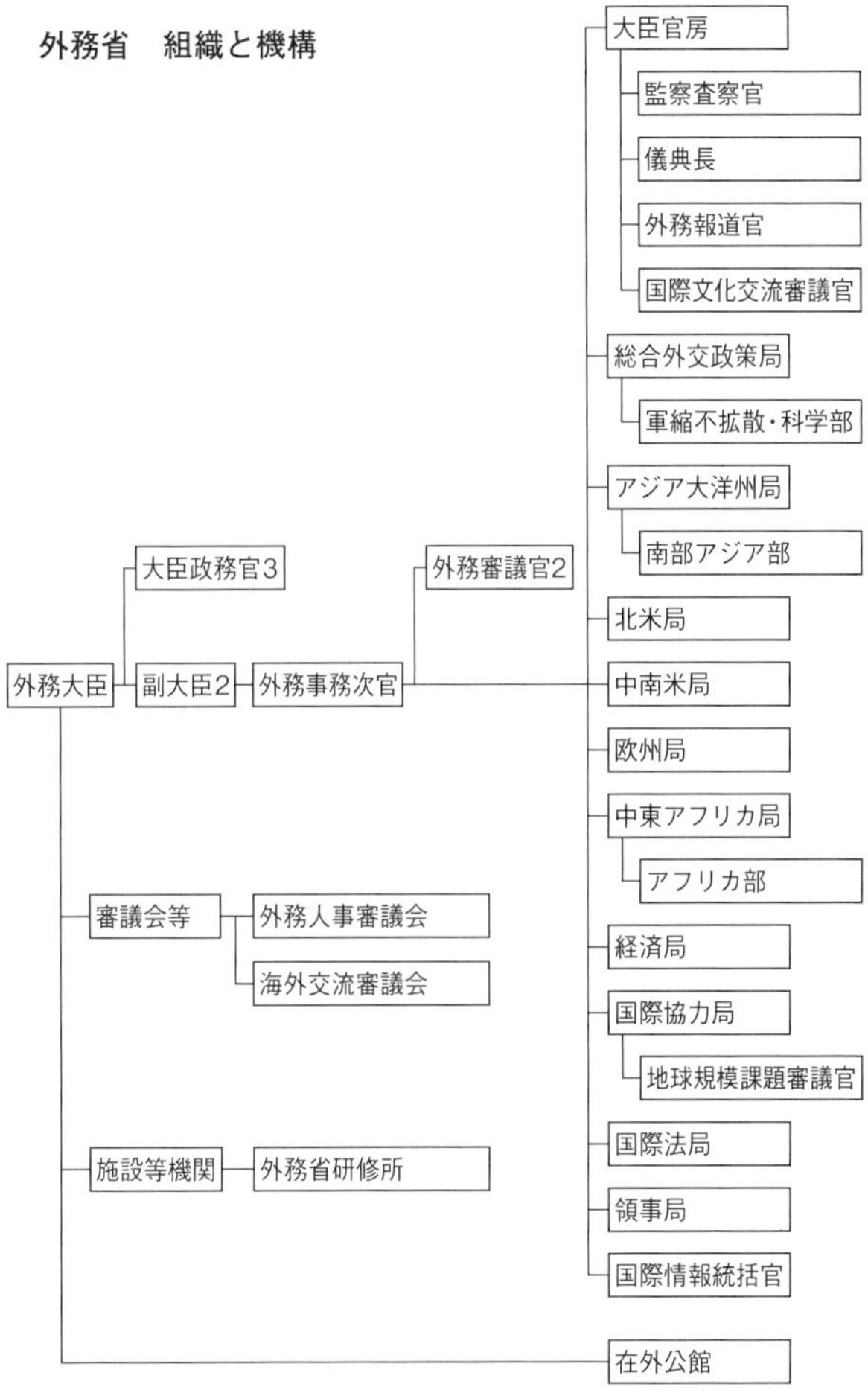

外務省ホームページから抜粋

人工知能（ＡＩ）などのテクノロジー分野や気候変動などの国境を超える問題に関する外交についてはその分野の専門書に譲りたいが、日本にとって特に重要な二つの分野だけ取り上げて、その変化や意義について簡潔に論じておきたい。

第一に、援助外交である。戦後の日本は、経済大国になっても軍事大国にはならないとの理念の下、政府開発援助（ＯＤＡ）の拡充に努め、ＯＤＡは日本最大の外交手段となった。途上国の日本大使館には経済協力班や援助担当官が配置され、ＪＩＣＡ（国際協力機構）の職員・専門家やＮＧＯと連携しつつ、資金協力や技術協力を実施してきた。ＯＤＡは日本がアジアやアフリカを中心に途上国との関係を強化する上で大きな役割を果たしてきたと言える。

ＯＤＡの歴史は、第二次世界大戦後のマーシャルプランにまでさかのぼる。それは平和時における外交政策として最も成功したものであり、その短期間での目覚ましい成果が米国の途上国援助に対する国民の過大な期待と失望を生み出すことにもなった。米国の援助によってドイツや日本が目覚ましい復興を遂げたのは、両国が援助を効果的・効率的に使う意思と能力を持っていたからである。途上国支援においても、被援助国側のオーナーシップや自助努力を重視する援助が求められる。

冷戦中、ＯＤＡは戦略的観点から重視され、70年代以降急速に増大したが、冷戦後は「援助疲れ」もあって、90年代は伸び悩んだ。その後、紛争や内乱が多発する中、紛争の要因を除去し、平和定着のための支援が求められるようになった。また、テロ、難民、環境破壊、感染症などが貧困と密接に関係することから、開発協力の重要性が再認識されている。日本の援助政策については終章で論じる。

第二に、経済外交である。貿易立国の日本にとって自由貿易の擁護は外交の優先課題である。戦後のGATT／WTO体制は60年代のケネディラウンド、70年代の東京ラウンド、80年代のウルグアイラウンドの成功によって、保護主義を抑え、自由化やルール化を推進して貿易を発展させてきた。日本は特にその恩恵に浴してきたこともあって、その維持・強化を通商政策の要としてきた。しかし、この体制は加盟国の増大と交渉分野の拡大・複雑化によって合意形成に多大の時間と労力を必要とするようになった。WTOを補完する観点から、機動的でルール形成が容易なFTA／EPAの動きが世界的に広がりを見せた。FTA（自由貿易協定）は、特定の国や地域の間で、物品の関税やサービス貿易の障壁等を削減・撤廃する協定であり、EPA（経済連携協定）は、貿易の自由化に加え、投資、人の移動、知的財産の保護や競争政策におけるルール作り、さまざまな分野での協力の要素等を含む、幅広い経済関係の強化を目的とする協定である。

FTA／EPAは経済相互依存を強化することによって政治的な連帯と信頼を増進させ、

もって地政学的・戦略的な意味での一体感を形成する効果がある。日本にとっては、近隣諸国とのFTA／EPAは政治・安全保障環境を改善・強化する上で大きな意味を持ち得るのである。その意味で、米国が抜けたTPPを日本が主導する形で維持し、英国など新規加盟国を増やしていくことで戦略的な外交政策の幅を広げることになる。その一方で、トランプ政権の高関税政策に代表される保護主義の広がりや先端技術をめぐる競争の激化の中で、日本の通商戦略をどう高度化していくのかという課題にも直面している。その観点からの専門人材の養成や官民連携も欠かせない。

日本の大使館や総領事館の役割として、現地で活動する日系企業の支援は重要な業務の一つである。大国が政治的目的を達成するために非対称な経済相互依存を武器化するケースが目立つようになり、経済安全保障という新たな政策も強化されている。政府と企業が情報交換や連携を密にしていくことが欠かせない時代となったのである。

日本はこうした業務の増大に十分対応できているのだろうか？　日本外務省の人員は増えているが、他の主要国と比べ、十分とは言えない。米国は日本の4・5倍、中国は1・4倍であり、英国、フランス、ドイツも日本より多い。業務量と人的体制とのギャップは続いており、省員一人ひとりの士気と長時間労働に頼る現状は限界にきている。厳しい財政状況や円安・デフレなども影響し、外交官の研修や勤務を支える予算も厳しい。公務員志望者が減り、若手官僚の離職率も増加傾向にある中、外務省をはじめ、国家を支える人材をどう確保するか、日本が直面する大きな課題である。

同盟国・米国の力が相対的に低下し、国際秩序が動揺する時代にあって、日本の平和と繁栄という国益を守るための外交の役割は高まりこそすれ、減じることはない。外交体制の強化は焦眉の急である。

外交が失敗すれば、戦争が頭をもたげ、戦争となれば外交は沈黙する。現代の戦争は、総力戦という特徴によって、一般市民を巻き込み、経済社会全体に甚大な被害を及ぼす。日本はそれを経験した。戦争との決別が戦後日本の精神的コンセンサスとなった。日本の外交理念にも、平和への希求が深く刻み込まれてきた。

しかし、平和をどう実現するかとなると、議論は分かれた。一方に、勢力均衡や抑止を強調する現実主義があり、もう一方に、非軍事の平和論を説く理想主義があった。そこには、世界をどう見るのか、どんな平和があり得るのか、といった本質的な問いかけが横たわっており、それは外交を語る際の基本認識に影響を与える。

その意味で、外交の理解は、その現場である国際社会の特徴とそこから生まれる二つの視座から始まると言って良いだろう。次章ではその点を見ていこう。

第3章　法と力

・可能なかぎり、善から離れることなく、しかも必要とあれば、断固として悪のなかへも入っていくすべを知らねばならない。（マキャベリ）
・国際政治は常に力の政治である（が）、……それは事実の一端でしかない（のであって）、……いかに脆弱な支えしか持たないにせよ、力の政治に対して訴えることができる共通の諸理念の国際的な根幹（たる）国際道義が存在する。（E・H・カー）
・一国の外交を日々遂行する上で、アメリカほど現実主義的であった国家もなかったし、自国の歴史に育まれた道徳的信念を推し進める上でアメリカ以上にイデオロギー的な国家もなかった。（キッシンジャー）

1　外交の現場たる国際社会の本質

外交は他国との関係を処理する国家の営みであり、その主たる現場は国際社会にある。それは国内社会とは本質的に異なる。ここでは、「法」と「力」という視点から、国際社会の特徴を論じてみよう。

「法の支配」の脆弱性

第一に、国際社会は「法の支配」が脆弱な社会である。

その最大の原因は、国際社会には、主権国家を超える世界的権力主体が存在しないという構造にある。この構造の原型は1648年のウェストファリア講和会議にまでさかのぼる。この会議を境に、中世の宗教的束縛を捨て去った主権国家の一群がヨーロッパ国際秩序の担い手となった。

当時、主権概念の理論的枠組みを提示したトマス・ホッブズ（1588～1679）は、概要こう論じた。

《自然状態においては、人間は自己保存のための暴力行使の権利（自然権）が認められているが故に、「各人の各人に対する戦争の状態」に置かれる。こうした「アナーキー」（無政府状態）を脱し、平和と安全を確保するために、人間は契約によって自然権を国家に委譲し、国家がそれらを唯一絶対最高の権力である主権として行使することで、暴力や恐怖のない安全な社会を構築することができる》

ホッブズの著書『リヴァイアサン』には、無数の人間からなる巨人が頭に王冠を被り、右手に剣を持ち、左手に聖職者の牧杖を持つ絵が描かれている（上図参照）。これが、主権を体現するリヴァイアサン（旧約聖書に登場する比類なき海の怪獣）である。

ホッブズはこう定義している。

《一人格に統一された群衆は、コモンウェルスと呼ばれ……リヴァイアサンの生成であり……コモンウェルスの中の各個人が彼に与えたこの権威によって、彼は、彼に付与された、非常に大きな権力と強さを利用しうるのであり、その大きさは、彼が、その威嚇によって、彼らすべての意思を、国内における平和と彼らの外敵に抵抗する相互援助へと、形成することができる……この人格を

『リヴァイアサン』に描かれた絵

担うものは、主権者と呼ばれ、主権者権力を持つ……》(『リヴァイアサン』)

近代主権国家は、「正当な物理的暴力行使の独占」(マックス・ウェーバー『職業としての政治』)によって領域内のすべての人と物に対する排他的な統治権限(対内主権)を行使する。また、外部の国家等からの支配や命令に服さない独立権(対外主権)を持つ。

多数の主権国家が並存する国際社会においては、国家主権を超える世界的権力は存在しない。国際連合は、主権国家間の合意を形成する多国間外交のプラットフォームとして重要であるが、主権を前提とする国際システムの限界を乗り越えることはできない。国連憲章は安全保障理事会(安保理)の決議が加盟国を拘束すると明記しているが、拒否権を持つ安保理常任理事国の国益に反する決議が採択されることはまずない。ロシアによるウクライナ侵攻はこうした国連の限界を改めて印象づけた。

また、ヨーロッパ統合の歴史は地域共同体による超国家的権力の萌芽を感じさせたが、それが将来すべての国家から主権を委譲された「世界国家」につながると期待することは余りにナイーブである。

国際社会の基調は、大小200程のリヴァイアサンが鎬《しのぎ》を削る権力政治(power politics)である。そこに、強制力のある世界的法執行機関が生まれなかった理由がある。その意味で、国際社会は「法の支配」が脆弱な社会なのである。大国が法の支配に基づく国際秩序にコミットし、それに反する力の行使を自制することが平和の条件となる。

自然権と自然法

国際社会のこうした特徴から、私たちの世界観は悲観的な現実主義に傾きやすい。もちろん、人類は普遍的な正義の確立のための努力を続けてきたし、共通の正義がまったく存在しないというわけでもない。ホッブズの著述も、性悪説的な「自然権」に目が向きがちだが、『リヴァイアサン』には、神から自立した人間に内在する理性（正義）を根源とする「自然法」に関する記述も少なくない。例えば、次の記述はホッブズが単純な悲観的現実主義者ではないことを示している。

《「各人は平和を獲得する希望がある限り、それに向かって努力すべきであり、そして、彼がそれを獲得できないときには、彼は戦争のあらゆる援助と利点を、求めかつ利用していい」というのが、理性の戒律、すなわち一般法則である。この規律の最初の部分の内容は、第一のかつ基本的な自然法であり、それは、「平和を求め、それに従え」ということである。第二の部分は、自然権の要約であって、それは「我々がなしうるすべての手段によって、我々自身を防衛する」権利である》

これを、「第一は外交であり、第二は軍事である」と読み替えることもできよう。外交が軍事に優先するということを意味する。更にホッブズは、他の人々もそうするのであれば、人は進んで自然権を捨てるべきだと主張する。それは、「安全保障のジレンマ」※を克服し、軍縮や核廃絶をめざす外交の可能性さえ示唆するかのようであり、今日も色褪せない深い思索の一端を感じさせる。

自然法は、ホッブズが生きた時代のヨーロッパで、中世の宗教的権威（「神の法」）に代わる国家間のルールとして取り入れられるようになる。自然法に基づく「国際法の父」と言われるフーゴー・グロティウス（1583〜1645）は、『戦争と平和の法』において、自然法の規範によって戦争を規制しようとした。その後も戦争が止むことはなかったが、第二次世界大戦後には、戦争違法化が、固有の権利としての自衛権を重要な例外として、国連憲章（第2条4項）に明記された。また、文民たる住民の保護などを定めた国際人道法も4つのジュネーブ諸条約（1949年）によって法典化された。

しかし、人道法や自衛権の成績表は誇れるものではない。その一つに、2023年10月に勃発したイスラエル－ハマス戦争がある。ハマスはイスラエルを急襲して約1200人を残虐に殺戮し、約250人を人質として拉致した。西側諸国やアラブ諸国の多くはハマスをテロ組織に指定している。ネタニヤフ首相が「ホロコースト以来」最悪の事態と述べたことに象徴されるように、イスラエルの存在を認めないハマスの殲滅なしには自国の安全はないとの認識が強まった。イスラエルは、パレスチナ人の生活空間の地下に張り巡らせたトンネルに潜むハマスに対して激しい空爆を繰り返した。戦争は長引き、パレスチナ人の犠牲は増え続けた。国際社会でイスラエルへの非難が高まった。

一方、米国政府は、人道への考慮を口にしつつも、同盟国イスラエルを支持し続けた。米国の大学キャンパスでは、親パレスチナ学生による抗議活動が広がったが、議会では反ユダヤ主義の広がりに懸念が高まった。

G7や日米両国は、テロを非難し、イスラエルの自衛権を肯定する一方で、パレスチナの人道状況への懸念も表明した。もちろん自衛権とて無制限ではなく、相当性（均衡性）の原則や国際人道法の尊重が求められる。しかし、市民を盾とする非国家主体との非対称戦争の現場においては、国家国民の生存と安全という死活的国益を守るための自衛権の行使と普遍的正義である人道への配慮を調和させることは容易ではない。

2023年10月27日の国連総会において人道目的での休戦などを求める決議が採択されたが、日本は棄権した。上川陽子外務大臣は、「支持できる内容も含まれていたが、テロ攻撃への強い非難の言及がないなど、バランスを欠いていたから総合的に判断して棄権した」と説明した。また、G7の首脳や外相の声明には、ハマスのテロ攻撃に対する断固たる非難と、ガザの人道状況への懸念や国際人道法の遵守の必要性が共に盛り込まれた。日米共同声明

（2024年4月10日）にはこう明記された。《我々は、……ハマス等によるテロ攻撃を改めて断固として非難し、国際法に従って自国及び自国民を守るイスラエルの権利を改めて確認する。同時に、我々はガザ地区の危機的な人道状況に深い懸念を表明する。我々は、ハマスが拘束している全ての人質の解放を確保することが不可欠である……イスラエルの安全が保障された、独立したパレスチナ国家に引き続きコミットしている》。

パレスチナ人の正当な権利が踏みにじられてきた歴史をもってしても、ハマスによる民間人の殺戮や拉致は正当化できないが、自衛権の均衡性を欠いてしまったイスラエルの空爆も正当化できるものではない。私たちは、テロであろうと、空爆であろうと、子供を含む無辜《むこ》の人々の命を奪い去る暴力に反対しなければならない。同時に、イスラエルの安全とパレスチナ国家の樹立が実現され、二国家が平和に共存していけるよう弛《たゆ》まぬ外交努力が続けられなければならない。たとえそれが今すぐ実を結ばなくとも。それが政治家と外交官の務めである。

※A国が安全を高めようと軍事力強化に動くと、それを脅威と見たB国も軍事力強化に動き、それがまたA国に脅威を与えるという形で軍拡競争の連鎖を生む。

「力」の視点

第二の視点は、第一の視点（「法の支配」の脆弱性）の裏返しとしての「力《パワー》」の優位である。政治的リアリストたちは、パワーを最大の要素として国際政治を分析してきた。彼らによれば、国際社会は主権国家が主要な行動主体として他の主権国家との間で繰り広げる権力闘争の場である。国際政治学の泰斗ハンス・モーゲンソー（１９０４〜80）は、こう断言している。

《国際政治とは、他のあらゆる政治と同様に、権力闘争である。国際政治の究極目的が何であれ、権力はつねに直接目的である》（『国際政治』）

モーゲンソーのようなリアリストたちにとって、国際政治の主要な決定要因はパワー（権力）であり、法や道義ではない。法や道義が権力政治に何がしかの規範的制約を課していることは否定できないが、先述した通り、国内社会に比べれば、それは小さなものである。従って、組織的暴力の蓋然性は国際社会の方が高くなる。その意味で、国際社会は国内社会より予見可能性が低く、不確実性と不安定性が高い社会である。そんなアナーキーな国際社会において国家が頼りとし、欲してきたのが「権力」なのである。

現在、世界には約２００の主権国家が存在する。国際連合は１９３の加盟国からなる。これらの主権国家は、国際法的には平等に扱われる（国連憲章に明記された「主権平等」の原則）が、人口、面積、経済規模、軍事力など国力において大きな格差があり、それによって生まれる国家間の相対的な力関係が外交の現場に反映されてきた。

日清戦争当時に外務大臣を務めた稀代の外政家、陸奥宗光は、三国干渉の苦渋を味わった後に著した『蹇蹇録』にこう書き残している。

《要するに兵力の後援なき外交は如何なる正理に根拠するも、その終局に至りて失敗を免れざることあり》

当時、時代の通念は帝国主義であった。陸奥の発言もそうした時代背景の下で捉えられるべきであるが、それでもなお今日的警鐘として考えさせられる。

1962年のキューバ危機当時、米国はカリブ海での海空戦力のみならず、グローバルな核戦力でもソ連よりはるかに優位に立っていた。ケネディ大統領の果たした指導力と交渉力は称賛されるべきだが、同時に米国の力の相対的優位がフルシチョフ第一書記の心理に影響を与え、妥協的行動を促したとの分析にも留意すべきである。外交にはこうした「力」の要素が介在することを常に念頭に置く必要がある。

2　リアリズムとリベラリズム

台頭国家による国際秩序への挑戦

ソ連崩壊後、「パクス・アメリカーナ（米国による平和）」の下で、グローバリズムや経済相互依存が米国の価値を世界に広げ、リベラルな秩序を支配的なものとした。リアリズムは時代遅れの思想であり、その中心的理論である勢力均衡もまた古臭い概念であるとされて、後景に退いた。

しかし、リベラリズムがその絶頂にあった21世紀の劈頭、米国は未曽有のテロ攻撃（9・11）に見舞われた。唯一の超大国は戦略的な冷静さを失い、アフガニスタンとイラクの戦争に突き進んで、甚大なコストと犠牲を強いられた。大国の衰亡の原因とされる力の過剰な拡張のつけが米国の覇権に終止符を打った。「世界の警察官」がいなくなると、地域大国や武装勢力が力の空白を埋める形で頭をもたげた。中でも、目覚ましい経済成長によって米国に迫る国力を付けた中国は、自己主張を強め、「力ずくの外交」を展開するようになった。

それを象徴したのが、２０１６年のハーグ常設仲裁裁判所の裁定を中国が「紙くず」と呼んで拒絶したことである。同裁判所は、フィリピンの提訴を受けて、中国の主張する「九段線」が国際法上の根拠を持たないとの裁定を下した。※同裁定は、中国政府が批准した国連海洋法条約に基づくものであり、同条約の締約国である中国は同裁定に従う義務がある。しかし、中国はその義務を一顧だにしなかった。それどころか、２０２３年、中国は九段線を台湾東部海域まで延長し、「十段線」とした。しかし、中国の一方的宣言による「九段線」や「十段線」が国際法上認められる海洋境界線とはなり得ない。「ノルウェー漁業事件」に関する国際司法裁判所判決（1951年）が示す通り、「海域の確定は常に国際的側面を持ち、それは単に沿岸国の国内法に表現された意思に依存し得ないものである」。

中国の力による一方的な現状変更は、「法の支配」に基づく国際秩序への挑戦と言わざるを得ない。

※なお、人工島は国連海洋法条約が定義する「島」ではない。同裁判所は、中国が造成した人工島の国際法上の地位は埋め立て前の自然状態に基づき判断されるべきとの観点から、人工島の一つ一つに検討を加えた。その結果、自然状態が同条約に言う「岩」と認定された人工島は領海のみ持ち（排他的経済水域や大陸棚を持たない）、自然状態が低潮高地（高潮位の時には水面下に没する）と認定された人工島は領海さえ持たないとされた。

権力と国際秩序

このように、国際社会の権力分布の変動は国際秩序変動の主因となる。中でも、力が一国に集中されることによって生まれる覇権は、「パクス・ロマーナ（ローマによる平和）」のような一極支配秩序を生み出してきた。世界国家の誕生が夢想主義の域を出ない中で、「覇権安定論」は米国の覇権の下での正統性と持続性によって説得力を持った。その最大の理由は、覇権国の米国が開放的な民主主義国家であったことによる。

アイケンベリーは、著書『リベラルな秩序か帝国か』でこう述べている。

《アメリカを中心とする西側秩序は、覇権-従属といった垂直的関係だけに基づいた秩序よりも、はるかに多くの相互性と正統性を示している。アメリカの覇権は強制的というよりも、むしろ合意に基づき、協調的で一体的であるために独特のリベラルな傾向を持っている。このようなシステムは、とりわけその透明性や、多くのアクターへのパワーの拡散、さらには政策決定への多様な接点など、独特の特徴を持っている。そのような特徴によって、西ヨーロッパや日本といった同盟国はシステム全体の政策決定に関与することができるようになったのである。結果として、アメリカの覇権は高度に正統性を持つものとなり、「開かれた帝国」となったのである》

そんな米国の覇権が終わったとすれば、いずれ米国が支えた国際秩序も瓦解するのだろうか？　そうだとすれば、その後にはどんな秩序が生まれるのだろうか？　どんな秩序にせよ、それは戦争ではなく、外交によって平和的に作り出されるのが望ましいことは言うまでもない。しかし、それは可能なのだろうか？

E・H・カーは、二つの世界大戦の間の「危機の二十年」に潜在した諸原因を分析し、それを平和構築に携わる人たちの参考に供した。そこには、英国という覇権国家の力の凋落が招いた国際秩序の崩壊後に、どう新たな秩序を再建するのかという問いかけとそれに対するカーの深い洞察が込められている。

歴史的に見て、世界秩序への前進はいつも「ある特定国家の優勢な力」によってなされた。それは現状維持勢力と現状変更勢力との間の攻防を伴う。こうして、国際秩序の変動はしばしば戦争によって起きた。

そんな歴史を前にして、カーは、『危機の二十年』でこう結んでいる。

《実際に平和的変革は、正しいことについての共通感覚というユートピアンの考えと、諸力の変革される均衡状態への機械的な調整というリアリストの考えとの間の妥協ないし折衷を通じて初めて達成され得ることを我々は知るのである。このことに、対外政策を成功させるためには、力を働かすことと力に譲ることとの対極の間を振動する外交が展開されなければならない理由がある》

習近平国家主席は、「人類運命共同体」を提唱する。しかし、その中身は漠としている。美辞麗句が並ぶ中で、特に強調されるのが「ウィン・ウィン」である。しかし、こうした平和的な言質と力を振り回す行動との間には大きな溝がある。「平和発展」を唱えながら、「強国強軍」を掲げ、「核心的利益」を叫び、東シナ海や南シナ海、そして台湾海峡で力による現状変更の試みを強める。ウィン・ウィンが可能な経済分野においても、政治目的達成のために非対称な相互依存に基づく制裁的措置を発動する。

カーの言う「力を働かすこと」には熱心だが、「力に譲ること」は念頭にないようだ。それでは、外交によって「平和的変革」を実現することはできない。そんな「力ずくの外交」が、アイケンベリーが指摘する「強制的」な覇権志向の現れだとすれば、中国の覇権は正統性を欠き、その秩序も安定したものとはならないだろう。

一方、分散された権力は、「万人の万人に対する闘争」というアナーキーを生むが、勢力均衡と価値観の共通性によって、ウィーン体制のような多極調和秩序が生まれたこともあった。米国の覇権でも、中国の覇権でもない、そんな秩序は可能なのだろうか？

米国は日本を始めとする同盟国やパートナー諸国と協力して、東アジアにおける緩やかな勢力均衡の形成に努めてきたが、米中間には共通の価値観が存在せず、勢力均衡だけでは国際秩序は安定し持続するものとはならないだろう。

大国の興亡により、国際秩序は変動し、国際社会への視座やアプローチも変化した。今日、勢力均衡を重視する現実主義が支配的であるが、だからと言って、価値の共有を重視する理想主義が存在意義を失ったわけではない。

現実主義か理想主義か？

国際政治における現実主義と理想主義の違いは、簡単に言えば、力か法か、利益の対立か共有か、利己か利他か、競争か協力か、といった二項対立によって説明され得る。これらの要素が外交に携わる者の認識枠組みを形作る。その意味で、外交を論じるには、この二つの国際政治観を検討することが欠かせない。

モーゲンソーは、理想主義を「人間性が本質的に善であり無限の順応性をもつと仮定する」学派であるとし、現実主義を「絶対善の実現よりもむしろ、より少ない悪の実現を目ざす」学派であると説明した（『国際政治』）。

外交指導者としても国際政治学者としても優れた能力を発揮したキッシンジャー（1923〜2023）は、この二つの視座から外交を論じた。著書『外交（*Diplomacy*）』（1994年）では、一方に外交を「利益」均衡手段とみる現実主義を置き、他方に外交を潜在的調和（共通の「価値」観）確認手段と見なす理想主義を置いた。キッシンジャーによれば、米国外交の本質は後者にある。それは、ウィルソン主義やアメリカ「例外主義」と表現され、ジョージ・F・ケナンによって「法律家的・道徳家的アプローチ」（『アメリカ外交50年』）として批判的に論じられた米国独特の理想主義である。

日本では、戦後、理想主義と現実主義は安全保障をめぐって論争を展開したが、立場の懸隔を埋めることはできなかった。そのことは坂本義和と高坂正堯という二人の国際政治学者の論戦に窺われる。坂本はこう述べている。

《「理想主義」と呼ばれる生き方も、戦争といった事態になったときに何が起きるか、「最悪事態」を想定する「リアリズム」であるからこそ、そのオールタナティヴを全力を尽くして追求するのです。ただ根本的な違いは、「現実主義」は、国家という抽象的な実体の視点に立つのに対して、「理想主義」は、身体を持った市民の視点で「最悪事態」を具体的にとらえるのです。原爆を高空から投下して相手国を降伏させるのを「現実主義」は排除しませんが、市民つまり被爆者の立場に立つ「理想主義」は、戦争の「現実」を、自分が焼き殺される立場で見て抗議の声をあげ、平和を追求するのです》（『人間と国家　ある政治学徒の回想』）

ヘンリー・キッシンジャー
（1923-2023）　米国議会図書館蔵

　ここで、坂本は、理想主義の持つ「リアリズム」を強調する。坂本が師事したモーゲンソーの影響だろうか。しかし、坂本の「リアリズム」は、現実主義のリアリズムが国家の視点に立つのに対し、市民の視点に立つ。すなわち、主権国家を唯一のアクターとし、その行動原理を力の追求という人間の本性に求める現実主義に対して、市民社会の役割に光を当て、その運動源を平和や人道といった価値の共有に求めたのである。そこには、物理的な力と精神的な価値のどちらに軸足を置くかという違いに加えて、目的と手段の関係をどう捉えるかという二人のアプローチの違いもある。坂本は戦争体験から「絶対平和」という目的を掲げて、中立論を主張した。

高坂はそこに、「理想主義者の最大の欠陥」としての「手段と目的との間の生き生きとした会話の欠如」があると指摘した。つまり、「中立論者は、憲法第九条のかかげた絶対平和を目的として絶対視するついでに、政策上の目的としての中立を自明のこととして引き出してしまうのである」。高坂に言わせれば、「権力政治の理解不十分」な中立論は軍事力の基本的役割を否定し、「力の均衡にもとづく平和を危機にさらすというギャンブルでしかない」のである（「現実主義者の平和論」）。

そんな高坂について坂本はこう述べている。

《彼は空襲を免れた京都育ちのせいもあるかもしれませんが、話していて、この人は「戦争の傷」を骨身にしみて経験していないという印象を禁じえませんでした》（『人間と国家』）

アメリカ外交の理想と現実

このように、理想主義と現実主義は越え難い根本的な相違を抱えながら、競争してきた。その違いをキッシンジャーは二人の米国大統領の言葉を引いて浮かび上がらせている。

《正義は平和よりも大切である。……世界を最終的には自由なものとすることを通じて正義が世界を支配することのために、戦わねばならない》（ウッドロウ・ウィルソン大統領）

《力の裏付けのない気のぬけた正義に酔っていることは、正義という口実を捨てた力以上に害悪を及ぼすものである》（セオドア・ルーズベルト大統領）

キッシンジャーは二人を評して、こう述べている。

《国際システムの動きについて、ルーズベルト以上に正確に見抜いていた大統領はいなかった。しかし、ウィルソンはアメリカが行動する場合の動機づけの源泉が何であるかを把握していた》

ウッドロウ・ウィルソン（1856-1924）　米国議会図書館蔵

坂本の理想は国民の琴線に触れるものであったが、政府の外交政策に反映されたのは高坂のリアリズムであった。日本外交の礎石は一貫して日米同盟と核の傘（拡大核抑止）に置かれたのである。

しかし、高坂は懐の深い現実主義者であり、安全保障を狭い軍事的議論に閉じ込めることなく、大局観をもってこう述べている。

《日本の外交は、たんに安全保障の獲得を目指すだけでなく、日本の価値を実現するような方法で、安全保障を獲得しなければならないのである》(「現実主義者の平和論」)

高坂が述べるように、日米同盟は単に勢力均衡の観点に立つ現実主義的政策にとどまらない。共通の価値という普遍性を持つことによって、1960年の日米安全保障条約の締結以来、史上稀に見る長期にわたって、維持されてきた同盟なのである。

高坂は、坂本の「理想主義者のリアリズム」に一定の理解を示し、坂本が国際政治に価値を導入したことを評価していたのであり、そのことをこう書いている。

《……原爆体験を通じて学びとった原水爆に対する絶対的否定を国民的原理として説くとき、同氏(引用者注:坂本氏を指す)の真骨頂が発揮される。同氏の立場は現在の国際社会においてそれをとることがきわめて困難なものであるが、しかし論理的に一貫している。……精神的な価値を国際政治に導入することによって、現実主義者に対し基本的な問題を提出しており、ここに大きな寄与がある……国家が追求すべき価値の問題を考慮しないならば、現実主義は現実追随主義に陥るか、もしくはシニシズムに堕する危険がある》(同前書)

一方、ウィルソンの理想は米国の外交政策に根を下ろし、ルーズベルトのリアリズムを退けた。この日米の違いはどこから来るのだろう。自国の安全を大国との同盟に依存した戦後日本には理想と現実の越え難いギャップがあったが、「西側」の盟主となった米国にはその理想を追求するだけの強大なパワーがあった。

第二次世界大戦後、米国は自由や法の支配といったリベラルな国際秩序を構築し、維持してきた。「パクス・アメリカーナ」の前提には、世界が従うべき「理念の灯台」としての役割を果たし得る「他に類を見ない美徳と力を持った例外的な国」としての米国が存在した。この米国の例外主義がウィルソンの理想主義以来、米国の外交政策を突き動かしてきたのである。しかし、米国の美徳や力も永遠ではあり得ない。

そのことを見通していたキッシンジャーは、「アメリカの理想の実現は、一つ一つの部分的な成功の、辛抱強い積み重ねによってこそ求められるべきだろう」と述べて、慎重ながら米国の理想主義を長期の外交目標として認めた。その上で、「正統性に基づいたウィルソン主義的なシステムが不可能ならば、アメリカは、たとえ自分には合わないやり方と思っても、バランス・オブ・パワーの中で動くことを学ばねばならないだろう」と述べて、『外交』を擱筆した。

理想主義的現実主義

それから30年が経った。この間、中国が国際秩序を揺るがす勢いで台頭し、米国の相対的パワーが衰える中で、ウィルソン流の理想主義への米国民の情熱は冷めていった。キッシンジャーの予言的勧告が徐々に現実味を持ち始めた。そして、そんな流れに乗って、それと共振する形で、秩序変革のうねりを巻き起こしたのがトランプ大統領の「アメリカ第一」主義である。

「砲艦外交（gunboat diplomacy）」を推進したセオドア・ルーズベルト大統領は、「大きな棍棒を持って、穏やかに話せば、成功する（Speak softly and carry a big stick; you will go far.）」と述べた。トランプ大統領は、そんなスタイルを好む（*Crippled America*）。「アメリカを再び偉大な国にする（略語でＭＡＧＡ）」と叫び、自由貿易、人権、気候変動などを嘲り、民主主義にさえ冷淡な姿勢を見せた。価値に無頓着な「力ずくの外交」は国際政治の基調を塗り替えた。

米国が主導して作り上げたリベラルな秩序は、権威主義の世界的広がりと米国政治の変質によって、非リベラルな秩序に収斂していくのだろうか？

Ｅ・Ｈ・カーは、『危機の二十年』において、二つの大戦間の秩序変動の時代を分析した論理的帰結として、「あらゆる政治的事態は、ユートピアとリアリティ、道義と権力という両立しない要素を含んでいる……政治行動は、道義と権力との整合の上に立って行われるのでなければならない」と主張した。

キッシンジャーも次のように力と価値の関係を明晰に論じ、両者の統合を説いた。《バランス・オブ・パワーは、国際秩序をくつがえす能力を禁止する。共有された価値観に基づいた合意は、国際秩序をくつがえそうとする欲望を抑制するのである。正統性に基づいていない力は、力を試そうという誘惑にかられる。力の裏付けのない正統性は、空虚なゼスチャーとなる恐れがある》（『外交』）

そうであるならば、日本としては、日米同盟を中核とした有志連合の結束によってインド太平洋におけるバランス・オブ・パワーを維持するとともに、（たとえ米国が一時的に背を向けても）価値を共有する諸国と協力し、自由で開かれた法の支配に基づくリベラルな国際秩序の擁護に努めることを長期的戦略とすべきである。

国家間の力関係を重視する現実主義も、国家間の共通利益と法や道義を重視する理想主義も、どちらか一方だけで、持続的な国際秩序を確立することはできない。

前者が支配的であることを認識した上で、両者を併せ持つ国際秩序を追求していくことが外交の王道であろうと思う。それは「理想主義的現実主義」外交と呼ぶこともできよう。筆者はそんな立場に立つ。

第4章　内政と外交

- 一国の外交は国内政治の対外的表現だ。……同時にまた外交は国際政治の対内的表現でもある。(『清沢洌評論集』)
- 内政的観点からの発想に基づく外交政策といえども、形の上ではいかにもそれが本当の外交政策として立派なものであるかのように見せかけねばならなくなる。(ジョージ・F・ケナン『ジョージ・F・ケナン回顧録』)
- 「国を統治する」という事は、内政、外政共に、国の意思を正確に伝え、又、国民に分かって貰わなければいけない。(中曽根康弘『中曽根康弘が語る戦後日本外交』)

カギを握る内政

外交と内政は相互に影響し合う。日中関係はその最たるものである。歴史認識や靖国神社参拝から尖閣諸島をめぐる問題まで、日本の政治家の言動や国民感情と中国の反日デモや権力闘争が複雑に絡み合う。外交と内政の関係を理解することが欠かせない。

日本最初の外交青書(1957年の『わが外交の近況』)には、次のような一節がある。

《外交と内政とは表裏一体の関係にあるのであつて、国内政治が世界の大勢の正確な認識の上に立つものでなければならない……真に有効な外交は国内からの強力な支持があつて始めて可能となるのである》

この指摘は時代を超えた真理であるが、陸奥宗光や小村寿太郎のような稀代の外政家には「世界の大勢」が見えていても、政治家や国民に見えているとは限らず、そのギャップが外交の足枷となることが少なくなかった。それでは、「国内からの強力な支持」など到底期待し得ない。陸奥や小村の外交的業績は、伊藤博文や桂太郎といった外交感覚のある実力政治家が総理大臣として、彼らの情勢判断を共有し、その政策を全力で支えたからこそ達成できた。

日米開戦前の対米交渉に特命全権大使として携わった来栖三郎は次の通り回顧している。

《先輩陸奥、小村両氏のごときはだいたい元老政治家を通して内政との連繋を保つに腐心し、外交に経験のある原（引用者注：敬）、加藤（同：友三郎）の二氏は自ら政党の首領になって外交と国民とを結び付けてきたのであるが、……（その後）国民の多数は、軍部の……強硬外交論に引きずられ、ついには外務省の内部にも、朋党を組んで軍に迎合する者まで出してしまったのである》（『泡沫の三十五年』）

こうして、日本の内政は「世界の大勢の正確な認識」を欠き、外交は「国内からの強力な支持」を得られるどころか、軍部の強硬論に圧倒され、戦争に突き進んでいったのである。

ところが、日本が敗戦濃厚となるや否や、それまで外交を無視していた軍部は態度を一変して外交に頼ろうとした。

小磯国昭首相（1944年7月〜45年4月）は、ドイツの同盟国であり、ソ連と中立関係にある日本が独ソ和平を斡旋した上で、ソ連に日本と連合国との和平の仲介を託すという構想をもって対ソ交渉に日本の命運をかけた。しかし、それは当時の国際情勢の現実とはかけ離れた実現可能性のない構想であった。1945年2月には、ヤルタ会談において対日参戦密約が取り交わされたからである。

当時、重光葵外相は枢密院会議に呼ばれて国際情勢について、次の通り説明している。

《情報を綜合判断するに、ソ連はヤルタ会議後……対日戦争に参加する準備が出来たようである。……日本はこれを覚悟せねばならぬ。ソ連はなお中立条約遵守の言明を繰り返しているが、これは日本の当てにすべきことではない》（『昭和の動乱』）

しかし、枢密院議長が日本は最後まで戦うべきであると述べるなど、「講演の政治的反響としては、余りに貧弱で……ことに失望を感じて引き上げた」と落胆を漏らしている。

対ソ交渉の指示を受けた佐藤尚武駐ソ大使は、独ソ和平がいかに非現実であるかを説く意見具申を重光外相に打電している。しかし、上記のような日本国内の空気や陸軍の圧力もあって、日本は特使派遣も含めた対ソ外交に執着し続けた。

ソ連がこれに応じることはなく、広島原爆投下の2日後には、中立条約を（有効期間終了前に）破棄する形で対日参戦した。日本はシベリア抑留や今日まで続く北方領土の不法占領に苦しむことになった。

戦前、外交の最前線にある大使館の情勢認識は、国内政治決定過程に反映されなかった。外交と内政の調和なくして、外交は成果を上げられない。この点で、難しい存在が国内世論である。

世論と外交

ジョージ・ケナンは、「国民というものは政府より合理的であるとは限らない」と述べ、

「世論というものは、容易に感情主義と主観主義の弊に堕し得るのであり、それ故に、これを国家的行動の指針とするには、余りに貧弱かつ不充分なものなのである」と述べている（『アメリカ外交50年』）。

第1章で通観した通り、日清・日露戦争において強硬となった世論はしばしば外交を「軟弱」と批判した。清沢は、この世論に対して、二つの試みが外政家からなされたとして、こう述べている。

《一つは陸奥のごとくこれに抵抗しながらも、しかもこれに譲歩することだ……もう一つはのちの幣原外交だ。大戦後の世界に漲《みなぎ》る理想主義の波に乗ってこの国民の底流をなす対外硬感情に適当なる評価をなさず、その結果、大きな反動に当面した》（『清沢冽評論集』）

こうした世論を先導したのは新聞である。満州事変では、現地に派遣された特派員が好戦的で勇ましい報道を日本に送った。「満蒙は帝国の生命線」とのスローガンが世論に浸透していった。メディアは、本来なすべきチェック機能を果たせなかった。軍の暴走を追認し、戦争を煽ったり、あるいは軍事が外交を圧倒するのを後押ししたのである。

ヨーロッパでは、第一次世界大戦後に世論の影響力が高まった。甚大な犠牲を払った民主主義諸国の国民は外交政策への自己主張を強めた。選挙を控える政治家は、国益よりも世論を優先するようになった。

1936年、英議会でウィンストン・チャーチル（当時、保守党議員）が国防力の強化を訴えたとき、ボールドウィン首相（保守党党首）はこう答えた。
《よしんば私が地方に出かけて、ドイツは再軍備を進めている、かかるが故にわれわれも再軍備しなければならないと言ったところで……その叫びに呼応したとだれが思うのですか？……これ以上に選挙の敗北を招くものが、他にあろうとは思われません》（チャーチル『第二次世界大戦』）
チャーチルは、このやり取りを振り返って、こう書き残した。
《いやしくも一国の首相たるものが、選挙に敗れるのを恐れるあまり、国家の安全に関して自分の責務を果たさなかったと公言するのは、わが議会史上その類例を見ぬ出来事であった》（前掲書）
しかし、自らの政治生命を懸けて正論を吐く政治家は稀である。その一人が斎藤隆夫であった。1936年5月7日の第69議会で、斎藤は「粛軍演説」と称されて有名な質問演説の中で2・26事件についてこう述べている。
《ロンドン条約は統帥権の干犯であるというと、一途にこれを信ずる。国家の危機目前に迫る、直接行動の他なしと言えば、一途にこれを信ずる……それ故に青年軍人の思想は極めて純真ではありまするが、また同時に危険であります》（斎藤隆夫『回顧七十年』）

そして、世論や国民感情におもねる政治家が職業外交官に代わって自ら直接外交に携わるようになった。それは、「公開を求める国民の気持ちを満足させた」が、「最大の弱点」ともなった。というのは、ケナンの懸念のみならず、国民は「冷静に思考するよりは感情に走りやすく、強い敵意や恐怖心を抱く」ために、敵対する国家によるプロパガンダの対象となりやすいからでもあった（ゴードン・A・クレイグ、アレキサンダー・L・ジョージ『軍事力と現代外交』）。

現代は情報戦が常態化した時代である。権威主義国家のプロパガンダや偽情報に晒される自由で開かれた民主主義諸国の外交は、かつてなく難しい環境に置かれている。

政治体制と外交

幾多の賢人が述べている通り、外交は本質的に、民主主義とは親和的でない。

リップマンは、民主主義の下で世論が国家を予定調和的に正しい選択に導くことに懐疑的で、「民主主義がもっとも成功した国ぐにではヨーロッパ諸国で言われる意味での外交政策というものがなかった」とまで断じた（『世論』）。

ニコルソンは、「対外政策を究極的に統制する主権者」である国民の多くは、外交に対する無責任、無知や不正確な知識などによって情緒的に反応し、「その結果伴なう責任には……ほとんどまったく気づいていない」(『外交』)と指摘した。そんな弱点を抱える民主主義外交の成功のために何をすべきだろうか?

ニコルソンは、国民に公開される政策と非公開の交渉の峻別、専門的な交渉は政治家でなく職業外交官に任すこと、政治家と国民と職業外交官の信頼関係、理性よりも感情に流されやすい大衆の教育を挙げた。教育については、「公衆にたいして対外問題について事細かに教育するよりも、むしろ、……良識と経験の一般的諸原則に関して、公衆を教育するよう努力を怠ってはならない」と述べている。

ケナンは、深い思索に満ちた『二十世紀を生きて』の中で、「世間は間違っていることもあり、議員はそれを黙って受け入れることなく、明らかにして正す義務がある。それが本当のリーダーシップというものだ」と政治を叱咤した。しかし、議員は選挙を勝ち抜かなければリーダーシップを取ることも叶わない。この点は、先に紹介したボールドウィンの演説が物語る。

モーゲンソーは、この難題に切り込んで、こう説いている。

《政治家は、大衆の熱情に屈服することもそれを無視することも許されない。彼は、自分を大衆の熱情に適応させることと、自己の政策への支持に大衆の熱情を結集することとを慎重に均衡させなければならないのである》(『国際政治』)

中国でロング・セラーとなった一冊に『アメリカのデモクラシー』（アレクシ・ド・トクヴィル）がある。裁判官、国会議員、外務大臣という国家の三権すべてに関わったトクヴィルは、「民主主義国家に特有の性質は数多くあるが、およそ外交政策はそうした特質をほとんど必要としない。むしろ逆に、外交政策は民主主義国家の苦手とするような特質を十分に行使することを必要としている」と指摘し、「多数者の専制」が外交政策を支配することの恐れに警鐘を鳴らした。共産党一党支配の中国が外交に自信を持つ理由の一つがここにある。ちなみに、習近平国家主席の執務室の本棚には同書が置かれている。

しかしながら、その中国でさえも高まるネット世論は無視できない。新型コロナへの初動対応の遅れには厳しい批判も出た。その後態勢を立て直した党・政府はネットの監視と管理を強化したが、「ゼロコロナ」政策に対する「白紙革命」と呼ばれた全国的抗議活動が発生して、政策転換を余儀なくされた。

それにもかかわらず、政策決定の迅速性という点では、民主主義国家が権威主義国家に比べてハンディを負っていることに変わりはない。グローバル化と情報化の中で、緊急の外交・安全保障問題への迅速な対応と、民主主義の手続きの尊重を両立させることは容易ではない。海外在留邦人を含め、国民の安全確保という観点から、有事対応や指導者への権限集中について十分に議論し、効果的な体制を整えておく必要があろう。

外交一元化

満州事変勃発時に駐支（中国）公使を務め、太平洋戦争後半には外務大臣の任にあった重光葵の『外交回想録』には、軍が外務省の人事にまで介入し、事実上その外交実施権能を奪い去った経緯が生々しく記されている。例えば、駐支公使を大使に昇格して、その地位を強化し、新しい政策を強力に遂行せんとした外務省の試みに対し、軍部は事前の協議がなかったとして、脅迫をもって抗議してきたと指摘して、軍部の独断専行についてこう述べている。《満州問題は勿論、中国問題そのものを、外務省の手より切り離して軍部の手によって処理する定意を持っていた……陸軍武官磯谷《いそがい》少将は、しばしば日本の名において声明を発表して……中国政府を罵倒し、鋭く英国を攻撃して、政府の外交方針とは正反対の立場を取り、軍中央部またこれに呼応したため、中国及び列強の世論を沸騰せしめた……事態はますます悪化し、政府の外交政策の統制は愈々《いよいよ》失われていった》

重光は、近衛文麿首相の外交姿勢に言及して、こうも述べている。

《近衛公には感情的に、統帥部は統帥部、政府は政府、政策問題と軍事行動とは自ら別であると云う考え方が、無意識に動いていた。統帥権の独立という国家の意思分裂の弊が、ここまでになっていたことは、その当時の空気の中にいない後の時代の、冷静にして常識ある批判者の、到底理解することの困難なことである》（『昭和の動乱』）

日本国内の事情を見て取ったドイツは、日本軍部と提携することによってドイツの目的を達成しようとし、ベルリンでは、リッベントロップ外相が大島浩武官（後の駐独大使）と接触して日独防共協定の締結に動いた。日本は政府と軍部の「二元外交」であった。

戦後の日本は、外務省が外交を所掌し、行政各部の「総合調整」（外務省設置法第4条2）を担う形で「外交一元化」を確保してきたが、内外情勢の変化の中で、見直しや改革が行われた。

第一に、外交を所掌する外務省内の調整の問題である。組織は縦割りになりがちである。外務省も例外ではなく、例えば湾岸戦争が起きると、機動的・効果的な対応が困難となった。当時、外務省では、イラクやクウェートは中近東アフリカ局が、多国籍軍の主体となった米国は北米局が、歴史的決議を採択した国連安保理は国連局が、周辺国支援は経済協力局がそれぞれ担当するといった具合に、多くの部局がそれぞれの事情や立場から対応したが、「それらを調整する部署がなかった」（『外交激変　元外務省事務次官柳井俊二』）。

湾岸戦争後、外相の諮問会議として立ち上がった「外交強化懇談会」の報告を受けて、1993年、外務省に「総合政策局」が新設され、「日本が直面する幾多の課題や問題点に取り組んでいくために、総合的・中長期的観点から政策立案を行い、地域・機能別の政策を全省的観点から総括・調整する」こととなった（現在の組織図は第1章参照）。
第二に、関係各省の立場を調整して外交交渉を主導する「調整官庁」としての外務省による「外交一元化」である。日本が経済大国として国際社会で存在感を強めるようになると、経済官庁が対外面でも独自の外交を展開した。通産省（現在の経済産業省）や大蔵省（現在の財務省）などの各府省等から在外公館に派遣されて使節団の一員として専門分野を担当する館員（アタッシェ）が、「大使−外務大臣」の公式ルートより、東京の出身官庁との直接のコミュニケーションを優先した。「官僚主導」は「縦割り行政」の弊害を生み、「省益あって国益なし」と批判もされた。警察官僚トップから政界に転じて副総理や官房長官を歴任した後藤田正晴はこう述べている。
《彼ら（引用者注：役人）は、自分たちは国益中心で物事を考えていると信じ込んでいる。／その国益とは、非常に主観的なものである。……役所の窓からしか物事を見ていない。／このため、国益という名の『省益』に流れてしまう欠点を持っている》（『政と官』）
湾岸戦争時の資金協力をめぐる橋本（龍太郎）蔵相とブレイディ財務長官の会談（1991年）では、駐米大使が同席を認められなかったことが日米間のコミュニケーション・ギャップを生んだ。同会談では、為替レートの基準日及び供与先（米国だけか、それとも多国籍軍か）についての詰めが十分でなかったため、最終的な日本の負担額が増大し、その責任をめぐって議論を惹起した（手嶋龍一『外交敗戦』）。この点に関し、橋本龍太郎は、首相退任後のインタビューで、「（ブレイディ財務長官から）とんでもない数字が出るかもしれないけれども、飲むぞ」と当時の大蔵次官に伝えたことを回顧し、「交換公文を書くときに、基準日をいつというのは、私は外務省が当然おやりになることだと思っていたし、そこの作業には大蔵省は入れていただけませんでしたから」と述べている（『橋本龍太郎外交回顧録』）。

第三に、内政外交の一体化と迅速な政治判断の必要が強まる中で、首相の下での「外交一元化」が必要とされた。特に、日本の安全に直接影響する緊急事態や高度の政治判断を要する外交問題が頻発する中で、政府・国家としての機動的対応が求められ、制度化や組織化が進められた。

一つは、「トップダウン型政策形成」への転換である。従来、各省庁は自らの所掌分野について政策目標を定め、その実現のための施策を講じ、必要に応じて、関係各省との相互調整や首相官邸への上奏を行っていた。こうした「ボトムアップ型政策形成」は内外情勢の変化に迅速かつ的確に対応できず、見直しを迫られた。政策の形成と実施が明確に分けられ、首相官邸（内閣官房）が前者に積極的に関わるようになった。

もう一つは、米国の国家安全保障会議（NSC）をモデルとした「日本版NSC」と呼ばれる「国家安全保障会議」の創設である。これによって、首相を中心とするNSCが外交・

安全保障の司令塔としての機能を発揮し、国民の目に見える形で迅速な対応姿勢を示すことができるようになった。その真価は朝鮮半島などで実際に危機が起きた時に発揮された。1998年8月、北朝鮮により発射されたミサイル（テポドン）が初めて日本列島上空を越えて太平洋に落下したが、首相をヘッドとする安全保障会議が開催されたのは発射から21時間後であった。2017年9月に北朝鮮が行った核実験に対しては、発生後1時間余りで国家安全保障会議4大臣会合が開催された。

それでも、「外交一元化」の課題が尽きることはない。政権の交代に伴う政策転換、政策決定過程に関わる関係者の資質の違いや利害の対立、組織間・個人間の権限争いなどに翻弄されながら、正確な情報を迅速に集約し、効果的・効率的に総合調整を行い、首相のリーダーシップを支えることは容易ではない。その間、民主主義国家としての透明性や民主的手続きも求められる。

錯綜する利益の国内調整

外交一元化なくして、国内の利害調整も、外交交渉も進まない。

国益や政策は合理的・客観的に決められるわけではない。国内政治過程における権力構造や利益集団の相互作用によって決まる。

「環太平洋パートナーシップ（TPP）協定」をめぐる国内調整を例にとってみよう。日本の産業構造に鑑みれば、TPPに参加することは国益に資するはずであったが、日本の農業関係者は強く反対した。交渉参加を発表した記者会見（2013年3月15日）での安倍晋三首相の発言には、錯綜する利益が見え隠れした。

《交渉力を駆使し、我が国として守るべきものは守り、攻めるものは攻めていきます。国益にかなう最善の道を追求してまいります。最も大切な国益とは何か……田園風景……農村文化……国民皆保険制度を基礎とした社会保障制度。これらの国柄を私は断固として守ります》

ここでは、「守るべきもの」と「攻めるべきもの」という多様な利益の存在は認めるが、「譲るべき」利益については触れられていない。ある利益を「守る」あるいは「攻める」ためには別の利益を「譲る」ことが交渉では求められる。安倍首相は、日本が譲歩を迫られる農業を田園風景や伝統・文化を強調する「国柄」という価値に置き換えて、「断固として守る」と約束した。「美しい国」をめざした安倍首相の思いが滲み出た発言とも取れるが、発言の狙いは、TPPによって日本の農業や国民皆保険制度が崩壊しかねないとの国内の懸念や批判に答えることにあったと思われる。

国際交渉で合意を実現するためには、相互の歩み寄りと譲歩が求められるが、それは個別・具体的利益の国内調整があって初めて可能となる。合意によって得られる利益が失う利益より大きい交渉であれば、交渉が妥結するかどうかは国内政治における政権の権力基盤の強さにかかってくる。利益を失う集団への説得や手当が十分にできるかどうかが問われる。政権基盤の安定した安倍政権の下でTPP交渉は妥結した。

外交の透明性

いくつもの力と正義がぶつかり合う外交の現場は、国民には見えにくい。交渉で何が話し合われているのか、交渉に当たる政府代表の手の内はどうなっているのか、国民にとっては霧の中である。外交交渉は機微な情報を含み、相手国との駆け引きや第三国との関係もあって、その結果は公開されても、その過程が明らかにされることはまずない（外交文書公開については次項参照）。

民主的外交における「透明性」は、交渉の目的や結果（合意した場合はその内容）を国民に明らかにすることであり、外交交渉をガラス張りにすることではない。交渉前には対処方針が作られるが、その中身は民主主義国家においても対外秘である。

交渉者は相手のボトム・ラインがどこにあるかを探りながら、自らのボトム・ラインより少しでも大きな成果（＋α）を確保しようと努める。「ボトム・ライン＋α」が国民の期待するラインに届かなければ国内世論の批判を浴びる。従って、交渉前にボトム・ラインを説明し理解を求めるべきであるが、それでは手の内を相手国に知られてしまう。ここに外交と内政のジレンマが生じる。それは民主主義国家では大きな圧力となって交渉者に伸しかかってくる。

第一次世界大戦中、ウィルソン大統領は、「開かれた形で到達した開かれた平和の盟約」(14ヵ条宣言)において、「外交は常に率直に国民の目の届くところで進められるものとする」との原則を提唱し、大戦の原因の一つとされた秘密外交の廃止と公開外交の推進を訴えた。しかし、ウィルソンが中心的役割を果たしたヴェルサイユ講和条約をめぐる交渉は、「これほど秘密で実際にこれほど神秘的な交渉は史上ほとんどないくらいで」(ニコルソン『外交』)あった。それは、「(ウィルソンが)いざ実践する段になると、公開の交渉などまったく実行不能なことを知ったことを証明している」(同前書)。

外交文書の公開

このように、政策は公開、交渉過程は秘密、交渉結果は公開というのが原則である。その上で、民主主義の観点からは、一定の時間を経て、外交文書の公開に踏み切ることが望ましく、すでに多くの諸国で制度化されている。

そのことを、大平正芳外相（後に首相）はこう語っている。

《秘密外交というのは絶対に民主主義の社会において避けなければならぬことと思うのであります。しかし、この秘密外交というのが往々にして誤解されておりまして、交渉から始まって妥結に至るまでの経過を全部あらわにしないと、秘密でやるといけないというのは間違いでございまして、できた結果は厘毫も残さず公表せなければいけないと思うのでありますけれども、過程は両当事者においてなるべく秘密にやらしていただくほうが、私は交渉を結実する上において正しいと思うのであります。しかし、この交渉過程といえども、いつまでもこれは外務省の奥深く退蔵しておくべきではないと思うのです。……やったことはやましいことではない、ちゃんとしたことをやっておるのだということを、歴史的な検証にたえるだけのことをやらないと申しわけないと思うのであります。一定の期間たちまして、関係国に対しましても支障がないという段階になりますと、洗いざらいこれを国民が自由に回覧できる、学者はこれを活用できるというようにすべきでないかと思うのであります》（1973年6月20日、衆議院外務委員会）

1976年、外務省は、自主的な取り組みとして戦後の外交記録の公開を始め、2011年に「公文書管理法」が施行されてからは、同法に従って公開されてきている。作成・取得から30年が経過した行政文書は公開するのが原則である。※

中曽根康弘元首相は、外交文書公開についてこう答えている。

《こうなると、過度に気にかけて慎重になり、外交活動が不活発になる危険性もなきにしもあらずでね。……政治家にとって、今後は外交文書にどう自分が記録されるかが大事になる。心ある政治家は、大事な局面での自分の行動を、どう後世の人が考えるかに関心を持つことになるでしょう》（『中曽根康弘が語る戦後日本外交』）

２０１８年12月、河野太郎外相は記者会見での日ロ平和条約締結交渉に関する質問を繰り返し無視したと批判されて陳謝した。陳謝の中で述べた「交渉に影響が出かねないことについての発言は差し控えている」との立場は間違いではない。特に、領土問題のようなナショナリズムの絡む外交交渉についての発言には慎重を要する。交渉に臨む政府の対処方針を公にしないことが説明責任を果たしていないということになれば、交渉において日本は不利な立場に追い込まれ、国益が損なわれかねないからだ。

こうした民主主義と外交との関係について、政府は国民の理解を得る努力を続けなくてはいけない。

※外交文書は、行政の透明性と説明責任の観点から、そして、外交の民主的統制の一環として、現在、日本では、原則、30年を経た外交記録は一般に公開されている。ただし、公開により

国の重大な利益が害される場合または個人の利益が損なわれるような記録は30年を経過していても公開されない（外務省ホームページ）。「国の重大な利益」には、国の安全、相手国との信頼関係、交渉上の利益等が含まれる。

第5章　国益とパワー

・総ての政治に妥協が必要なるが如く、外交にも亦妥協を必要とする。（石井菊次郎『外交随想』、1915〜16年に外務大臣）

・日本の国益とは、日本の平和と安全を確保し、日本経済、日本国民を豊かにしていくこと、これが私は国家利益、国民の利益を図る上で最も重要なことだと思っております。（小泉純一郎、2004年の施政方針演説）

・我々は平和的発展の道を堅持しなければならない。しかし、決して我々の正当な権益を放棄したり、国の核心的利益を犠牲にしてはならない。いかなる国も、我々が自らの核心的利益を取引対象にしたり、我が国の主権・安全・発展上の利益を損なう苦い果実を呑み込んだりするだろうなどと期待すべきではない。（習近平国家主席、2013年1月29日、新華社報道）

国益とパワーの関係

国益は無限となり得るが、パワー（国力）は有限である。従って、外交の目的たる国益は国力によって規定される。国力に応じた国益の追求こそが外交の要諦である。そのことを強調したモーゲンソーは、「力として定義される利益」（『国際政治』）を提唱した。

しかし、台頭する国家は、しばしば自らのパワーを過信し、パワー以上の国益を追求して、外交に失敗し、戦争に敗れた。戦前の日本がそうであった。

当時の日米交渉において、コーデル・ハル国務長官が日本側に提示した「ハルノート」に対し、日本側は事実上の最後通牒と受け止めたが、日本の国益とパワーという関係に立てば、中国大陸や南部仏印からの撤退を受け入れるという選択肢もあり得た。しかし、内政も外交も軍に壟断される中で、あるべき国益は日本の国力では支えきれない「軍部益」に取って代わられていた。日米の国力差も歴然であった。それにもかかわらず、独断専行で戦線を拡大していた陸軍の参謀たちはもちろん、海軍内部でも「石油がなければ座して死を待つことになる」（永野修身軍令部総長）といった「ジリ貧」論から開戦を主張する始末であった。そんな軍部の強硬論の中では、日米交渉がまとまるはずもなかった。

1941年12月1日の御前会議で開戦が決定されたとき、陸軍参謀本部は「百年戦争何ぞ

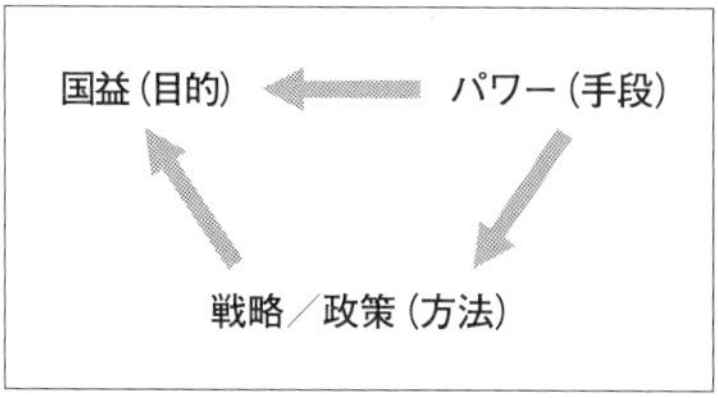

辞せん」（軍事史学会編『機密戦争日誌』）と息巻いたが、外交で踏ん張る知力も、国力差を冷静に計算する理性も欠いた対米開戦は無謀極まりない匹夫の勇であった。当時駐日大使であったジョセフ・グルーは、「最後に日本が敗北することは絶対的に確実である」と日記に記した（『滞日十年』）。国益を誤り、戦力に劣り、両者を調整する戦略もなかった日本が敗戦に追い込まれたのは必然的な帰結とも言えた。

外交においても戦争においても、国益とパワーの関係を正しく認識し、両者を効果的に連動させる戦略や政策が必要である。この三者関係を図示したのが上図である。単純な関係図であるが、その実践は容易ではない。

過去の歴史を振り返っても、この三者関係が意味するところを正確に理解し実践した外政家や軍人は限られる。

その一人であるクラウゼヴィッツは、無限となり得る目的と有限なる手段との関係こそが戦略のカギとなることを見抜いていた。『戦争論』では、フリードリッヒ2世（大王）の輝かしい成果に言及して、「（限られた）戦力にふさわしくないことを企てず、目標の達成にちょうど必要なだけのことをした大王の英知にこそ感嘆すべきである」と論じた。そして、この目的と手段のバランスを達成する条件として、「均衡を保った抑制力」を挙げ、大王は「虚栄心や名誉心、或いは復讐心」にかられることが一度もなかったと強調した。

先に高坂も指摘した（第3章）通り、目的（国益）と手段（パワー）の関係がカギを握るとすれば、まずは「国益」と「パワー」が意味するところを正確に認識することが欠かせない。

1 国益論

死活的国益

「国益」とは、「国家・国民の利益」であり、一個人の私的利益や一集団の特殊利益ではないとの意味において、政治的正当性を持ち得る概念である。しかし、その概念の曖昧さ故に、個別の特殊利益が忍び込み、本来あるべき国益に取って代わられる恐れがある。従って、外交において先ずやるべきことは、国益の誤りなき確定である。

国家は特定の空間（明確な領域）と特定の人間集団（永久的住民としての国民）からなり、その実効的支配とそれを超える外部との関係を可能ならしめる権力（主権）を持つ法人格である。領土、国民、政府、主権という基本的要素を失えば、国家は存立し得ない。従って、これらの要素の保持を意味する「国家・国民の生存と安全」は譲歩のできない国益であって、戦争に訴えてでも守るべき「死活的国益（vital national interest）」とされてきた。しかし、国家はしばしばそうとは言えない利益のために戦争をしてきた。

モーゲンソーは、死活的国益を「生存と安全」以上に広げず、その他の国益（「二次的国益」）を外交交渉によって調整することで平和を維持すべき（「調整による平和」）と主張した。しかし、「生存と安全」への脅威が具体的に何であるかもまた自明ではない。その時々の指導者や国民の価値観、並びに内外環境に応じて、脅威認識は変化するからだ。

19世紀の英国は、欧州大陸の勢力均衡を維持するバランサーとしての役割に徹することで、脅威認識の変化に柔軟に対応し、死活的国益の確保に努めた。ナポレオン戦争の時代、プロシアと手を組んでフランスに対抗したが、プロシアがドイツを統一して強大なドイツ帝国となると、フランスと協商を結んでドイツに対抗した。19世紀半ばに英国外交を推進したパーマストン（外相、後に首相）はこう述べている。

《英国には永久の同盟国もいなければ、永遠の敵もいない。永久永遠なのは英国の利益であり、我々はそれに従う義務がある》

この発言の後段は、国益についての当たり前の原則を語っただけであるが、前段と併せて読むと、英国外交の戦略的柔軟性を示していることが分かる。すなわち、脅威は変化するものであり、その変化を正確に認識し、外交政策を調整していくことによって国家の安全という死活的国益を持続的に確保できるのである。

冷戦中、ソ連という最大の脅威に対して結束することが「西側」の共通の利益であったが、ソ連が崩壊して最大の脅威が消え去ると、死活的利益の共有という前提が崩れた。欧州にとって「重要なのはもはや欧米ではなく、欧州自身」となった（*Of Paradise and Power : America and Europe in the New World Order*）。

しかし、２０２２年にウクライナに侵攻したロシアは欧州最大の脅威となり（同年、ＮＡＴＯの「戦略概念」は、ロシアが「最も重大かつ直接的な脅威」と明記）、欧米、すなわちＮＡＴＯの結束がかつてなく求められることになった。欧州は否が応でも米国を大西洋同盟としてのＮＡＴＯに引き留めておかなくてはならなくなった。すでに多くのＮＡＴＯ諸国が目標とされた国防費の対ＧＤＰ比２％を達成し、さらに３％をめざす。しかし、「アメリカ第一」のように、米国の外交政策次第では、大西洋同盟の死活的国益が曖昧となることもあり得よう。

力の論理と自由の価値

「死活的国益」概念にはある種の矛盾がある。すなわち、生存と安全を守るために戦うということは、生存と安全を危険に晒すことを意味するからである。その意味で、戦争の危険など冒さず、譲歩し、降伏さえ厭うべきでないとの意見もあるだろう。それは力の論理に逆らわないことを意味する。

一方、隷属を拒否し、国家国民の存続という「物理的生存」を危険に晒しても、自由や生活様式といった「精神的生存」のために戦う者もいるだろう。人間はリアリズムだけでは御し得ない存在であり、歴史はそうした物語を紡いできた。

トゥキディデスの『戦史』には、小都市国家メーロスと強国アテーナイとの交渉が生々しく描かれている。アテーナイは強者と弱者の間の交渉は力関係によって決めるべしと降伏を迫ったが、隷属を潔しとしないメーロスは、生存と安全よりも自由を選択すると回答して戦い、そして滅亡した。成人男子は処刑され、女子供は奴隷とされた。

圧倒的な力を誇示する大国を前に、弱小国家が正義や自由に固執すれば滅亡は避けられない。国家が滅びては、正義や自由を語る意味もない。アテーナイの使節の次の発言には、そんな強者の論理と警鐘が窺われる。

《往々にして人間は、行き着く先がよく見えておりながら、廉恥とやらいう耳触りのよい言葉の暗示にかかり、ただ言葉だけの罠にかかってみすみす足を取られ、自分から好んで、癒しようもない惨禍に身を投じる》

しかし、そんな警鐘にもかかわらず、その後も正義や自由のために戦った記録は少なくな

ウィンストン・チャーチル
（1874-1965）

い。1940年5月、ダンケルクに追い詰められた英仏軍を英国に帰還させる奇跡の物語が始まったとき、チャーチル首相は議会で力を込めてこう言った。《この戦争を通じて起こることは何ものも、われわれが献身を誓った世界の大義を護るという義務から、われわれを解放するものにならないということであります。……ダンケルクで何が起ころうとも、われわれは戦いつづけるだけであります》（チャーチル『第二次世界大戦』）

閣僚たちは、この言葉に奮い立った。チャーチルは、閣僚全員が敵に屈するより、いまにも死を選んだほうが良いという覚悟を決めていると感じた。

孤軍奮闘した英国がメーロスのような悲劇的結末を避けられたのは、「正義こそ力」が証明されたからではなく、メーロスは頼りにしたラケダイモーン（スパルタ）の援軍を得られなかったのに対し、英国はチャーチルの待ち望んだ米国の参戦が実現したことにある。

一方、ナチスドイツに軍事的敗北を喫したフランスでは、ヒトラーの支配に隷属するヴィシー政府の下で、「物理的生存」は保った。しかし、ドゴール（戦後の初代大統領）は英国に亡命政権を樹立して、自由という「精神的生存」のために戦いを続けた。

ロシアの侵略を受けたウクライナのゼレンスキー大統領も国民も勇敢に抵抗する道を選んだ。ウクライナ独立記念日（2024年8月24日）に、ゼレンスキー大統領は、こう演説した。

《包括的な独立を守り抜くには、その1つ1つを達成せねばならない。……ウクライナの人々の精神面の独立もだ》

それは、「ロシア世界（ルスキー・ミール）」（ロシア語を話し、キリスト教ロシア正教を信仰する領域を独自の文明圏とみなす思想を体現する概念）の一部となることを拒絶し、NATOやEUの一員となるのを希求することで「精神的生存」を守ろうとする行動であった。

台湾の人々の多くは、中国と戦争となれば勝利の可能性はなく、米国の派兵についても悲観楽観で揺れ動くが、それでも台湾のために戦うと答えた。※ そこには、台湾人アイデンティティという「精神的生存」への強い思いが感じられる。

トゥキディデスの残した教訓をもう一つ上げてみよう。

アテーナイの黄金期を作り上げた偉大な指導者ペリクレースは覇権の維持には力のみならず「盟主の徳」も必要なことを説いたが、後継者たちは力を過信し、あるいは、個人的栄誉に駆られて、支配圏を拡大しようとした。アテーナイの使節はメーロスにこう述べた。

《この世で通ずる理屈によれば正義か否かは彼我の勢力伯仲のとき定めがつくもの。強者と

弱者の間では、強きがいかに大をなし得、弱きがいかに小なる譲歩をもって脱し得るか、その可能性しか問題となりえないのだ》

この「力の論理」と大国の尊大さが後のシケリア遠征の壊滅的敗北の原因となり、アテーナイの覇権を終焉させることになった。

プーチン大統領がトゥキディデスの書を読んだとは聞かない。習近平国家主席は少なくともその書の存在とその結論を知っている。※※そこから習と中国の外交官は何を学んだろうか。

楊潔篪外交部長（2007～13年）は、ASEAN諸国との外相会議で相手を威圧するかのようにこう述べた。

《ある国は大国であり、ある国は小国である。それが国際社会の現実である》（2010年のASEAN地域フォーラム〔ARF〕での発言）

この発言は、その後も、ASEANの外交官や学者から何度も耳にすることになった。

※2024年9月の台湾の国防安全研究院の世論調査では、中国が侵攻すれば台湾のために戦うと答えた人は67・8％に上った。

※※2015年の米国（シアトル）での米中首脳会談の際、習近平国家主席は演説でこう述べている。

《もし大国同士が何度も戦略的誤算を犯すようなことをすれば、「トゥキディデスの罠」を作り出すかもしれない》

「トゥキディデスの罠」とは、ハーバード大学のグレアム・アリソン教授が、『戦史』の結論（アテーナイの力の増大とスパルタの恐れが戦争を不可避にした）を歴史の経験則としてこう呼んだもので、15世紀末以降の16の大国関係のうち12が戦争になったとの研究結果を発表した。

日本の国益

戦後の歴代首相は国際協調を重視し、戦前の偏狭な国益追求の誤りを繰り返すまいと戒めてきた。国民も国家主義的響きを持つ「国益」という言葉を忌避した。従って、国益について論じられることはほとんどなかったし、東西対立という冷戦構造の下では国益が何かを思い悩む必要もなかった。

冷戦後、日本を取り巻く国際環境が大きく変動する中で、国益は復権した。しかし、政治家や言論人は「国益」という言葉によって自らの政策や主張を正当化はしても、国益が何であるかの議論を深めてこなかった。

例えば、国会審議でなされた発言をいくつか取り上げてみよう。

「国連安保理メンバーになることは国益に資するのか」「農業に大きな犠牲を強いる日米貿

易協定交渉で国益に反するような合意はしない」「日中経済関係を日本の国益に資するように発展させる」「どの程度の為替水準が国益に最もかなうのか」「国益が最大化される資本主義のあり方」「旧統一教会は国益に反する」などである（以上、国会議事録から抜粋）。

日本政府が公式の文書で日本の国益が何であるかを明確にしたのは、2013年の「国家安全保障戦略」においてである。2022年に新しい「戦略」が発表されたが、それも基本的に2013年の「戦略」を引き継ぎ、次の3つを国益として挙げている。

①主権と独立の維持、領域保全、国民の生命・身体・財産の安全の確保。加えて、我が国の豊かな文化と伝統を継承しつつ、自由と民主主義を基調とする我が国の平和と安全を維持し、その存立を全うする。

②経済成長を通じた更なる繁栄の実現、開かれ安定した国際経済秩序の維持・強化。

③自由、民主主義、基本的人権の尊重、法の支配といった普遍的価値や国際法に基づく国際秩序の維持・擁護。

①や②にある国家・国民の生存と安全、そして繁栄は、日本に限らず、多くの国家が守り、発展させる普遍的な国益であり、③は民主主義諸国の間で共有できる国益であるが、権威主義や専制主義の国家にとっては敏感で警戒すべき政治的価値である。それは、中国の「国家安全法」（2015年）が「国家の政権」、すなわち中国共産党による統治を核心的利益の第

一に据えたことにも窺える。ちなみに、「中国の平和発展」白書（２０１１年）では、国家主権、国家安全、領土保全、国家統一、国家政治制度、社会の大局の安定、経済社会の持続的発展を核心的利益であると明記しており、主権が一番で、政治制度は五番目となっていた。

米国政府は、レーガン政権以降、連邦議会への提出が義務付けられた「国家安全保障戦略」において、米国の国益を明らかにしてきた。そこに共通するのは、国家・国民の安全を守り、経済の繁栄と機会を拡大し、自由や民主主義という価値を守り促進することである。

こうして見ると、日米の国益は共通している。同盟関係にある日米が外交目的を共有することは当然と言えば当然であるが、より重要なのは、国家国民の安全を脅かす具体的な脅威は何か、そしてその除去のための戦略・政策はどうあるべきかをすり合わせ、具体的な協力を進めることである。それは、日米間に止まらず、同盟諸国やパートナー諸国との間でも重要となっている。

例えば、国家国民の安全には多様な「安全」利益が含まれる。脅威が多様化し、複雑化しているからだ。地政学リスク、核の脅威、サイバー攻撃、宇宙をめぐる競争、感染症、気候変動など、実に多くの脅威が挙げられる。これらの脅威はトランプ大統領の「アメリカ第一」では解決できず、国際協調と国際協力を必要とする。同時に、国家の限られた資源を戦略的・集中的に投入する必要があり、国益の優先順位を決めることがきわめて重要となる。

戦略は、ともすれば総花的となる傾向がある。「集中と選択」が求められるのは言うまでもない。

理想を言えば、対立する国益を相互に抑制し、共通の利益を拡大することで国家関係の平和的発展と国際社会の調和的安定につなげていくことである。筆者は、それを「開かれた国益」と呼び、書物で中国に訴えた。※ そんな国益論は、2006年の訪中で安倍首相が提唱した「戦略的互恵関係」にも込められている。

※筆者は、「開かれた国益」論を中国で出版した『日本走向何方（日本はどこに向かうのか）』（2009年）や『日本的選択（日本の選択）』（2019年）で提唱した。前書は、中国の新聞や雑誌で紹介された。背景には、当時の中国国内の政治的空気や、理性と感情が交錯する対日認識もあったと思われる。いくつか紹介しよう。残念ながら、その後、中国は「核心利益」（中国語）という概念を打ち出し、自己主張と強硬姿勢に傾いていった。
《戦後の日本外交について、中国の歴史書は、簡単に言えば、対米追随外交であり、独立性のある外交ではないと記す。しかし、小原は、「それは軟弱外交ではなく、日本国民の安全と繁栄に責任を有する指導者が歴史の経験と現実に基づき行った厳粛な選択である」と強調する》（『国際先駆導報』）、《「開かれた国益」概念は大いに参考に値する。……中日両国の国益には相交わり共通する部分が存在すると読者に自然に感じさせている》（『瞭望東方週刊』）、

《小原氏は、現役の外交官としては珍しく、中国で書籍を出版し、その中で、日本は開放的な国益に基づき中国との関係で戦略的互恵を追求すべきという「日中関係新思考」を提起した》（『南方週末』）、《日本の生存方式は、道義や法律や世論という理想主義を自らの生き様に投射した良好な願望を体現している》（『環球時報』）

2　外交とパワー

パワーとは何か？

中国外交には力を重視するリアリズムが色濃く漂う。2010年以来、GDPで日本を大きく引き離した中国は、中国共産党機関紙『人民日報』傘下の『環球時報』の社説（2018年4月16日）で、日本をこう牽制した。

《2017年に、中国は経済規模で日本の2・5倍以上に達しており、最早中国と競争などできるわけもなく、日本社会はその差に慣れて、競争意識を失いつつある。米中の間で中立的立場に動くことが日本の国益により適う。それが地政学の常識だ》

しかし、国家のパワーは、GDPだけで測られるものではない。軍事力や経済力以外にも、さまざまな要素が複雑に絡み合う。モーゲンソーは、国家のパワーの要素として、地理、天然資源、工業力、軍備、人口に加えて、「国民性」「国民の士気」「外交の質」「政府の質」を挙げた。そして、こう解説している。

《国民の士気がないならば、国力というものは単なる物質的な力にすぎないか、さもなければ実現されるのをむなしく待つひとつの潜在力である、ということになる》《外交の質は……国家の力を形成するあらゆる要素のなかで最も重要なものである》《外交とは、ちょうど国民の士気が国力の精神的部分であるように、国力の頭脳であるといってかまわないだろう》

日本は、こうしたソフト面の強靭性に意を用いるべきだろう。

一方、警戒すべきは「シャープパワー」である。これは、明確には認知されにくい強制性や敵対的目的を忍ばせながら、強い情報操作力や政治的影響力を持ち得るパワーである。中国やロシアといった権威主義国家は、報酬、賄賂、検閲、情報操作、恐喝、密かな取引などによって、自由で開かれた民主主義社会を揺さぶる。

こうした要素を相対的なパワーの比較に反映させることは不可能に近い。また、GDPや国防費といった統計数字や各種データは比較可能であるとしても、その背後には、不透明なコストや社会的負荷も存在する。例えば、中国の巨額のGDPや貿易・投資には、汚職腐敗、環境汚染、投機的な不動産投資や無駄なインフラ建設、製造業の過剰能力、軍事費を上回る国内治安予算、人口高齢化に伴って逼迫する医療・介護などへの懸念が付きまとう。

このように、パワーは曖昧さゆえに、論じる者の主観が入り込む余地も大きい。歴史家のA・J・P・テイラーは、宥和主義という不名誉な年となった1938年のヒトラーの成功は、「軍事力ではなく、政治的術策」であると論じたが、実際、連合国情報部は「ドイツの戦力を実際の二倍以上に評価していた」のである（『第二次世界大戦の起源』）。

核兵器と「相互確証破壊」

第二次世界大戦後、大国間戦争は起きていない。その最大の理由が、核兵器大国間に成立する「相互確証破壊（MAD）」理論にある。MADとは、二つの核兵器保有国間で、核先制攻撃を受けた一方が、確実に残存し得る核戦力（例えば、潜水艦発射型核弾頭搭載弾道ミサイル）によって相手側に報復攻撃し、耐えがたい損害を与えることができる状態において成立する理論である。

この理論は、核大国のロシアと非核兵器国のウクライナの間では成立しない。プーチン大統領は、自国の安全が脅かされれば核兵器を使用すると威嚇した。バイデン政権は核戦争の危険を高めることを懸念し、ロシアの侵攻前から米軍を派遣しないと明言していたし、侵攻後はロシア領を攻撃できる長射程の兵器の対ウクライナ供与にも慎重な姿勢を政権交替直前まで崩さなかった。ロシア領からのミサイル攻撃によって住宅や社会インフラが破壊され、一般市民や子供たちが犠牲になっても、ウクライナにはロシアのミサイル発射拠点を攻撃する手段が自国生産のドローンを除きほとんどなかった。プーチン大統領の「核の恫喝」が無視できない効果を持ったことは否定できない。

ソ連崩壊後、ウクライナはソ連が配備した約2000の核弾頭を継承した。米国はその危険を除去すべく動いたが、ウクライナは引き渡しに抵抗した。手にした自由がロシアによって奪われることを恐れたからである。その結果出来上がった合意が「ブダペスト覚書」である。米ロ英は、「核兵器の放棄と引き換えに、ウクライナの独立と主権、そして現行の国境線を尊重する」ことを約した外交文書に、ウクライナと共に署名した。ウクライナは主権が侵された際の米国の介入を保証する法的拘束力のある文書を求めたが、中途半端な政治的拘束力を持つものに止まった。そんな合意は、2014年のロシアによるクリミア半島併合によって踏みにじられた。米英の反応は鈍く、ウクライナには裏切られたとの哀感が漂った。その後、ロシアは容赦なく全面侵攻した。ウクライナは核兵器を持つ無法者国家との孤独な戦いを続けることになった。

歴史に刻まれた外交成果は赤裸々な力によって葬り去られ、核の放棄に応じたウクライナには非情な現実が待っていた。この結末は、外交の信頼性を傷つけ、核兵器の廃絶や不拡散への努力に逆風となる。北朝鮮やイランは核兵器に執着し、中国は核戦力の強化に動く。しかし、MADは誤解や誤算や事故による核戦争の危険をゼロにできるわけではないし、テロリストには通用しない理論だ。実際、9・11を引き起こしたアルカーイダは核兵器の入手に血眼になっていた。

核大国の独裁者はテロリストではない。権力も命も惜しい。MADは引き続き有効だし、先制核攻撃はもちろん、核戦争にエスカレートしかねない軍事衝突も避けたいというのが本音だろう。そこで用いられるのが、相手の意思や能力を探るための低強度・低リスクの試し行動である。これを「探り（probing）」と呼ぶ。ロシアのジョージア侵攻（2008年）やクリミア半島併合への欧米の煮え切らない反応は、ウクライナ侵攻の伏線の一つとなったであろう。中国による南シナ海での「サラミ戦術」や台湾に対する軍事的威嚇行動にもこうした「探り」の意図が窺われる。

反応すべき時に果断に反応しなければ、力による一方的現状変更は止められない。

「強制外交」と「力の行使」

モーゲンソーは、外交の手段として、「説得」「譲歩」「強制（力による脅迫）」を挙げ、どれか一つに頼り過ぎず、3つを組み合わせることで外交の実効性を高め、問題の解決や状況の改善につなげることを説いた。

「説得」と「譲歩」という分かり易い手段に比べて、「強制」には説明が必要だろう。「パワー」とは、「自らの望む結果を得るために他者に影響を与える能力」を意味する。パワーの本質は強制力であり、影響力である。

パワーは、実際に使われるか否かにかかわらず、将来の苦痛と衝撃を予感させることによって相手の行動に影響を与え得る。シェリングは、それを、「痛めつける力を基盤におく強制外交」と「一方的かつ「非外交的」に力に頼る」力の行使に分けて論じた（『軍備と影響力』）。分かりやすく言えば、「強制外交」が棍棒を持って交渉することであり、「力の行使」が棍棒で叩いて奪い取ることである。

「強制外交」が効果を発揮するには、要求を拒めば棍棒で叩かれるかもしれないという「恐怖」と、要求を呑めば棍棒は使わないとの約束を守るという「信頼」を与える必要がある。この相矛盾する二つの意図を相手にどう伝えるかが、「強制外交」の要諦である。ちなみに、「棍棒」は軍事力を意味するが、経済力（例えば、制裁）も「棍棒」となり得る。

ドナルド・トランプは、２０１６年の大統領選挙前に出版した *Crippled America* でこう主張した。

《我々が最初にやらなくてはいけないことは、パンチを振るう能力をつけることだ。……

我々が必要なら力を使うということ、そして、それが本気だということを知れば、我々に対する態度は変わるだろう。……すべては強い軍隊によって始まる。すべてがだ。我々はその歴史において最強の軍隊を持つのだ》

この主張には、「恐怖」はあっても、「信頼」への言及はない。トランプ大統領は「予測不能」と見られることが武器となると考えたが、それでは「信頼」を与えることはできない。

第一次トランプ政権のマティス国防長官は、就任前の議会公聴会で、10年近い交渉によって核開発を凍結したイラン核合意について、「不完全な合意だが、米国は一度約束したら、それを守り、同盟国と協力しなければならない」と述べていた。だが、トランプ大統領はそうした正論を無視してイラン核合意から離脱した。「信頼」なくして、トランプ大統領が豪語した新たな合意が生まれるはずもなく、イランを核開発の再開に追いやっただけであった。

プーチン大統領に至っては、「恐怖」しか与えない赤裸々な「力の行使」に突き進んだ。

フィンランドは、第二次世界大戦でソ連の侵攻を受けた。多くの犠牲を払って独立を守ったが、領土の一部割譲と賠償金支払いを余儀なくされた。戦後の冷戦期には、NATOの外にあって、その内外政策をあえてソ連の「強制外交」の影響下に置くことで、強大な隣国ソ連による「力の行使」を回避し、独立を保ち、民主主義や市場経済を維持した。そんな外交は、「フィンランド化」と揶揄されたが、大国の力に翻弄された小国が取り入れた外交戦略であり、ソ連の「信頼」供与の下で可能となった。しかし、ロシアのウクライナ侵略は、そんなフィンランドにもはや外交で国を守ることはできず、NATOに加盟するしかないと確信させた暴挙であった。「力がすべて」との風潮が広がる時代、中小国の外交は厳しい現実に直面する。

3　外交実務の要諦

以上の議論を踏まえて、外交の実務において指針とすべき原則を、全体性、両立性、持続性、直接性、相互主義、合理性、正当性、戦略性という8つのキーワードによって整理してみよう。

(1) 全体性

国益はしばしばさまざまな利益集団が蠢《うごめ》く国内政治によって歪められる。ケナンは、そのことを『ジョージ・F・ケナン回顧録』の最後でこう指摘している。

《外交官というものは、対外関係において国家的利益益——つまり国家全体としての利益——に奉仕しているのだと信ずるように教え込まれ、そう信じるように仕向けられている。

にもかかわらず彼は、国家的利益がその主要な関心事ではない人々のために、自分が働いているのに気づく》

更に、ケナンは、「国民全体の利益」と「国内政治における不可避の競争の一当事者として代弁する利益」を分けて、「後者が決定的に、不当に、優勢である」と指摘した。

政治家も官僚も一般国民も国益という「全体益」より自らが属する利益集団の利益（「省益」「企業益」「地方益」）を優先しがちである。

戦前の日本は、軍部が統帥権独立をもって民主政治や外交を無視し、戦争を目的化した「軍部益」の追求に走ったため、国家・国民の生存と安全という「全体益」たる国益を失った。当時の政党政治も、国家の利益ではなく、政党の利益を追求する政争に終始し、軍部の独断専行を許した。このように、ある個人や利益集団が政治において大きな影響力を発揮すれば、国益としてあるべき「全体性」は失われる。

しかし、一部の「正当な」利益が全体の利益によって犠牲となる場合には、両者の調整が必要となる。沖縄の米軍基地問題がその例である。日米同盟下における沖縄の持つ地政学的・戦略的な重要性と、基地の存在が沖縄の人々に負わせている危険や負担というジレンマをどう解決するか、全体益と部分益の調和、民主主義と外交・安全保障の関係が問われる。

（2）両立性

国益は常に対立・競合するものではなく、共有し協働することも可能であり、それが「国際益」や「世界益」につながる。国際益は、相互依存が高まる経済分野において顕著である。FTA（自由貿易協定）やEPA（経済連携協定）は、互恵（ウィン・ウィン）関係の形成を通じて、国際益の形成を促す。

また、地球規模の脅威が増大し、伝統的な安全保障だけでは国家・国民の生存と安全が確保できなくなった。それらを国際社会全体にとっての脅威として捉え、協力して解決に取り組むことが共通の利益となる。それは、世界益と呼ぶことができる。

このように、他国の利益や国際社会全体の利益との両立を模索することもまた外交の要諦である。「両立性」を念頭に置いて、政策協調や国際協力を進める意思と能力が問われる。それは国際社会の利益と国家の利益を調和させる「開かれた国益」を追求することを意味する（小原雅博『国益と外交』及び『日本の国益』）。

（3）持続性

外交は目先の利益に囚われて長期的な利益を見失っては失敗する。1938年、ミュンヘン会談でのチェンバレン首相は、チェコスロバキアを見捨て、対独宥和によって戦争回避に成功した。しかし、それはヒトラーが次なる野心を実行するまでのかりそめの平和に過ぎなかった。当時、英国の労働党はソ連や国際連盟との協力を主張し、チャーチルもソ連との「大同盟」を支持していた。しかし、保守党政権や英国世論は反共イデオロギーに囚われ、ドイツを東西双方から抑止する地政学的現実主義に立つことができなかった。

「持続性」は、不透明で不確実な将来を議論するだけに国民の理解と支持を得ることは容易ではない。国民の政治的立場に反映されるのは目に見える現在の利害である。当時、英国民は均衡財政や国防費抑制を支持し、「大砲よりバター」を志向していた。国民の多数が支持した「宥和政策」の転換は、英国自身の安全が脅かされるまで困難だったのである。

(4) 直接性

戦略の要諦とは、最大の脅威は何かを見極めた上で、そこに資源を優先的に投入することである。そのためには、国家・国民の生存や安全に与える脅威が直接的か間接的か、直接的な場合、それはどの程度のインパクトを持つかを論じる必要がある。

直接性には空間の要素が絡む。イランの核開発は、核不拡散や日本が石油を依存する中東の安定という観点からは深刻な問題であるが、日本全土に届く弾道ミサイルを保有する北朝鮮の脅威に比べれば、直接性において自ずと差がある。時代はさかのぼるが、ソ連が米国フロリダ州の目と鼻の先にあるキューバにミサイルを配備したことは直接性を持つ脅威であった。ケネディ政権は、その撤去との交換条件として、ソ連にとって直接性を持つトルコに配備したジュピターミサイルの撤去を約束し、危機を収束させた。

直接性の基準は、国家の軍事力の増強や科学技術の進歩によって変化し得る。2017年の発射実験によって北朝鮮の大陸間弾道ミサイル（ICBM）は米国東海岸も射程に収め、その脅威は米国にとっても直接性を持つものとなった。

また、空間の持つ意味は大国と小国によっても異なる。広い領土を持つ大国は小国よりも核攻撃に対する拒否的抑止力が大きい。かつて鄧小平は、中国が核攻撃に対する残存性が高いことに言及した。ユーラシアの東から西まで広い国土を有するロシアの縦深性は、「冬将軍」と共に、ナポレオンやヒトラーの野望を打ち砕いた。

(5) 相互主義

相互主義（reciprocity）とは、一般に、XがYに対して便宜や権利を付与するか否かは、YがXに対して同様の便宜や権利を付与するかどうかによるという原則である。条約交渉など外交実務において広く適用される原則であり、利益の交換のみならず、不利益の応酬も含む。

不利益の応酬の例としては、米中両国が互いに外交官や記者の国外退去を求めたり、貿易戦争で追加関税や規制を課したりしたことが挙げられる。例えば、2017年、相互に特派員を追放し合い、2020年には、互いの総領事館（ヒューストンと成都）を閉鎖し合った（序章参照）。ポンペオ国務長官は、同年、「米中外交関係における相互主義の促進」声明において、中国政府が中国駐在の米国外交官の活動に行き過ぎた障害を設けていると指摘し、同様の制限を米国駐在の中国外交官に課した。

ちなみに、日中間では、日本が中国にある日本総領事館の増設を求めれば、中国も日本での中国総領事館の増設を求めるといった形で、現在、上海、広州、瀋陽、重慶、青島、香港の6都市に日本総領事館が置かれ、大阪、名古屋、福岡、長崎、札幌、新潟の6都市に中国総領事館が置かれている。

国家関係は多様であり、対称的ではないため、相互主義が常に賢明な政策とは言えないが、一方的な不利益を課された場合には、相互主義で対応して相手国の学習効果を促すことが外交の要諦である。その上で、「利益の交換」という建設的相互主義の好循環によって相互信頼を増進し、国家関係を平和で安定したものとするようにめざすことが外交の王道である。

（6）合理性

外交においては、相手の意図を正確に読み解くことが求められる。その際、注意すべきは、自分が考える合理性に則《のっと》って相手も考えるだろうと思い込む「合理性の罠」である。ウクライナ侵攻を命じたプーチン大統領の判断はどう評価されるべきだろうか？　したたかな計算と入念な準備によって、許容範囲のコストで一気にキーウを陥落させ、ゼレンスキー政権を倒せると踏んだのであろう。しかし、ウクライナの抵抗はプーチンの想定を上回る頑強なものとなり、戦争は長期化した。

プーチン大統領は、KGB（国家保安委員会）のドレスデン（東ドイツ）支部勤務中に、ベルリンの壁が崩壊し、ソ連もまた崩壊していく激動の日々を体験した。この無名の人物が、失意と西側への不信を抱いて帰国した後、ロシアのトップにまで上り詰め、独裁者となった。ソ連崩壊後に「奪われた領土」の回復に執念を燃やし、「ロシア世界（ルスキー・ミール）」を外交の座標軸とし、ロシア周辺国への介入の大義とした。歴史修正主義と帝国的野心という独裁者の「私情」が合理的計算を狂わせた要因の一つであろう。

また、戦争による期待効用は、戦争の期待費用、勝利の可能性と成果、防御側による抵抗の可能性などによって比較衡量されるが、比較に必要な情報が正確で十分でなければ、合理的に行ったつもりの計算も非合理な決定となり得る。ブッシュ・オバマ・トランプ各政権でロシア分析を担当したフィオナ・ヒルは、プーチンが不正確で不十分な情報に基づいて現実味のない計画にのめり込んでいったと指摘した。

こうした「非合理な合理性」は、政治や外交においては決して珍しくない。日本の専門家の多くが、自分たちの合理性からプーチン大統領の行動を予測したため、ロシア軍が全面侵攻を開始した時、「合理的な説明ができない」「まったく合理性がない決断だ」と驚いた。

キッシンジャーは、『外交』の中で、こう書いている。

《スターリンの基本的な弱点は、敵も、彼自身が誇っている冷静な計算をする能力を持っていると考えることだった。……スターリンはヒトラーの合理性に賭け、失敗した》

国際政治における基本的モデルは「合理的アクターモデル」である。しかし、実際の政策決定過程には、個人や組織の果たす役割や情報の不完全性が入り込む。日米開戦前の米国の経済制裁は日本の戦争遂行を不可能とする目的を持った政策であったが、結果はその逆となった。五百旗頭真は、日本が「民族的ハラキリ」としての開戦に訴えることもあり得るとのグルー大使の警告に対して、ホーンベック（国務長官特別顧問として極東政策の責任を担った）が示した反応を次の通り引用している。

《ホーンベックは極端な対日不信感の持ち主であったが、日本が敗戦確実な戦争を始めることはないと信じていた。彼からみて、日本は悪者であったが、自己利益の計算くらいはできる合理的な悪者でなければならなかった》（『日本の近代6　戦争・占領・講和』）

外交においては、こうした「合理性の罠」も考慮に入れて、他国の行動を分析することが求められる。

グレアム・アリソンとフィリップ・ゼリコウは、「合理的アクターモデル」（第一モデル）に加え、政府を構成する巨大組織特有の考え方、能力、文化、手続きに重点を置く「組織行動モデル」（第二モデル）と中央政府部内のプレイヤー間における交渉ゲームとその結果に重点を置く「政府内政治モデル」（第三モデル）によってキューバ危機を分析した（『決定の本質』）。例えば、第三モデルによれば、フルシチョフは真偽混淆の新たな情報が出てくると、「判断をわずか一日で実質的に180度反転することもあった」ように、「（ケネディとフルシチョフは）周囲の高官によって情報を知らされ、振り回され、説得、或いは無視された」のであり、「それが事態を好転させ、或いは悪化させた」のであった。第一モデルと比較して、第二・第三のモデルがより多くの複雑な情報が必要とされることは明らかである。

（7）正当性

E・H・カーは、大国の絶対支配が国際政治における「自然法則」とも言うべきものを構成する事実であると指摘したが、同時にこう書いている。

《権力の要素を無視することがユートピア的であるとしても、世界秩序において道義の要素を無視するのは、偽りのリアリズムである》（『危機の二十年』）

この指摘は、外交を論じ、外交を行う者にとっての金言である。

人間の集団としての国家を動かす最大の要素は権力であり、道義は行動原理、あるいは動機として十分とは言えないが、道義に「意見を支配する力」（カー）があることは念頭に置いておく必要がある。

トルストイは、『戦争と平和』のエピローグにおいて、権力についての長く深い考察を行っている。その中で、権力とは、「一人の人間の意志の表現と、他の人間たちによるその意志の遂行とのあいだに存在する、依存関係である」と規定し、この依存関係が国家行動において成立する条件として、「道徳的な責任を取り除く」ことの正当化を挙げている。

人間は野獣ではない。どんな独裁者も野獣の行動を繰り返せば権力の維持は覚束ない。正当化の拠って立つ論理がいかに薄弱で、独善的で、嘘に満ちていようと、正当性を主張するのが人間の特質である。

通例、国際法に違反したり、条約を破ったりする国家は、それが違反であり、約束破棄であることを否定するか、あるいは、それを法的ないし道義的に正当化すべく反論する。

独裁者たちは、「共通善のために私利私益のすべての立場を絶えず犠牲にすることのできる人はめったにいない」（モーゲンソー『国際政治』）ことを知っているからこそ、人道や法の支配の偽善性やダブル・スタンダードを宣伝して、独裁の正当化を図る。

2021年6月の中ロ首脳共同声明は、両国関係が国際法遵守に基礎を置いていると述べた上でこう公言した。

《国連を核心とする国際体系と国際法を基礎とする国際秩序を共同で守り、……紛争の平和解決の原則を堅持し、国際法の原則と国連憲章に反する一方的強制的措置に反対する》

ところが、この声明から1年もしないうちに、ロシアはウクライナに武力侵攻した。

そして、その1年後の2023年3月、両首脳は再び共同声明を発表し、こう強弁した。

《両国はすべての国に対し、平和・発展・平等・正義・民主主義・自由等の普遍的な人間的価値を促進……する様に求め、世界の平和的発展を促進する。……両国は、「民主主義と自由」を口実に、政治的手段として圧力を掛け、他国へその価値観を押し付けることに反対する》

今日ほど、基本的価値についての共通認識が欠如している時代はない。「正当性」についての共通言語も失われた。価値をめぐる対立が世界を権威主義と民主主義という二つの陣営に引き裂きつつある。しかし、その行方は、トランプ大統領の再登場もあって、民主主義の更なる後退につながることが懸念されるのである。

(8) 戦略性

戦略性、すなわち、戦略的思考は他のいずれの指針にも劣らない重要性を持つ。軍隊も企業も、もちろん国家指導者も戦略を必要とする。しかし、戦略という言葉は躍っても、その中身となると、自らがめざすビジョンや計画に過ぎないことが少なくない。戦略は競争相手や対立状況が存在するところで必要とされるものであり、あらかじめ想定されたプロセスやシナリオでは対処し得ないような変化や事態にも対応し得る柔軟で創造的な「技法」である。

その意味で、圧倒的な力を持つ超大国や独占的な大企業には、戦略は大して重要ではないとも言える。戦略が必要とされるのは、力が衰えたときである。そんな状況にあるのが現在の米国である。戦略論の中心には中国という競争相手と地政学的な対立状況が存在する。

その意味で、次章で取り上げる米国の戦略論こそ、およそ戦略と言われる戦略が提起する問題を検討する上で格好の材料となる。

第6章　戦略と地政学

- アメリカの外交政策の道徳的要素と戦略的要素の間の正確なバランスは理論的に規定出来るものではない。しかしすべては、バランスをとらねばならないことを認識することから始まる。（キッシンジャー『外交』）
- 歴史的に考えても、情報と戦略は日本の対外政策のいちばん弱い部分です。それでも、歴史の上で種々の幸運にめぐまれて大過なきを得てきましたが、日露戦争後の世界政局の中で馬脚を露して、ついには、国民に無益な戦争と敗戦の惨苦を嘗めさせました。（岡崎久彦『戦略的思考とは何か』）

戦略とパワー

モーゲンソーは、外交を国力の頭脳であると形容した。有限であるパワーをいかに効果的に使って国益を実現するか？　そのためには、「国益に最も直接的に関連する国際状況のいろいろな問題に対して、国力のもろもろの要素を最大限有効に結びつけていく技術」（『国際政治』）が必要とされる。それが「外交の質」を決定すると説いた。第3章で論じた通り、国益とパワーを調和させる「技術」とは戦略であり、外交には戦略的思考が欠かせない。

戦略は政策を立案する際の大方針である。戦略なくしては、国別の政策や課題別の政策を国益の下に統合させることはできない。戦略の神髄は、目的（国益）と手段（パワー）のバランスにある。国益には限界がないが、パワーには限界がある。このギャップを埋めるのが戦略である。

戦後、軍事的手段において憲法上の制約を抱えた日本は、安全保障を米国との片務的同盟に委ね、経済の復興と発展に専念した。それは、「吉田ドクトリン」として評価されることになったが、批判も少なくなかった。「吉田政治からの脱却」を唱えた中曽根康弘（1982～87年に首相）は、振り返って、こう述べている。

《現実は、過剰の対米依存、安全第一の外務官僚達に政治家や閣僚が巻き込まれてしまっていたのである。それを大局的に主導したのが吉田首相であった。……私は、日本の自主性、独自性、換言すれば自主防衛の確立と、対米発言権の確保と、アジア政策の展開とを主軸に考えていた》(『中曽根康弘が語る戦後日本外交』)

吉田ドクトリンは、「日本固有の針路を主張した」中曽根から見れば、戦略と呼ぶには物足りなかったであろう。しかし、吉田ドクトリンは足らざるを補うために米国を利用した「生き残り戦略」であったとも言え、少なくとも国益とパワーの調和という点では合格であった。

一方、圧倒的なパワーを持つ大国なら、戦略の良し悪しにかかわらず、力ずくで目的を達成することもできないわけではない。モーゲンソーに言わせれば、20世紀の米国は、「物的条件」に恵まれていたので、「貧弱な外交も破局的な失敗をせずにすみ、また、平凡な外交であっても実際以上によくみえたのである」(『国際政治』)。

そんな強大な米国が、冷戦時代に採用した戦略が「封じ込め」である。その提唱者であるジョージ・ケナン(当時、駐ソ連臨時大使)の真意は、「軍事的手段による軍事的封じ込めではなく、政治的手段による政治的封じ込め」であったが、トルーマン大統領は世界規模での反共軍事的封じ込めとして推進した。トルーマンの指示によってまとめられた米ソ関係に関する包括的調査報告書がその根拠になった。そのことを、歴史家アーネスト・メイは、こう書いている。

《（報告書は）「軍事力だけが権力政治の弟子たちの理解できる唯一の言葉である」と明言し、そしてアメリカの軍事力の増強を勧告するとともに、「ソ連からの脅威や危険に多少でもさらされているすべての民主主義国家」に援助を供与すべきことをも勧告した》（『歴史の教訓　アメリカ外交はどう作られたか』）

それはもはや戦略と言うよりは、圧倒的な軍事力と経済力を持つ超大国だからなし得るパワーの投射に他ならない。ケナンの「政治的封じ込め」は「大戦略（grand strategy）」であったが、トルーマンの「軍事的封じ込め」は勢力均衡と軍拡競争という一種の力技であった。冷戦は米国の勝利で幕を閉じたが、その勝利は戦略の勝利というよりも力の勝利であったと言うべきだろう。ソ連は経済システムの非効率が深刻化し、軍拡競争のコストに耐えられなかったとの意味で、力負けであった。

ソ連の崩壊によって、米国は唯一の超大国として覇権を握ったかに見えたが、米ソ冷戦やテロとの戦いの外にあって経済の改革と開放に専念した中国が米国の新たな競争相手として台頭した。そして、この競争相手はソ連よりはるかに手強い相手であった。

大国間競争の時代が再び訪れ、米国は新たな戦略を必要とするようになった。

大国関係と戦略

米ソ冷戦は、中国に大きな戦略的機会の窓を開かせた。米国を始めとする西側諸国は、中国の改革・開放を支援し、自由で開かれた国際秩序に関与させることで、中国の政治的変化を促そうとした。この「関与」戦略の下で、膨大な資金や技術やノウハウが提供された。世界貿易機関（WTO）に加盟し、米国主導の国際経済システムの恩恵に浴した中国は目覚ましい経済成長を遂げた。

しかし、米国が期待した民主化という政治的変化は起きなかった。改革と開放も、中国共産党中央とその核心となった習近平総書記への絶対忠誠（「二つの擁護」）の下での共産党指導の徹底によって色褪せた。大国意識と自己主張が強まり、「強国強軍」路線と「戦狼外交」が国際社会の懸念を掻き立てた。

中国への警戒感は、オバマ政権後期から高まり、第一次トランプ政権期には議会も超党派で対中強硬姿勢に固まった。それは党派対立が激化したアメリカでほぼ唯一のコンセンサスとなった。こうして、1972年の歴史的なニクソン訪中によって始まり、半世紀近く続いた関与政策は終わりを告げた。第一次トランプ政権のポンペオ国務長官は、2020年7月の対中政策演説で、こう述べた。

《我々は関与政策を続けてはならないし、それに戻ってもならない。ニクソン大統領が始め

た関与政策は続けられてきたが、ニクソンが望んだ中国内部の変化を生み出すことはできなかった》

今や中国は米国の指導的地位を脅かす唯一の競争相手として位置付けられている。これに対し、中国は、「中華民族の偉大な復興」の前に立ちはだかるのが米国であり、圧力や干渉を退けるには米国より強くなる必要があると奮い立つ。

米中が「新冷戦」とも言われる長い競争の時代に入ったとすれば、米国は確固たる対中戦略を立て、長期にわたって推進する必要に迫られる。

関与に代わる新たな対中戦略として展開されてきたのが、第一次トランプ政権が打ち出した「戦略的競争」である。ここに言う戦略とは何を意味するのだろうか。言葉が独り歩きすれば、競争を激化するだけに終わりかねない。西側外交官の間では、「デリスキング」が戦略的キーワードとして浮上した。

大国関係が国際秩序の変動を伴って展開される中で、外交戦略をめぐる議論が高まりを見せる。米中対立時代を展望するために主要な戦略論（①「封じ込め」、②「デカップリング（切り離し）」と「デリスキング（リスク低減）」、③「戦略的競争」と「競争的共存」、④「戦略的安定」と「戦略的パートナーシップ」）を取り上げて検討してみよう。

「封じ込め」

対中戦略として、冷戦中の「封じ込め（containment）」を採用することは可能だろうか？

第一に、経済的観点から論じるならば、現在の中国と冷戦期のソ連との間には、本質的な違いがある。中国は1978年の改革・開放以来、西側諸国との経済相互依存を増大させ、グローバル経済に深く組み込まれてきた。中国は世界一の製造大国・貿易大国であって、世界の市場でもある。中国を最大の貿易パートナーとする国は120ヵ国以上に上る。従って、経済的に封じ込めることは困難であり、全面的「デカップリング」は現実的な政策ではない。習近平国家主席が「中国の発展は世界から切り離せず、世界の繁栄も中国を必要とする」と強調する通り、封じ込めようとすれば、米国経済も打撃を免れず、世界経済は混乱し後退するだろう。

第二に、地政学的観点から論じるならば、東アジアには冷戦中に欧州大陸に引かれた「鉄のカーテン」（チャーチル）こそ存在しないが、韓国から第一列島線に位置する日本、台湾、フィリピン、更にはベトナムに至る米国の同盟国やパートナーによって形成される「海の最前線」がある。これが中国の軍事的膨張に対して盾の役割を果たしていると言える。

習近平国家主席からすれば、何としても台湾を統一し、第一列島線を分断するとともに、太平洋進出の橋頭堡にしたいと考えているだろう。だとすれば、第一列島線の周辺海域は、

第一列島線と第二列島線

中国の艦船や軍用機が「探り」（第4章を参照）や「サラミ戦術」に出る危険な地政学的断層であり続けるだろう。米国やその同盟国には、中国に誤ったメッセージを送ることにならないよう、勢力均衡と抑止の観点から、その都度、必要かつ速やかな反応や対処が求められる。

「デカップリング（切り離し）」と「デリスキング（リスク低減）」

米中覇権争いは、経済相互依存から経済切り離しへ転換する力学を生んだ。米国は、制裁関税による貿易戦争、金融分野を含む経済制裁、先端技術へのアクセスを遮断する貿易・投資の規制・管理の強化に動いた。しかし、その効果はどうかとなると、限定的と言わざるを得ない。貿易戦争によって対中貿易赤字や中国の補助金・知財などの問題が解決されたわけではないからだ。むしろ対中輸入関税による物価上昇は消費者を苦しめ、長期的には米国経済の競争力に悪い影響を与えるだろう。

それでも、米国の制裁や規制は弱まるどころか強まる傾向にある。トランプ政権にはそんな姿勢が顕著だ。経済安全保障の観点からは、半導体やＡＩなどの先端技術の軍事転用を防ぐべく有志国連携輸出規制メカニズムを構築することを始め、米国から同盟諸国に対する同調圧力も続くだろう。

これに対し、習近平国家主席は、「独自イノベーション」の必要性を強調し、「より高い水準の自力更生の道」へと舵を切った。半導体など先端技術の全面国産化は容易ではないが、米国中心と中国中心の二つのサプライチェーンが並存する「分断されたグローバル化」の時代が到来しつつある。

もちろん、全面的な対中デカップリング戦略は、米中貿易や中国の米国債保有の規模に鑑みれば、現実的ではない。欧州も同様であり、対中貿易依存度の高いオーストラリア、韓国、日本などにとっても実現困難な戦略である。

「デリスキング（リスク低減）」は、そうしたジレンマの中で生まれた概念である。経済安全保障の議論の高まりに加え、中国がウクライナに侵攻したロシアとの関係を強めたことへの懸念も背景に、ＥＵの対中戦略見直しが議論される過程で浮上した。この概念の発案者であるウルズラ・フォン・デア・ライエン欧州委員会委員長は、２０２３年３月、訪中を前にこう述べた。

《中国とのデカップリングは実現性の見込みがなく、欧州の利益にも合致しない。中国との関係は黒か白かではなく、我々の反応もそのどちらかではあり得ない。だからこそ、我々はデカップルではなく、デリスクに焦点を当てる必要がある……我々は深く懸念する問題を中国に提起することをためらうことは決してない（が）……より野心的なパートナーシップと、より公正で規律正しい競争をどう行うかについて議論する空間を残しておかなくてはいけないと信じるし、より広い意味では、どのようにして将来の世界システムの中で生産的に協働することができるのかについて考える必要がある》

2023年5月のG7広島サミットの首脳コミュニケは、次の通り明記した。

《デカップリングではなく、多様化、パートナーシップの深化及びデリスキングに基づく経済的強靭性及び経済安全保障への我々のアプローチにおいて協調する》

こうして、デリスキングは、G7の対中アプローチを表現するキーワードとなった。それは、中国による非対称な貿易相互依存の武器化に対抗する戦略であり、デカップリングに比べて、「より対決色が薄く、より戦略的で、様々な解釈を可能とする」（米国国務省ホームページ）概念である。その狙いは、強靭で効果的なサプライチェーンを持ち、いかなる国からの威圧にも屈しない体制を保証することにある。そのために、サプライチェーンは自国、あるいは、近隣国や同盟国に構築されることになる。信頼できるパートナー国・地域と共に、サプライチェーンを多様化するという意味で、「フレンド・ショアリング（friend shoring）」と呼ばれる。

また、G7では、中国が控えるべき行動がリストアップされ、世界経済を混乱させる台湾の武力統一も含まれた。

中国は反発した。外交部報道官は、G7を「傲慢」で「相手を見下したように非難」していると批判した。『環球時報』（2023年4月28日）も、こう反論した。

《デリスキングは変装したデカップリングに思える。……この穏やかな表現を使うことで……欧州の同盟国を説得し、重要な分野で中国を事実上デカップリングすることを続けようとしている。しかし、欧州諸国は戦略的自律を求めており、対中政策も自国の国益に従って決定するだろう》

そして、「反スパイ法」を強化し、中国に批判的な国には経済的威圧をかける。ノルウェー、韓国、オーストラリア、リトアニアなど、「経済的依存関係の武器化」の対象となった国は少なくない。G7は、「経済的威圧に対する調整プラットフォーム」を創設して対抗する。ある国への不当な経済的威圧は法の支配に基づく国際秩序への挑戦であると捉え、傍観せず、結束して対抗していく意志と行動を示したと言える。

「戦略的競争」と「競争的共存」

「戦略的競争（strategic competition）」という概念は、米ソのデタントが進んだ1970年代に使われて以来、明確な定義の下で論じられてきたわけではない。それは、国家間の協力と戦争の間に存在する、武力行使を伴わない競争的な活動や状態として理解されてきた。

第一次トランプ政権が、「国家安全保障戦略（NSS）」（2017年）と「国防授権法（NDAA）」（2018年）で、対中強硬を明確に打ち出したことは、一つの戦略的転換を意味した。NSSは、「中国とロシアという修正主義国家の挑戦」という「戦略的競争の新たな時代の中にある」と強調した。NDAAは、異例の速さで超党派の支持を得て採択され、「長期的な戦略的競争の復活」が共通認識となった。

ここで言う戦略的競争とは、国際秩序を揺るがす能力を持つ唯一の競争相手と位置付ける中国との間で、経済・技術・軍事・安全保障の分野において、戦争に至らない限度での長期的な競争を行うことを意味する。戦略的とは、米国の経済・技術力や価値観への投資を増大させて競争力を強化すると共に、同盟諸国やパートナー諸国との結束を図ることを意味する。

長年米議会の対中政策に関与してきたロバート・サター教授は、筆者に対し、連邦議会は超党派で全面的な対中対抗措置を取り続けていくことになろうと述べて、第一に、敵対国による地域覇権の阻止、第二に、経済的威嚇、政府補助金、輸出促進などへの対抗、第三に、グローバル・ガバナンスへの挑戦に対する防衛（人権と民主主義を守っていく米議会の基本的立場は揺るがない）を挙げた。

一方で、中国とは協力できる分野もあり、協力を排除しないが、必要なら対抗も辞さないという意味で、「責任ある健全な競争」、あるいは、「管理された競争」とも呼ばれる。中国との戦略的競争には、東アジアにおける「ハブとスポーク」の同盟網を基軸に、NATO、G7、日米豪印（クアッド）、日米韓など民主主義諸国の連携・協力が欠かせない。

他方、中国からすれば、「競争、協力、対抗」という対中「3C」戦略は、対抗を軸としつつ、米国の利益に反すれば競争、一致すれば協力もするという米国主導の枠組みであり、米国の過剰な競争メンタリティが対抗につながると批判する。

その上で、①中国の国内問題に介入すべきでない、②中国の核心的利益（特に、台湾海峡と南シナ海）を脅かすべきでない、③競争を中国の発展を抑え込む政策に転換すべきでないと釘をさす。そして、「ウィン・ウィン」を看板に、経済力でグローバルな政治的影響力を強め、戦略的主導を勝ち取ることをめざす。

一方、「競争的共存（competitive coexistence）」とは、競争はするが、その目的は相手の生存を脅かすことではなく、政治体制の異なる大国同士が不信感を減らし、共存を図るべく努力することを意味する。競争を前面に出しつつも、気候変動や朝鮮半島など、グローバルな問題や共通の脅威において協力の可能性を探ることで、共存への共通認識が生まれることが期待される。

しかし、新疆ウイグル自治区の人権や香港の民主化など、価値やイデオロギーという妥協の難しい問題では、内政不干渉を盾に、国内の反体制派と海外の敵対勢力との結託や陰謀があると警戒し、政治的引締めを強めた。中国が米国による「体制転換（regime change）」への猜疑を深めれば、「競争的共存」は死活的競争に向かう。

競争の目的は何か？　覇権の維持か、それとも、専制主義や権威主義に対する勝利なのか？　疑念を膨らます中国は、「冷戦思考に反対する」「米国は中国の発展を阻止せんと躍起だ」「中国にも民主はあり、それは米国の民主より優れている」と反発する。

途上国を動かすのは、中国のカネか、それとも米国の自由か？　普遍的価値が米国社会の内部から輝きを失いつつある現在、イデオロギーをめぐる競争で米国が優位に立てる保証はない。

戦略的競争も競争的共存も、米中戦争を避けようとする点において違いはない。米中戦争は両国のみならず、人類をも破滅の淵に追い込みかねない。先述した通り、中国は、米国の軍事的反撃を招かないレベルの行動を積み重ねる「サラミ戦術」によって現状を徐々に変更してきた。一方、米国は「リバランス」政策や「インド太平洋戦略」によって対中抑止と

「法の支配に基づく国際秩序」の維持に努めてきた。南シナ海では、中国による人工島化が判明した２０１４年以来、米軍艦艇が人工島の周囲12カイリ内の海域を航行する「航行の自由作戦（ＦＯＮＯＰ）」を続けている。国連海洋法条約によれば、人工島の国際法上の権利は埋め立て前の地形がどうであったかによって決定される。その結果、人工島が領海を持つ場合には無害通航を、そうでない場合には無害でない通航を行っている。

しかし、南シナ海での中国による人工島化・軍事化が一方的な力の行使による既成事実化であるのに対し、ＦＯＮＯＰは中国の違法な海洋権益主張に反対する意思を示すための合法的な示威行動にとどまる。

国連海洋法条約やハーグ常設仲裁裁判所の裁定（２０１６年）によれば、中国の違法行為は正されなければならないが、国際法にも国際機関にもそれを強制する力はない。中国が、法の支配を体現する米国の異議申し立てを受け入れ、違法な現状変更行動を自発的に改めたこともない。共通のルールなき競争は、戦争の危険と隣り合わせである。

有力専門誌の ***Foreign Affairs***（２０２４年４月10日付）は、「中国との競争は管理ではなく、勝利しなくてはならない」との論文を掲載し、「管理された競争」は、競争の結果よりも過程を重視し、世界の安全を犠牲にして二国間の安定を優先し、協力を目的とする自己満足を生み出す外交イニシアティブを強調する危険があると批判した。

これに対し、米中関係の著名な研究者であるマイケル・スワエイン教授は、「責任ある自制的なアプローチ」こそが最も危険が少なく、互恵的な関係を生み出し得る戦略であるとの立場を取る。そこには、ゼロサム的思考を避け、激化する米中競争を譲れない一線（レッドライン）を越えない限定的で明確な領域での競争に落ち着かせなければ、共通の課題についての協力を阻害し、最悪、かつての大国間戦争に発展する危険が高まるとの懸念がある。必要なことは、米中両国の政策決定過程に関与する政治家や官僚のマインドセットを変えることであり、そのために、幅広い対話を続けていくことが重要だと筆者に強調した。さもなければ、小さなヤードに高い柵を立てる政策もいつか大きなヤードにより高い柵が立てられる可能性があるからだ。

「戦略的安定」と「戦略的パートナーシップ」

「戦略的安定（strategic stability）」とは、核兵器国が先制核攻撃を行うインセンティブを欠く状態を言う。それは、MAD理論の相互認識や軍備管理の合意によって可能となる。2021年6月の米ロ首脳会談後に発表された「戦略的安定に関する共同声明」には、こう明記された。

《米ロ両国は緊張関係にある時期においても、戦略的分野における予測可能性を確保し、武力衝突の危険性や核戦争の脅威を低減させるという共通の目標に向けて前進できる……核戦争に勝者はなく、決して行われてはならないという原則を今日我々は再確認する。……近い将来に、周到で確固とした、総合的な「戦略的安定対話」に着手する》

米国にとって、ロシアとの戦略的安定関係は、唯一の競争相手と位置付けた中国との競争に集中する上で助けとなる。領土問題解決のためにロシアとの経済協力を推進した安倍首相も、「中露が緊密に手を組む事態だけは避けなければならない」と周囲に語ったとされる（『産経新聞』2019年1月23日付）。しかし、その翌年、ロシアはウクライナに全面侵攻した。西側諸国の激しい非難や制裁を受けたロシアは中国との提携を強め、「核戦争の脅威を低減させる」（上記声明）どころか、核の恫喝まで行うようになった。そもそも、現状維持国家である米国と修正主義国家であるロシアとの間で戦略的安定を追求することが可能なのかという疑問は拭えなかった。

その意味で、現状変更に利益を見出す中ロ両国が提携を強めたのは自然の成り行きであった。1996年、中国はロシアとの間で、対外的に初めてとなる「パートナーシップ関係」を結んだ。同年のエリツィン大統領訪中時には、「戦略的協力パートナーシップ関係」が提起され、翌97年の江沢民国家主席訪ロの際に発表された声明は「多極化世界と国際新秩序建設に関する声明」と呼ばれた。この表現が示唆する通り、戦略的パートナーシップは一般的な二国間協力にとどまることなく、軍事などの核心的分野の協力の他、国際問題について協調し、行動を同じくすることをめざす点に特徴がある。「多極化」と「国際新秩序」が両国の現状変更への意思を印象づける。その後、中国は他の諸国とも同様の関係を結んでいく。

２０１９年、習近平国家主席とプーチン大統領は、「新時代の全面的戦略協力パートナーシップ関係」の発展に関する共同声明に署名した。それは、同盟関係が軍事衝突になるほど激しく揺れた中ソ関係とは異なり、自律的で持続可能な関係をめざすものであった。中ロ関係には歴史的・地政学的に対立的な要因も潜在しているが、中ソ論争のようなイデオロギーが絡むこともなく（むしろ西側のリベラルな価値に対して共闘し）、米国を共通の脅威とする国益の共有と、冷戦時代にはなかった指導者間の個人的絆にも支えられて、戦略的パートナーシップという提携関係を発展させてきたと言える。

ちなみに、日本が推進する戦略的パートナーシップでは、自由や民主主義といった普遍的価値の共有や法の支配に基づく国際秩序の擁護が重視される。日中間では、２００８年、「戦略的互恵関係」に関する共同声明が発表された。政治・安全保障分野での相互信頼の増進、例えば、両国首脳の定期的相互訪問が謳われたが、その後の日中関係は尖閣諸島をめぐる問題、靖国神社参拝問題、台湾海峡の緊張、米中対立などもあって、共同声明がめざす関係は築けていない。

戦略の背景にある地政学

戦略には地政学的な力学が強く作用する。日本が外交戦略を練る上で、そのダイナミクスを理解することが欠かせない。米国の戦略を形作る地政学的要因は何であろうか。

米国は、地政学的に恵まれた国家である。東西を太平洋と大西洋という天然の要害によって守られ、北は非軍事化された国境と五大湖、南は砂漠により、それぞれ友好的な軍事小国と隣接するのみである（不法移民や薬物の流入に対する国境の監視と取り締まり強化という問題はある）。一方で、欧州と東アジアを結ぶ太平洋と大西洋の間に位置する米国は、世界の貿易航路の巨大なハブとなって、世界の通商を牛耳った。こうした「地理の恩恵」は、米国がグローバル・パワーとなり得た要因である。しかし、地理的条件が米国を孤立主義に誘う要因ともなった。

この地理と安全保障の関係を理解していた数少ない学者がニコラス・J・スパイクマン（1893～1943）であった。彼に先立って、ハルフォード・マッキンダー（1861～1947）が東欧からユーラシア内陸部一帯を「ハートランド」と呼んで、ハートランドを制する者が世界を支配すると論じていた。

これに対し、スパイクマンは、人口や資源の豊かなユーラシアの縁辺地帯（北の「ハート

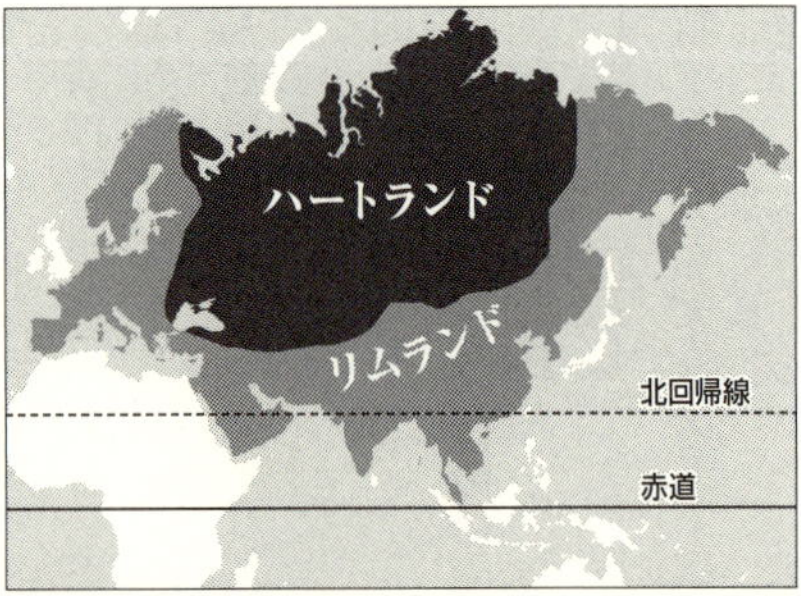

出典：『平和の地政学』（スパイクマン　1944年）の図をもとに作成

ランド」と南の「沖合の島」の間の地域）である「リムランド（rimland）」を支配するものがユーラシアを制し、ユーラシアを支配するものが世界の運命を制すると論じた。

なお、スパイクマンによれば、日本や英国は、「リムランド」の外側に位置する「沖合の島国」である。この「リムランド」理論によると、欧州とアジアが米国に敵対的な一つの国家、あるいは、多くの国家のまとまりの手に落ちることになると、その「包囲」によって、米国は重大な危機に陥る。スパイクマンは、第一次世界大戦がそうであったし、（彼がその理論を発表した当時の）第二次世界大戦もそうであり、米国は「ヨーロッパやアジアのバランスを回復するため」に戦っていると論じた。そして、初代大統領ジョージ・ワシントンの戒めに逆らうかのように、「自分たちの安全を守るためには、ヨーロッパとアジアの政治に積極的に協力しなければならない」と訴えた。すなわち、戦争目的は「ユーラシア大陸のパワーの均衡」にあり、勝利後の目的もその維持にあるというのである。「リムランド統一への動きを阻止する国家たち」との協力は、その後の米国の戦略的思考の基礎となった。その後、モーゲンソーも、米国の安全への脅威が西半球（南北アメリカ大陸）以外から来るとの認識に立ち、欧州における勢力均衡が米国の安全にとって不可欠であると論じた（***The Impasse of American Foreign Policy***, 1962）。

冷戦後、欧州における勢力均衡は米国優位に展開した。NATOは統一されたドイツや旧東欧諸国を包摂し、東方に拡大した。プーチン大統領は、NATOの脅威を強調して、ウクライナに侵攻した。

NATOの東方拡大については、冷戦終結後からソ連、そしてその後継国となったロシアとの間で大きな外交問題となった。ソ連最後の最高指導者となったゴルバチョフは、ドイツ統一問題をめぐる交渉において、ドイツがNATOに加盟することに反対し、欧米首脳から「約束」を取り付けたと思ったし、ソ連崩壊後にロシア最初の大統領となったエリツィンもクリントン大統領との間でNATO拡大をめぐって激しくやり合った。プーチンの主張を何の根拠もない戦争の口実に過ぎないと見る向きが少なくないが、歴史的経緯は以上の通りであり、※だからこそジョージ・ケナンやミアシャイマーらのリアリストはNATO拡大に警鐘を鳴らしたのである。ケナンはこう記している。

《ソビエトの国境へ向かって基地や軍事施設を進めていくにつれ、それによって彼らが避けようと意図している事態をかえって作り出さざるをえない点に到達することになる……いかなる大国といえども、たとえそれが平和的であろうと侵略的であろうと、また合理的であれ非合理的であれ、自らの国境に、競争相手であるいま一つの大国の軍事施設が徐々に設けられていくのを坐視し、無関心に見逃すことはありえない。ここでもまた妥協点を見出さねばならないのである。それは必然的に軍事的理想には幾分欠けたものとなるであろう》(『ジョージ・F・ケナン回顧録』)

ウィリアム・ペリー元米国国防長官は、『核戦争の瀬戸際で』において、米ロ関係悪化のきっかけがロシアに脅威を感じさせた「時期尚早のNATO拡大」にあったと書いている。なお、2022年2月の中ロ共同声明には、「両国がNATOの更なる拡大に反対する」との一文が盛り込まれた。同年9月、プーチン大統領は、ウクライナ4州を一方的に併合する宣言において、「NATOを東方に拡大はしないという固い約束も、前の指導者が信じ込んだとたんに、汚い欺まんに変わった」と発言した。

もちろん、だからと言って、ロシアの侵略が免責されるわけでは決してない。それは、国際法違反の暴挙であり、平和を破壊する蛮行である。

ユーラシアの東側のリムランドでは、中国が力による一方的な現状変更を試みる。こうした動きに北朝鮮やイランが合流する。二つの大戦と冷戦というユーラシアの戦いに勝利した米国は、再び、スパイクマンのリムランド理論を想起させるかのような戦略的思考の中に置かれている。

※詳しくは、『戦争と平和の国際政治』（小原雅博）第4章を参照願いたい。

米国の海洋覇権に対する中国の挑戦

19世紀、米国にとっての太平洋はアメリカ西部開拓の延長としてのフロンティアであった。19世紀中頃には、「自明（膨張）の天命（Manifest Destiny）」に凝縮される文明観の下で、領土拡張に乗り出し、アメリカ帝国主義の時代を歴史に刻んだ。1848年に米墨戦争でカリフォルニアを獲得し、1853年にはペリーを浦賀沖に派遣して日本に開国を迫った。1890年、アルフレッド・マハンは、『海上権力史論』を書き、米国が海洋強国の道を歩む思想的・戦略的基盤を提供した。1898年には、米西戦争でフィリピンとグアムを獲得し、東アジアに進出する橋頭堡を築いた。そして、翌1899年には、J・ヘイ国務長官が「門戸開放」政策を掲げて中国問題に関与する姿勢を打ち出した。それが日本とぶつかる端緒となった。日本に勝利した米国は太平洋の覇権を握り、それ以来、この広大な海洋の秩序は米国海軍によって維持されてきた。

これに挑戦するのが中国である。中国は、西方に延伸する陸のシルクロードを通じて沿線諸国との経済関係を拡大し、ユーラシアというランドマスに巨大な経済圏を打ち立てつつある。同時に、習近平国家主席は、中国が大陸国家であり海洋国家でもあると明言し、「海洋強国」をスローガンに掲げ、海軍力を増強し、西太平洋からインド洋にかけて海洋進出を積極化する。

ランドパワーはシーパワーにもなれるだろうか？

歴史上、台頭した大陸国家が海洋国家に変貌を遂げ、海洋覇権を握った例は米国をおいて他にない。野心的なドイツ帝国皇帝ヴィルヘルム2世は、海洋強国をめざして英国の海上覇権に挑戦したが、敗れ去った。ソ連も米国との冷戦に敗れ滅んだ。習近平はこの歴史のタブーに挑戦する。中国では、国家は台頭すれば必ず海洋進出し覇権を唱えるとのナラティブがナショナリズムの高揚とともに浸透する。

中国の海洋戦略

そもそも中国の海洋進出は、1985～86年にかけて海軍司令員の劉華清上将が「近海防御」の海軍戦略を提起したのに始まる。劉華清は、航空母艦保有を主張したことで知られる「中国近代海軍の父」であり、中央軍事委員会副主席や中央政治局常務委員に上り詰めた軍長老であった。

彼の戦略の基礎となった「近海」認識が「海洋国土」概念である。

当時の海軍指導部は、国連海洋法条約に基づき管轄権を設定できる海域と大陸棚が300万㎢に及ぶとして、それを中国の海洋国土（あるいは「藍色国土」）と呼んだ。そして、海洋国土を構成する黄海、東シナ海、南シナ海は「中国が生存と発展を依拠する資源の宝庫と安全保障上の障壁である」と発表した。

冷戦終結後の中ソ／中ロ関係の改善によって内陸からの脅威が大きく減少すると、海洋に進出する戦略的チャンスが生まれ、この概念と融合した。改革開放と「走出去（世界に打って出よう）」政策によって、中国の国益が世界に広がりを見せたことも追い風となった。

1995〜96年の台湾海峡危機では、米国との軍事力格差を痛感し、海軍力の増強に乗り出し、10年後には、中国軍幹部が「太平洋二分割支配」を米太平洋軍司令官に提案するまでに自信を強めた。2009年には海南島沖の公海で中国艦船が米海軍海洋調査船インペッカブルの活動を妨害する挙に出た。2012年頃からは、ベトナムやフィリピンと領有権を争う南シナ海において、一方的な埋め立てや人工島化・軍事化を進めた。尖閣諸島周辺海域への中国公船の侵入も激増した。2014年、習近平国家主席は「アジア新安全観」を提起し、「アジアの安全はアジア人民に依拠して守っていかなければならない」と強調し、米国の存在と関与に「ノー」を突き付けた。その具体的な戦略――むしろ、戦術と言うべきか――が「接近阻止・領域拒否（A2／AD）」である。防衛線の外から防衛線の内に入って来る敵を阻止し（接近阻止）、防衛線の中にいる敵が自由に行動することを拒否する（領域拒否）戦術であり、中国は、その手段としての巡航・弾道ミサイルや潜水艦などの能力強化を急速に進めてきた。

軍艦や軍用機の数と性能は急速に高まり、空母を含む中国海軍の行動範囲は第一列島線を越えて、西太平洋やインド洋にまで及ぶようになった。台湾周辺海域での軍事的威嚇活動も増大した。

劉華清の海軍戦略によれば、2040年までの20年間は米海軍によるインド太平洋の独占的支配を覆す時期である。太平洋は波泡立ち、暗雲が垂れ込め始めた。

自由で開かれたインド太平洋

これに対し、米国は尖閣諸島が日米安全保障条約第5条（米国の防衛義務を規定）の適用対象であることを明言し、インド太平洋においては、勢力均衡の観点からの同盟国やパートナーとの連携を強化する。

こうした協働作業の基礎にあるビジョンが「自由で開かれたインド太平洋（FOIP）」

である。２０１６年に安倍首相が提唱した「戦略※」であり、法の支配の下で、多様な国家が共存共栄していくことをめざす。このビジョンの基礎にある「自由、民主主義、基本的人権の尊重、法の支配といった普遍的価値や国際法に基づく国際秩序の維持・擁護」（第５章を参照）という日本の国益は多くの諸国が支持する国際益でもある（第５章を参照）。ＦＯＩＰは、そのインド太平洋版であると言える。そこには、国益の「直接性」（第５章を参照）や中国を念頭に置いた地政学的考慮を読みとることもできよう。ＦＯＩＰは、「開かれた」秩序であり、中国を排除するものではないが、中国がめざす秩序でもない。それは、インド太平洋を超えた人類普遍の価値に基づく世界秩序であるべきだが、インド太平洋の文脈においては、ＦＯＩＰを強調すべきである。それこそが、戦略的思考に支えられたビジョンである。

ビジョン（目的）は手段と戦略を伴うものでなければ絵に描いた餅に終わる。中国の「一帯一路（ＯＢＯＲ）」構想には、巨額の予算に裏付けられた目に見える数多の具体的プロジェクトがあるからこそ、「債務の罠」といった批判を受けつつも、ユーラシアの「一帯一路」沿線諸国やアフリカの経済発展において大きな存在感と影響力を持つようになったのである。

ＦＯＩＰも、スローガンに終わらせることのないよう、日米が中心となって、この地域における具体的なプロジェクトへの支援を強化し、実績を積み上げていく必要がある。理念が国際社会に根付くには弛まぬフォローアップが欠かせない。日々水遣りを欠かさないことが大輪の花を開かせる。

※その後、警戒的な響きを持つ「戦略」という言葉をあえて付けなかったり、あるいは、「戦略」に代えて「ビジョン」という言葉を使ったりしている。いずれにせよ、目的と手段を調和させるという厳密な意味でも「戦略」と呼ぶのはどうかと思われる。

米国の海洋安全保障戦略

台湾海峡や南シナ海の現状に鑑みれば、「航行の自由作戦」や周辺国の法執行能力強化のための支援（巡視船供与や教育訓練などの技術協力）だけでは十分とは言えない。安全保障の分野での戦略が求められる。

一つの戦略は、米国と同盟国・パートナーが連携して、中国の「A2／AD」戦略を逆手に取る形で、日本（南西諸島）－台湾－フィリピン－マレーシア（サラワク）－インドネシア（ボルネオ）を結ぶ第一列島線※に、潜水艦や機雷、中距離弾道ミサイル（IRBM）を配備して、中国軍の拡張行動を抑止することである。なお、米ソ／米ロの中距離核戦力（INF）全廃条約により、米国はIRBMの開発配備を禁止されていたが、その間に中国が大量のI

RBMを開発し配備したことを受けて、同条約離脱失効後にその開発と配備に動いている。

もう一つは、「オフショアーコントロール」と呼ばれる戦略である。中国が台湾を海上封鎖したり、同盟国やパートナーに武力攻撃を加えたりした場合に、中国経済を支えるタンカーやコンテナ船のチョークポイント通過を阻止することである。ここに言うチョークポイントとは、宮古海峡やバシー海峡のような中国に近い海峡ではなく、中国から遠く離れて、戦力投射が難しく、かつ重要な石油などのシーレーンが通る海峡、例えば、マラッカ海峡である。米国が世界の海に展開する11の空母機動部隊を中心に、海軍や空軍のみならず、陸軍も船舶を借り上げるなどして参加する全軍挙げてのオペレーションとなろう。

1962年のキューバ危機において、米国はキューバを海上封鎖したが、ケネディ大統領は現場での軍事衝突の危険を懸念していた。実際、ソ連潜水艦が核ミサイル発射に追い込まれかねない事態も起きた。中国船舶が封鎖を強行突破しようとしたり、中国やロシアの海軍が介入したりすれば、そんな危険性は高まる。

中国が恐れるのは、海峡やシーレーンが寸断されることによってグローバル化された中国経済が麻痺することである。こうした海上輸送の脆弱性を解消するため、中国は、「真珠の首飾り」戦略によって（一帯）一路沿線諸国で港湾拠点作りを進めてきた。特に、経済発展に必要な石油などの資源の安定確保の観点から、中東と中国を結ぶシーレーンの維持が至上命題であり、海軍力を強化しつつ、南シナ海の制海権の確保やスリランカ、パキスタン、イランでの拠点（港湾施設）作りに努めている。

また、沿海防御海軍から遠洋航海可能な空母部隊を含む外洋海軍（ブルーウォーター・ネイビー）への転換も進めてきた。

一方、習近平国家主席の「強軍」思想には、台湾統一への強い意思が込められている。南シナ海と東シナ海の間に横たわる台湾統一のためにはこの二つの海を支配し、台湾周辺の海域を封鎖して、台湾海峡を押し渡る海軍も必要となる。シーレーン防衛と台湾統一という二つの要請を満たす大海軍の建設が進む。

すでに述べた通り、西半球の覇権国としての米国の安全は、ある国家ないし同盟関係にある二国が東半球に覇権を打ち立てる動きを阻止することによって確保される。そうした安全保障観に立って、ユーラシア大陸における勢力均衡を維持していくことが米国の有力な基本戦略であり続けてきた。

こうした米国の伝統的戦略観は今日の戦略論にも反映する。日本の外交・安全保障戦略を論じる際にも、その点を念頭に置く必要がある。

※1950年、アチソン国務長官は、「米国が責任を持つ防衛ラインは、フィリピン―沖縄―

日本－アリューシャン列島まで」(「アチソンライン」)と発言し、これが韓国を含んでいなかったため、北朝鮮の最高指導者金日成は米軍の介入がないものと判断し、韓国侵攻を決断したと言われる。

第7章　外交力の要諦

- 我等日本人は戦争には強いが、いつも外交の談判になると、訥弁のために引けを取ります。（谷崎潤一郎『文章読本』）
- 宥和論者は現実の問題に直面し、その時代の情況にあって全力をつくしたのである。（A・J・P・テイラー『第二次世界大戦の起源』）
- 自分は皆を幸せにしたい外交官ではなく、勝つまで闘い続ける実践的ビジネスマンである。（ドナルド・トランプ）

「外交力」とは何か？

２０２２年12月に日本政府が発表した「国家安全保障戦略」は、総合的な国力の主な要素の第一の柱として、「外交力」を挙げた。外交力とは何か？

19世紀後期、その類まれなる外交手腕によってドイツの統一を実現し、欧州の安定を維持した宰相ビスマルクが残した言葉がある。

《政治とは大学の先生方が鼻にかけているような学問ではなく、まさに術である》

ここで言う政治は、外交と言い換えることもできる。実際、ビスマルク外交の足跡を振り返れば、それがある種の「術」の体系であったことが分かる。

ここに言う「術」とは、カリエールの次の一文に通じる。

《外交は、人間の経歴の全部を占めうる職業である》

「術」にせよ、「人間の経歴の全部」にせよ、外交とは、外交に携わる者の能力や経験や人間的資質のすべてを投入する全人的活動である。ここでは、そんな活動を支える力のうち特に重要なものとして、①情報力、②交渉力、③外交感覚、④外交官の「個の力」について論じることとしたい。

1　情報力

外交における「情報」とは何か？

情報の収集と分析は外交活動の主要な柱の一つである。日本の外務省は、「国際情勢に関する情報の収集及び分析並びに外国及び国際機関等に関する調査に関すること」を所掌事務としている（外務省設置法第4条7号）。外務本省には、世界に広がる大使館や総領事館を始め、同盟国や友好国の政府や情報機関からも日々多くの情報が届けられる。

それらの中には、公開情報の他に、外交や国防を所管する組織が厳格に管理する「機密情報」がある。前者は、外交官が駐在する任国の新聞・雑誌・テレビから政府の公式発表まで大量に存在し、日々現れてはどんどん更新され、歴史の中に埋もれていく。高度情報化の時代、国内にいながらにして、世界各国の公開情報をより早くより多く入手できるようになった。従って、外交官の情報収集においては、政府・軍・議会の関係者、経済人や学者やジャーナリスト、第三国の外交官などの内話（非公式な会話）の収集が重要となる。その際、彼らの立場を危うくしないよう、ソースは厳重に管理される。

日本語で言うところの情報は、「information」と「intelligence」に分かれる。「インフォメーション」が多様なソースから得られた未加工の生データであるのに対し、「インテリジェンス」は専門的・戦略的な評価や分析が加えられて、ある特定の決定や行動につながり得るものである。米国中央情報局（CIA）の「情報」はインテリジェンスであり、「我々は、米国の安全のために必要な情報を米国の指導者に提供する」（CIAホームページ）にある「情報」もまたインテリジェンスである。

インテリジェンスの優劣は、生情報としてのインフォメーションの正確性や重大性によって大きく左右される。例えば、プーチンや習近平や金正恩といった権力者の行動や健康、監視衛星による北朝鮮の核施設の動向やミサイル発射に関するデータ、ウクライナの戦場におけるロシア軍の交信やSNS上でのやり取りなどの生情報はそれをどう評価し、どう分析するかで外交政策に決定的な影響を与えることがある。朝鮮戦争中、米国は周恩来首相の警告やインドからの情報に接していたにもかかわらず、アチソン国務長官やマッカーサー司令官は中国の軍事介入はないと思い込んでいた。

情勢判断能力は、外交力を支える上で欠かせない。元タイ大使の岡崎久彦は、情勢判断の手法について、①あくまでも客観的であること、②柔軟であること、③専門家の意見をよく聞くこと、④歴史的ビジョンを持つことの4点を挙げた（『戦略的思考とは何か』）。

情報収集の要諦

情報の欠如が重大な結果を引き起こすことがある。キューバ危機において、ケネディ政権は、ソ連が（ミサイルだけではなく）核兵器も持ち込んでいた事実を把握していなかった。ケネディ大統領が軍による空爆や侵攻の主張に同意していれば、核戦争となった可能性があった。

正確な情報のタイムリーな入手は、外交において決定的に重要である。しかし、それは容易ではなく、ある種の「術」が必要である。

小村寿太郎外相は、「外交官は耳だけ働かせばよく、口を働かせる必要はない」と訓戒し、情報収集の要諦を説いた。饒舌な外交官は相手から情報を引き出す機会を狭めてしまう。小村は、相手に喋らせる質問力と一言も聞き逃すまいとの集中力や記憶力を重視したのであろう。

カリエールの次の指摘は、人間の本性をついた点で今日も妥当する。

《国事を論ずる人間の大部分は、相手の言うことよりは自分の言いたいことの方に気をとられる。立派な交渉家に必要な資質の中でも最も必要なものは、ひとが言おうとすることを、注意深く、よくかみしめながら傾聴することができ、相手が述べたことに対して、的外れでない、その場にあった返事はするが、こちらの知っていることや望むことをせかせかと全部言ってしまおうとは決してしない、ということである》（『外交談判法』）

読書家の小村は、多くの外交官の教科書的存在となっていた同書（1716年出版）を読んでいたのかもしれない。

しかし、耳だけ働かせていれば、重要情報が入ってくるわけでもない。口を働かせることで、相手も口を開く場合がある。情報の「ギブ・アンド・テイク」である。独自の情報や分析を持つことで人脈が広がり、情報や見識が豊かになる。情報が情報を招くのである。

その意味で、好奇心と行動力が情報収集の原動力となる。そのためには高い現地語能力が求められる。言葉や文化を習得すれば、政府・軍・議会の関係者や彼らに近い人物（家族や知人）と親しく交わる機会も増えよう。そんな外交官を多く持てば持つほど、その国は情報力において抜きん出る。

要は、情報を持つ人に情報を出させるような状況を作り出すことである。そのためには、国家が経済力やソフトパワーを高め、個々の外交官が人間的魅力と該博な見識を持つことによって、任国社会からの親近感や信頼感を得て、さらにそれらを増進することが重要である。情報源となる人を会食や各種行事に招くなどして親交を深めることが外交官の日課とされる所以《ゆえん》である。

提供された情報を定期的にレビューすることで、情報源の信頼度を検証する作業も欠かせない。その結果、信頼できる情報源は個人ではなく国家に属する外交資産として継承していくべきである。しかし、外交官の能力や人格は一人ひとり異なるため、人間関係に基づく人脈の引き継ぎや共有は簡単ではない。

近年、情報収集活動はサイバー空間や宇宙空間に広がりを見せており、ロボットやＡＩの役割も増大しつつあるが、科学技術がいくら発達しても、外交官による情報の収集や分析が不要になることはないだろう。

機密情報の入手

外交官が任国の機密情報や内部文書の入手に動くこともある。それが外交を有利に進めることにつながるからだ。例えば、交渉相手国政府の手の内、すなわち、交渉ポジションやボトム・ラインを事前に知れば、交渉全体の主導権を握ることができるだろう。１９２１年のワシントン軍縮会議で、米国は日本の代表団が本国政府と通信していた外交機密を傍受していた。日本の交渉ポジションを知った米国が交渉を有利に進めたことは言うまでもない。

18世紀の時代背景もあったのであろうが、カリエールは「大使は尊敬すべきスパイと呼ばれる」（『外交談判法』）と記し、「秘密を教えてくれそうな人間を買収するのに必要な出費をすることを心得ていなければ、自分の職を立派にやっているとはいえない」と書いている。

こうした人的ソースによって集められ、あるいは提供される情報は、「ヒューミント（HUMINT、human intelligence の略語）」と呼ばれ、今日でもその収集は、ＣＩＡのような情報機関の主要な活動であるのみならず、外交官によっても「合法的な範囲」で行われている。「外交関係に関するウィーン条約」には、使節団の任務として、「接受国における諸事情をすべての適法な手段によって確認し、かつ、これらについて派遣国の政府に報告すること」が規定されており、同様の規定は「領事関係に関するウィーン条約」にもある。問題は何が「適法な手段」に該当するかである。外国使節には、身体・住居の不可侵権や裁判権・行政権からの免除という外交特権が与えられているが、同時に、接受国の法令を尊重すべき義務（ウィーン条約第41条）も明記されている。

過去、大使館や外交特権を隠れ蓑にしてスパイ活動をしたとして、「ペルソナ・ノン・グラータ（好ましからざる人物）」を通告され、国外退去となった外交官は少なくない。

２０２０年に米中が相互に総領事館を閉鎖し合ったことは先に述べた通りであるが、その際、ポンペオ国務長官は、ヒューストンの中国総領事館がスパイ活動と知的財産権盗取の拠点となっていたと明言した。

一方、中国は、国家情報活動への協力を義務付けた「国家情報法」や携帯電話やパソコンの検査権限を盛り込んだ改正「反スパイ法」によって情報統制を強めた。特派員や学者、企業の駐在員の拘束や逮捕は外交問題となった。日本の大使館や総領事館による邦人保護業務の重要性が高まる。外交官による情報収集活動も難しくなった。それでも、外交と情報活動は切っても切れない関係にある。

米国国務省の報道官は、その立場をこう説明したことがある。

《米国の外交官は外交官でしかない。彼らは、世界中で米国を代表し、外国政府や市民社会にオープンで透明性を持って関わっている。そうした活動を通じて、彼らは米国の政策と行動を形成する情報を入手する。これが米国の外交官が、そして他国の外交官も、何百年にわたって行ってきたことである》（『ニューヨークタイムズ』２０１０年11月28日）。

陸奥宗光の情報分析

日清戦争時の外相陸奥宗光は、回顧録『蹇蹇録』の中で、三国干渉の経緯と独仏露の利益や意図につき詳しく論じている。

中でも興味深いのは、三国干渉の成立につながったドイツの参加についての陸奥と青木周蔵駐独公使との電信によるやり取りである。当初、青木公使は、日清戦争の講和条件について、独政府に重要な異議はないと報告した。しかし、その直後に、ドイツは「豹変」し、干渉してきた。そのことを報告してきた青木公使に対し、陸奥は、「僅々一日を隔てて前後電信の意味かくまでに矛盾するはそもそも何故なるや。これ将《は》た独逸がその政略上転換の必要を生じたるにあらずして何ぞや」と詰問した。青木は、余程ばつが悪かったのか、過去の日本政府のドイツへの対応が悪かったと責任転嫁するような電報を陸奥に打っている。これに対し、陸奥は青木の事実誤認や報告内容の矛盾を指摘し、「余ははなはだ疑訝《ぎが》に堪えず」「その論拠矛盾してすこぶる薄弱なり」「青木公使すらなおわが政府の怠慢を咎むるごとき口気あるははなはだ解し難き」といった厳しい表現で、青木を譴責している。

陸奥の情勢分析の鋭さは、英国、イタリア、ロシアからの報告電の分析に基づく欧州情勢の正確な把握から見て取れる。その結論は、「独逸の豹変は実に露仏関係の熱度ますます加わらんことを恐れて、躬《み》自らその間に投じてこれを冷却せんと欲したるにあり」という正鵠を射たものであった。

当時の欧州情勢は、ビスマルク辞任によって大きな変動期を迎えていた。露仏同盟の成立によって東西から脅威を受けることになったドイツは、ロシアとの関係を改善するとともに、その矛先がアジアに向くことを望んだ。一方、フランスは独露の関係が進展し、露仏の関係が薄まることを憂慮した。三国干渉はこうして生まれたのである。ドイツの画策を「狂言的の外交」と喝破した陸奥の透徹した洞察は見事というほかない。

情報と政策の関係

注意すべきは、政策的志向がそれに否定的な情報の排除につながる危険である。米国のイラク攻撃に際しては、戦争の大義とされた大量破壊兵器の存在を前提とした情報収集・選別の「政治化」があった。

ニューヨーク・ブロンクスの黒人移民の息子で米軍トップ（そして外交トップ）まで上り詰めたコリン・パウエル将軍には、先を見通す鋭い「勘」があった（デービッド・ハルバースタム『静かなる戦争』）。しかし、鋭い勘も所詮は勘であり、間違うことがある。それはパウエル自身にも当てはまる。

９・11が起きた時、パウエルは国務長官であった。イラク攻撃を計画していたブッシュ政権にとって、その正当性を示す上で、イラクが大量破壊兵器を保有しているとの情報が必要であった。ブッシュに頼まれたパウエルは、国連安保理においてさまざまな情報を示して、大量破壊兵器の存在を主張した。要望した安保理決議の採択には至らなかったが、米国はイラク攻撃に動き、フセイン政権は崩壊した。しかし、大量破壊兵器は発見できなかった。その後のイラクの治安情勢の悪化もあって、イラク戦争は米国史上最長・最悪の戦争となった。後年、パウエルは、当時を振り返り、ＣＩＡの情報の多くが間違いだったことに気付かなかった自らの勘の狂いを認めた（*It Worked for Me*）。ＣＩＡは、ブッシュ政権の政策に都合の良い情報を収集し、報告していたのであった。

リップマンが、「世界でもっともすぐれた外交活動は、情報収集と政策管理の分離がもっとも完全に行われている場合の外交活動である」(『世論』)と指摘した通りであり、政策に引きずられた情報の収集と選別は絶対に避けなければならない。

リップマンはその危険を鋭く突いて、こう記している。

《大使というエキスパートの能力は、判断を下す者と自分とを峻別すること、どんな判断が下されるのか、その内容について大使というエキスパートである自分は気にしないこと、にある。あまりに判断が気になりだすと、自分が見たいと思うものだけを見るようになり、そうなれば自分がそこで見なければならないものを見なくなる》(『世論』)

その一方で、情報収集者と政策決定者の間の信頼関係の構築も欠かせない。

米国大統領は、毎日、国務省や国防総省、そしてCIAなどから上がってくる情報に目を通し、報告を受ける。それは世界最強の軍隊を動かし、核のボタンを管理する最高司令官でもある大統領にとって欠かせない日課である。

もちろん、いかに優れた情報機関も常に正確で十分な情報を有しているわけではない。9・11同時多発テロを防げなかったことやイラクに大量破壊兵器が存在しなかったことから、情報機関の能力や連携に批判が噴出したし、2021年には、CIAが米軍撤収によるアフガニスタン情勢の見通しを誤った。

それにもかかわらず、専門家集団の情報や分析を無視した政策立案はあり得ない。専門家の意見など聞く必要はない（*Crippled America*）と公言していたトランプ氏が2017年に大統領になると、情報機関や大統領補佐官は大いに苦労した。トランプ政権の内幕を赤裸々に描いた『炎と怒り』（マイケル・ウォルフ）には、異色の大統領が「公式情報、データ、詳細情報、選択肢、分析結果を受け取ることはなかった」と暴露し、情報機関や大統領補佐官は「文書を読もうとしない（あるいは読み取る能力がない）人間、話を聞くにしても自分が知りたい話にしか耳を傾けない人間に、どのように情報を届けるかという問題」に悩まされたと書かれている。国家指導者は、情報機関を遠ざけることではなく、その能力を強化することで信頼関係を構築し、情報から政策への柔軟な連動を確保しなければならない。

偽情報と情報戦

平時でも有事でもない、いわゆる「グレイゾーン事態」が生起し、軍事と非軍事の境界を意図的に曖昧にした「ハイブリッド戦」が展開されている。その手法は多種多様であるが、中でもＳＮＳやメディアを通じた偽情報の流布は自由で開かれた社会を基礎とする民主主義国家の脅威となっている。

注意を要するのが情報操作だ。2016年の米大統領選挙では、ロシアがSNSに偽情報を流したとされる。その後も、ロシアや中国は情報サプライチェーンの各ステージを標的として、さまざまな圧力や脅迫、買収や抱き込み、フェイクニュースや偽動画（ディープフェイク）によって西側諸国の人心や世論に影響を与えようとしてきた。

また、偽情報や陰謀論と言われるプロパガンダは、祖国の危機を煽り、国民の愛国心を刺激する。ロシアでは、「世界中の反政府運動の背後には米国とNATOがいる」「ロシア系住民が虐殺されている」「ウクライナはロシア（帝国）の一部であり、ソ連の一部でもあった」といったプロパガンダが繰り返し流される。西側の情報は徹底的に排除され、情報の統制と操作が高度化する。何が真実で、何がフェイクニュースか、多くの国民に判断する術はない。ロシア社会には、欧米メディアとはまったく異なる言論空間が存在する。

自由な情報の流れを支持する社会に暮らす人々は、プロパガンダや偽情報に対する警戒を高め、情報リテラシーやサイバー・セキュリティを磨かなくてはならない。

権威主義国家は、「サイバー主権」の名の下、インターネットやAIを管理下に置き、ガバナンスやルールをめぐって民主主義諸国と対立する。サイバーや宇宙といった分野には、確立した国際ルールがなく、防衛が困難で高コストという相互脆弱性が存在する。こうした非伝統的安全保障分野では、抑止を超えた「相互の自制」が求められるが、それを権威主義国家には期待できない。

世界は多様で複雑だ。情報操作も日常的に行われている。誤解や偏見、そして詐欺や洗脳もある。国際情勢に対する正確な認識を持つための努力がますます必要とされている。

2　交渉力

米朝首脳会談の教訓

続いて交渉力を見てみよう。

史上初の米朝首脳会談（2018年、シンガポール）は劇場型の政治ショーに終わり、使い古された曖昧な用語を並べた共同声明が具体的な行動につながることもなかった。例えば、「完全非核化」の言葉はあっても、非核化の範囲やプロセス、特に検証についての言及はなかった。事前に実務交渉を行って詰めておくべきであった。「神は細部に宿る」との言葉こそ、この交渉の教訓としてふさわしい。

より本質的な問題は、二人の指導者の間に信頼が欠如していたことであった。会談冒頭、金正恩総書記は自分をどう見ているかと問いかけ、トランプ大統領は少し前まで「ちびのロケットマン」と呼んでいた男に対し、非常に賢く、誠実だと賛辞を送った。金正恩はすかさず「朝鮮半島の非核化にコミットしている」と述べた。狸と狐の化かし合いのような会談は、続くハノイでの首脳会談でメッキが剝がれ落ちた。

無法国家の独裁者は、銃を捨てた途端にズドンとやられるかもしれないという警戒心と、銃を捨てたふりをしてトランプを欺こうという狡猾さを持っていた。一方、ビジネスで勝ち続けたと豪語する異質の大統領は、前任者たちを馬鹿呼ばわりし、自分は騙されまいと、「彼女に捨てられる前にこちらから彼女を捨てる」(*The Room Where It Happened*)ことを選んだのである。

信頼と譲歩

こちらに国益があり、言い分があるように、向こうにも国益があり、言い分がある。相互の国益や主張に耳を傾け合い、歴史や文化に敬意を払い合うことによって相互に譲り合い、合意に達することが望ましいのは言うまでもない。

そもそも、外交が力も正義も異なる多くの国家を相手とする以上、圧力や威嚇による「強制」は別として、その目的(国益)が100%達成されることはまずない。しかし、国民はそれを求める。仮に国益の50%が実現されるとしても、それを「半分得た」成果であると見るのではなく、「半分失った」譲歩であると見がちである。ナショナリストにとって、譲歩は弱さであり、敗北である。国民が明快で勇ましい言質を求め、政治家やメディアも毅然とした態度をよしとし、譲歩に反対すれば、交渉はまとまらない。

すでに述べた通り、外交交渉の中身が公表されることはまずない。その結果、外交当局と国民との間には、情報・認識のギャップが生まれ、実態を知らない国民の期待はしばしば交渉結果に裏切られる。しかし、相互に求める利益が存在し、取引は可能だとの認識が存在している限り、それが誰であろうと、交渉によって合意を追求する余地はある。とはいえ、プーチンや金正恩のような独裁者との交渉は、たとえ合意ができたとしても、それが守られるのかという疑念は拭えない。

チェンバレン首相はヒトラーを誠実な人物だと信じ、そして裏切られた。ミュンヘン会談に至る前のヒトラーとのテタテ（一対一）交渉の後、チェンバレンはこう書き残した。

《要するに信頼を勝ち取るということが私の目的でしたが、これができたということです。……約束をすれば、それを守る。そのような信頼をおける男だという印象を持ちました》

（*The Neville Chamberlain Diary Letters*）

信頼なくして、交渉は始められない。合意ができても破られるかもしれないからだ。反共主義者のレーガン大統領は、「悪の帝国」と呼んだソ連の指導者ゴルバチョフ書記長との交渉に動き、最終的に冷戦を終結させた。そんな大統領がしばしば口にしたのが、「信頼せよ、されど検証せよ」というロシアの格言であった。両首脳は、1987年に中距離核戦力（INF）全廃条約の締結を成し遂げると、互いに厳格な査察を続け、核の脅威を大幅に減らした。条約は30年以上にわたって維持され、レーガンとゴルバチョフのレガシーの一つとなった。

レーガン政権の国務長官として同条約交渉に携わったジョージ・シュルツは、回顧録（*Turmoil and Triumph*）で、「相互に利益となる合意」への意欲の有無が交渉の成否を決めると書き残した。

「同意しないことに同意する」

外交の世界には、「agree to disagree」という言葉がある。互いの立場や考え方が違うことを確認し、理解し、尊重し合うことである。同盟国米国との間でもすべての政策について常に同意が存在するわけではない。しかし、日米両国が大きな戦略目標を共有しつつ、その実現のための手段やアプローチは異なっても良いとの前提に立つことができれば、日米関係は、両国の戦略的連携や効果的な役割分担を可能とする成熟した関係であると言えよう。

筆者は、21世紀初頭の軍事政権下のミャンマーに対する日本の政府開発援助（ODA）をめぐって、米国との間でこの種のアプローチに関与した。欧米諸国がミャンマーへの制裁を続ける中、日本政府は対話のチャネルを残すとの戦略的考慮もあり、ミャンマー国民の福祉に資する基礎生活分野や人道分野における援助として、日本が戦後賠償として供与した水力発電所の老朽化を改善する援助の継続に動いた。これに対し、米国からは懸念も出た。日本政府は米国政府との対話を通じて、最終的に、「同意しないことに同意する」ことで了解に達した。こうして、日本は、米国との間で民主化という目標を共有しつつ、言わば異なるアプローチで対ミャンマー外交に取り組んだのである。

こうしたアプローチは、1972年の日中国交正常化交渉の際に、周恩来首相が使った「求同存異」にも通じる。この言葉は、当時、「小異を捨てて、大同につく」と誤訳されて報じられたが、正しくは、「違いは（大小を問わず）違いとしてその存在を認め合った上で、共通の目標や利益を追求しよう」という趣旨である。こうした姿勢によって、歴史的な難交渉は妥結したのである。

キッシンジャーも周恩来首相との間で「求同存異」を体験している。1972年に周首相が提示した上海コミュニケ草案について、キッシンジャーはこう述べている。《草案は毛沢東の指示に従ったものだった。彼が示した草案には、まったく妥協のない言葉で中国の立場が述べられていた。草案には、われわれの立場を書くために空白のページがあり、そこには逆の内容が同様に強い言葉で記される見通しだった。最後に共通の立場について記す部分があった……この異例の形式が双方の問題を解決するように思えた》(『中国　キッシンジャー回想録』)

力を欠いた「悪しき宥和」

外交交渉の特徴の一つは非強制性にある。有無を言わさず一方的に譲歩を迫る交渉がないわけではないが、それは交渉というより、力による強制と呼ぶべきであろう。一般に、交渉が妥結するには、互いの利益を調整する必要があり、その過程では相互の譲歩が求められる。問題は、一方的譲歩にある。

遠い昔、トゥキディデスは、『戦史』に、「弁舌・実行の両面においてならびない能力をもつ人物」として描いたペリクレースの忠告をこう書き記した。《もし諸君がかれらの要求に譲歩すれば、恐怖心から些細なことにも妥協した、と思われて、ただちにまたこれに上廻る要求をつきつけられるにちがいない》

1938年のミュンヘン会談は、そんな忠告を想起させるかのような一方的譲歩に終わった。

第一次世界大戦後のヴェルサイユ体制は、ドイツに過酷であり、ウィルソン米国大統領が提唱して戦後秩序の柱となった民族自決原則に反するような国境の引き直しも行われた。ドイツは強烈な不満とレバンキズム（失地回復主義）を抱き、独裁者が生まれた。一方、英国は戦後秩序への道義的反省の念に駆られた。ヒトラーは大胆になり、再軍備（１９３５年）、ラインラント進駐（１９３６年）、オーストリア併合（１９３８年）に動き、その要求はミュンヘン会談で最高潮に達した。英仏はヒトラーの要求を呑み、会談への出席も認められなかったチェコスロバキアはその領土の一部（ズデーテン）をドイツに割譲せざるを得なかった。

欧州覇権の野心を抱くヒトラーは、「脅迫は最も有力な武器であるとの教訓を得た」（A・J・P・テイラー『第二次世界大戦の起源』）。こうして、ヴェルサイユ体制は宥和という形で平和的に破壊されたのである。

オーストリアに続くチェコスロバキアの併合は、パワーバランスの変化という点でも大きな意味を持った。チェコスロバキアの強力な35個師団とスコダ兵器工場が無傷でヒトラーの手中に転がり込んだからである。英仏側と独側の得失差を合わせれば力の変化はその倍となる。加えて、第一次大戦後、英国が率先して軍縮を進めたのに対し、ヒトラーは再軍備に邁進していた。この結果、ドイツの兵器生産は、戦争勃発前年には英仏を合わせたより少なくとも2倍、あるいは3倍に達していた。

第一次世界大戦後、欧州では、軍拡競争や軍事同盟が戦争を招いたとして、軍縮や国際連盟の下での集団安全保障によって平和を求める外交が展開された。しかし、一方的軍縮は一方的軍拡を進める国家がいる限り、一方的譲歩、すなわち「悪しき宥和」を生む。また、集団安全保障は、すべての大国が現状維持を望み、現状変更を試みる国家に対し協調して対処することなくしては機能し得ない。

既に言及した通り、ミュンヘン会談の半年後、ヒトラーは「最後の要求だ」との約束を破り、チェコスロバキア全土を併合した。「我々の時代の平和」と自画自賛して、国民の喝采を浴びたチェンバレン首相は後に「宥和主義者」の汚名を着せられることになった。

力を欠いた外交は宥和に追い込まれる。暴力を恐れ、暴力から逃れようとする本能は非難されるべきではないが、それは時に、より大きな暴力を招くことを理解していなければならない。

チェンバレンは、遠くで起きた事件に関わらない方針により、自国の平和を維持することが国益だと信じた。しかし、それは結果的に自国にとっての脅威を増大させ、平和と自由を支えるはずの国際秩序を瓦解させることになった。チェンバレンが己の誤りに気付いた時にはもはや手遅れであった。英国は侵略を阻むだけの力を自ら捨ててしまっていた。

ヒトラーが欧州政治の圏外にいた米ソ二大国を敵にしてしまったことにより、彼の野望は潰え去った。だが、未曽有の大戦によって英仏はもちろん、世界中が計り知れない犠牲と破壊を被ることになった。

平和のために譲歩する「宥和」は常に間違いとは言えない。ヒトラーが合憲的な手続きで権力の座に就いた１９３３年に、大多数のドイツ国民が支持するヒトラーを引きずり下ろすために武力を使うことは、チェンバレンでなくともできなかったであろう。１９３６年にラインラントに進駐したドイツ軍を追い出すことは可能であったにしても、それはドイツ人のレバンキズムを大いに刺激する事態になったであろう。

吉田茂は、宥和政策が大戦の勃発によって失敗した如く見えるが、「その意図するところは、飽くまでも平和を求めるにあり、今後国際政治及び外交の局に当るものとしては、多くの教訓を汲みとるべきだと思う」と述べ、ある期間、それを支持した英国世論の「堅実さ、忍耐強さ」に啓発されるべきと書き残した。

しかし、それが一方的な譲歩に終わるとき、宥和は「悪しき宥和」となる。外交は相互の譲歩によってこそ持続可能な平和につながるからだ。また、弱さから生まれる宥和も「悪しき宥和」である。平和は言葉だけでは実現し得ない。「自然状態」の特徴を残した不完全な国際社会においては、力の要素を無視する外交は失敗を免れないのである。

3　外交感覚

「外交感覚」とは何か？

三つ目は外交感覚である。

戦争への歴史を振り返る時、日本政治の中枢にいた人たちが、いかに国際情勢認識を欠き、あるいは誤り、そして自国のパワーを過信して、希望的観測と独善的思考によって動いていたかを知って、愕然とする。

戦後日本の外交路線を決定した吉田首相は、戦前の日本が、「国際情勢に十分の知識を欠き、自国の軍備を過大に評価し」（1949年11月8日の国会での施政方針演説）、外交感覚を欠いたために自滅戦争に突き進んでしまったと振り返った。そして、「外交感覚のない国民は必ず凋落する」（『回想十年』）と喝破した。

吉田が強調した「外交感覚」とは何を意味するのだろうか？

戦前日本の外交姿勢は、二つに分けて説明されてきた。田中義一首相の「積極政策」と幣原喜重郎外相の「協調外交」である。吉田は、この二人に外務次官として仕えた。ちなみに、前者は吉田の田中への猟官運動によって実現したものであった。

ジョン・ダワーは、この吉田の経歴を取り上げて、こう解説している。

《吉田は、幣原外交、田中外交のいずれにも親しく参画した。……事実は、彼は田中の「積極政策」のほうに望みをかけていた。といっても、吉田がかくれた軍部派《サムライ》だったからではなく、常識と欧米の実例からみて、抽象的な信義よりも力こそが有効な外交政策の本質であると信じていたからである。彼自身の基準によれば、強硬路線の立場こそ幣原のそれよりはるかに「合理的」で「西欧的」であった》（『吉田茂とその時代』）

そんな吉田が、幣原と民政党の下でも引き続き外務次官を務め、幣原の政策には自らも参画したのである。吉田の外交姿勢をどう解釈すべきだろうか？

ジョン・ダワーは、幣原外交が満蒙権益放棄を唱えたわけではないし、田中外交も後年の軍部外交とはまったく無縁であったと指摘して、「一をもって軟弱外交と称し、他をもって強硬外交と呼ぶ言葉は、相手を攻撃でもする場合以外は、大して意味のないものだった」との吉田の発言（『回想十年』）を引用している。その上で、吉田の変化をこう論じている。

《一九三〇年代、ことに一九三七年以後になると、欧米に対して、忍耐と妥協と国際問題での協調という「現実主義」を説く伝道者に変わっていた》

吉田は、日本国内の政治力学について、欧米（英国政府やグルー駐日米国大使）に対し、穏健と強硬の間の「振り子」原理（第1章3節を参照）を持ち出して、軍部に代わって穏健派が主導権を握るとの見通しを語り、そのためにも英国の日本への協調的態度が必要だと説いた。吉田自身が振り子のように揺れたかに見えるが、それは内外情勢の変化の中で、現実主義に徹した結果とも言える。そんな現実主義こそが吉田の言う外交感覚なのだろう。

外交の現場には、日本の意思の及ばざる力があり、日本が主張する正義とは異なる正義がある。日本に力と正義があるように、他国にも力と正義がある。外交には、他国の力を知り、他国の正義を知ることが欠かせない。「希望的観測」と「独善的思考」は外交官が最も忌避すべき悪弊である。

力と正義を相対化する中で、現実的な合意を探る。そこでは、譲歩も必要とされる。それにもかかわらず、明快で勇ましい言質を吐く政治家やメディアが少なくない。国民もまた毅然とした態度を求め、譲歩に反発しがちだ。そんな現実を嘆くだけでは外交は立ち行かない。外交に携わる者は、外交を制約する国内圧力を正確に認識した上で、それを和らげる努力を惜しんではならない。

日本近代外交史において、そんな外交感覚を持った外政家がいなかったわけではない。

ナショナリズムとバランス感覚

「一を聞いて十を知る機敏な頭脳」（渋沢栄一）を持つ外交官（駐米公使）であり、日本の議会史上初めての衆議院議員の閣僚（第一次山県有朋内閣の農商務大臣）ともなった陸奥宗光は、外交と内政を熟知した外相として、伊藤博文という内外政を総攬する力を持った首相との二人三脚で、戦争と外交を見事に主導した。そんな陸奥も、日清戦争後の三国干渉によって、日清講和条約で日本に割譲されるはずであった遼東半島を清に返還せざるを得ないという重大事態に追い込まれた。その間、陸奥の胸中には、どんな観察や判断が去来したのだろうか。

陸奥の著書『蹇蹇録』には、国際社会と国内世論の圧力のバランスを取ることに腐心した様子が書き記されている。

《軍人の鮮血を濺《そそ》ぎて略取したりという遼東半島割地の一条を脱漏したらんには、いかに一般国民を失望せしめたるべきぞ……事後の今日においてこそ政府は外に屈従したるの姿あれども、事前の大勢においては、その実、内に顧慮するところありてここに至りたるなり》

外務省（東京都千代田区霞が関）**正面玄関横に立つ陸奥宗光の銅像**

伊藤と陸奥は、世論の動向を読みながら、遼東半島を要求し、その後に露仏独による三国干渉を招いた。日本に三国を相手に戦うだけの国力はなく、英米は日本に好意的だったが、「同時に自国の利益をも考えざるを得ず」（陸奥）、局外中立に立った。

日本は三国の勧告を受け入れるしかなかった。陸奥は、「日本帝国政府ハ露仏独三国政府ノ友誼アル忠告ニ基キ奉天半島（注：遼東半島）ヲ永久ニ占領スルコトヲ放棄スルヲ約ス」（外務省ホームページ〔外交史料Q&A〕）旨の覚書を駐ロシア公使に訓令して、ロシア側に提出した。その後、日本は清国との間に遼東半島還付条約を締結した。国民は悲憤慷慨した。『蹇蹇録』の最終章には、その顚末を要約する形で陸奥の冷静な観察と判断が次の通り記されている。

《政府は実にこの内外形勢の難きに処し時局の緩急軽重を較量し、つねにその重くかつ急なるもののために軽くかつ緩なるものを後にし、しかも内難はなるたけこれを融和し外難はなるたけこれを制限し、まったくこれを制限する能わざりしもなおその禍機の発するを一日も遅からしめんことを努めたるは、外交の能事また尽くさざるところありしというべからざるがごとし。……畢竟われにありてはその進むを得べき地に進みその止まらざるを得ざるところに止まりたるものなり》

ここには、外交と内政の狭間で難しい判断を迫られた陸奥の研ぎ澄まされた外交感覚が読み取れる。そんな陸奥だからこそ、結論としてこうも言えた。

《当時何人をもってこの局に当たらしむるもまたけっして他策なかりし》

岡崎久彦は、著書『陸奥宗光』において、こう評価している。

《その後の多くの日本の指導者たちは、単純な拡張主義者か、あるいは、結局は世論に迎合し、あるいは押し流され、それと妥協した人々だった。陸奥のように、世論の力について正確な認識をもったほとんど初めての政治家でありながら、世論に流される歩留まりをあらかじめ計算して、潮時を見て、断固、世論を押し切って自らの政策を実行する、判断と決断力のある政治家はもう出てこなかった》

この岡崎の評価について二点指摘しておきたい。

第一にその後の外政家で世論に流されなかった者がいなかったわけではない。日露戦争では元老の伊藤や山県、首相の桂太郎や外相の小村寿太郎らが世論に抗してロシアとの講和条約を締結したことは第1章で述べた通りである。

第二に清沢の陸奥評は岡崎とは異なり、次の通りであった。

《陸奥は遼東半島の割譲要求が無理だと信じながら、しかし国論に絞ってこれを要求した。その結果、三国干渉に会して手放さざるを得ず、十ヶ年の臥薪嘗胆を招来した》（『清沢冽評論集』）

つまり、陸奥は世論に抗しながらも、世論に譲歩したのである。陸奥をもってしても日本特有の対外硬世論を抑制指導することは難しかったのである。清沢は第1章で通観した「攻防」の時代から「崩壊」の時代に、民主主義と平和思想を定着させるため、まさに獅子奮迅の働きをした稀代《きたい》のジャーナリストであった。そんな清沢が憂慮したのが日本特有の対外硬世論であった。

それによって、当時陸奥と小村は無能呼ばわりされた。二人の外交感覚が国民に共有されることはなかった。外交感覚が外交の任に当たる個人とその背後で見守る国民の双方にあって、初めて外交は真価を発揮するのである。

※『蹇蹇録』に先立って、陸奥は『露独仏三国干渉要概』を著している。その草稿を読んだ伊藤首相が国家利益保護の観点から取り扱いに注意するよう求めたのに対し、陸奥は「既往の事実」のみを記したものであると回答している。一方、『蹇蹇録』は随所に陸奥の鋭敏な外交分析が溢れる回顧録であり、その内容が外交の機密にわたるため、公刊されたのは陸奥の擱筆から33年経った1929年である。陸奥の卓越した外交感覚を認めていた元老の西園寺公望は、『蹇蹇録』末尾に、念書としてこう書き添えている。

《是福堂が親しく口授して速記者をして筆せしむる所なり簡潔明白一字不苟決して他人の代て記し得るものにあらず凡読書の眼あるもの一見之を知るべし余後世或は幕僚属吏が命を受けて撰ずる所となすを恐る故にしるす》

西園寺は、『蹇蹇録』が後世、命を受けた官僚によって書かれたものとされるのを恐れて、陸奥以外の誰かに書けるような書ではないことをわざわざ添え書きしたのである。

「空気」に沈黙した外交感覚

幣原喜重郎はその名を冠した外交で国際協調の時代を画したが、国内では、英米との協調や中国内政への不干渉政策が「軟弱外交」との批判を浴び、関東軍の暴走もあって、次第に行き詰まっていった。その主たる原因は、多くの歴史家が指摘するように、明治体制という政治構造上の制約（統帥権独立や現役大臣武官制）にあったとしても、国際連盟規約や不戦条約に反する軍の行動を支持した国民世論と幣原外交との間に埋めようのない溝が広がっていたことも指摘しなければならない。

実際、当時の新聞が、「国際協調といふも実体は追随外交」と報じるなど、世論は幣原外交に厳しかった。満州事変が起きると、民政党内の分派行動もあって、若槻礼次郎内閣は総辞職し、幣原外交も幕を閉じた。１９３２年の総選挙でも、対外強硬を叫んだ政友会が圧勝し、戦争への道に迷い込んでいくことになる。

幣原喜重郎（1872-1951）　浜口内閣編纂所編『浜口内閣』1929年より

戦後、吉田茂は、「（幣原が）職業的外交官としての責任感と自信から」、中国や満州の地にいる日本人の「世論にあまり注意を払わず、国民の納得を得るための努力を十分にはしなかった」と指摘した。吉田の指摘は幣原に限らず、職業外交官が戒めるべき点である。しかし、対外強硬に染まる当時の政治的空気の中で、国際協調の必要性を説ける外交官がどれだけいたであろうか。

国際連盟総会に臨んだ松岡洋右代表は、日本軍の満鉄附属地への早期撤退や満州に対する中国の主権承認を内容とする勧告案が42対1（棄権1）の大差で可決されると、遺憾と失望の意を表明し、会場から忽然と退出した。松岡を待っていたのは、横浜港岸壁で「凱旋将軍」（松岡代表の随員土橋勇逸「国際聯盟脱退管見」）を歓喜で出迎える日本国民の民族感情の昂揚であった。

そこには、「日本が正しい、世界が悪い」という「自慰自讃」の心理状態によって、「自己の理論に対する研究、検討が行われないで自分たちのいうことが何時《いつ》の間にか絶対に正しいという考え方になってしまう傾向」があった（『清沢洌評論集』）。

五百旗頭真もまた同様の分析をしている。

《ドイツの勝利に沸き、バスに乗り遅れるなと号令がかかると、それに従い、その時代の気運に支配される。上から下まで政治的視野が乏しく、国際的動向を捉えて日本の進路をまっとうに語れる人が少ないからである。……島国の内部が集団幻想状態にある時は誰も認識の滅亡をくいとめることができなかった》(『日本の近代6　戦争・占領・講和』)

日本人が「時代の気運」に支配された背景には、山本七平が解明した日本的な「空気」があったと見ることもできよう。山本は、それを組織全体が集団催眠にかかったかのように「得体のしれないもの」によって意思決定がなされることだと説いた(『空気の研究』)。「2年を超える対英米戦の不可」を結論とした陸軍省内の報告書もあった。しかし、主戦論が支配する空気の中で、あえて逆らって正論を吐く者は東郷茂徳外相くらいしかいなかった。山本七平の論に立てば、そうした空気的意思決定が論理的意思決定に取って代わり、押し流されるように戦争に転がり込んでしまったのである。

吉田茂は、日本の国民性に言及して、こう回顧している。

《いうべきときにいうべきことをいわず、しかして事後において、弁解がましきことをいい、「不賛成であった」とか、「自分の意見は別にあった」などというものが多い》(『回想十年』)

4　外交官の「個の力」

外交官の職務と役割

最後は外交官の「個の力」である。

それは、当然ながら、外交官の職務と密接に関係する。交通・通信手段の発達による情報伝播の迅速化や外交チャネルの拡大・多様化、取り扱う問題の広がりと複雑化によって職業外交官が独占していた役割は減った。それでも、留学して外国語を習得し、その社会や文化にも造詣が深く、豊かな人脈を築き、現場で鍛えられた職業外交官だから安心して任せられる役割は少なくない。

第一に、任国の情勢を素早く正確に把握し、その変化を見逃さない「観察者」の役割である。そのためには、任国の実情についての広くて深い知識と任国各界人士と交わる中で培われた豊かな人脈が必要とされる。外交問題や任国の重大な事態については、大使名で情勢判断と政策提言を外務大臣に公電する「意見具申」が出されることがある。そこでは、観察眼に加えて、それを簡にして要を得た文章にする筆力も問われる。その出来如何では、政府の外交政策決定に大きな影響を与える。

第二に、二国間・多国間の意思疎通のパイプ役や会談・交渉結果の報告者となる「伝達者」の役割である。例えば、自国政府の申し入れ（デマルシュ）を任国政府に伝え、任国政府からの申し入れを本国政府に報告することは迅速性と正確性を要求される重要な任務である。また、首脳会談や外交交渉の記録と報告の重要性はいくら強調してもし過ぎることはない。第一次世界大戦期に外務大臣を務めた石井菊次郎は、「書類整備の完否は結局、外交の勝敗を決するものである」(枢密院審査委員会、1933年)と述べ、戦時及び戦後に外相を務めた重光葵も、「記録なくして外交なし」との言葉を残している。

吉田茂は、ワシントン軍縮会議に参加した日本の外交官の語学と記録の能力について、こう書き残している。

《(会議の記録係を務めた)斎藤博(引用者注：後の駐米大使)、白鳥(同：後に駐イタリア大使となった白鳥敏夫)は会議が終ると、ホテルの一室に立て籠って、これらの記録を整理、清書して、わが全権団にその夜のうちに送り届ける……いつとはなしに、日本側の作った記録が、英米のそれらに較べて、一層正確で、よく出来ているということが、英米の全権団に伝わり、後にはわざわざ日本側の記録をもらいに来るというまでになってしまった。……両君の英語能力の卓抜さによることも大であった》(『回想十年』)

第三に、国益を見据えて、二国間、あるいは多国間で交渉し、合意を作り出す「交渉者」の役割である。グローバル化の進展に伴い、外交交渉の分野も通商・金融から気候変動やサイバーまで広範、かつ専門的・技術的なものとなり、職業外交官以外の官僚が国際交渉に参加するようになった。しかし、複数の省庁が関係する問題については、職業外交官として鍛えられた外務官僚が首席交渉官といった政府代表を務めることが少なくない。彼らは各省の利益や主張を調整しつつ、全体としての国家の利益を交渉の場で主張し、その実現に努める

1935年５月20日『TIME』誌の表紙を飾った斎藤博駐米大使

からである。筆者もそうした交渉の長を務めた経験がある。交渉中には、関係各省の参加者が強い反対意見を出すこともあるが、それは合意の障害となる場合もあれば、相手の譲歩を促すカードとして利用できる場合もある。このように、交渉者としての外交官は外交と内政の接点において試されるのである。

第四に、任国の政治や経済の指導者を訪ねたり、メディアに発信したり、一般国民に講演したりして、自国の政策や立場への理解を求める「広報マン」の役割である。そうした活動は「公共外交（public diplomacy）」とも呼ばれ、ソフトパワーの発現にもつながることから、各国政府は予算や人材を投入して、戦略的に強化してきた。

斎藤博は、満州事変によって関係が悪化した米国に49歳の若さで大使として赴任した。斎藤が最優先で取り組んだのが米国民の反日感情の改善であった。既述の通り、斎藤は日本外務省切っての英語の使い手であり、日本の外交政策や日米関係の歴史を解説した著書の出版や米国各地での講演活動など、懸命な公共外交を展開した。中国の揚子江で日本海軍による米艦撃沈事件が起きた際には、本国からの訓令を待たずに、全米向けラジオ演説を行い、

「日本軍が再び過ちを犯さないよう、政府は陸海軍を厳重に監督するでしょう」と訴えて、事態の沈静化に努めた。

高い語学力に支えられた公共外交への反響は大きく、斎藤は『TIME』誌の表紙を飾るほどであったが、心労と過労が重なり、54歳の若さで客死した。ハル国務長官は、日米友好に尽くした斎藤の死を悼んだ。その遺骨は米海軍の最新鋭巡洋艦によって丁重に日本に運ばれた。そんな外交努力も軍部の強硬路線によってことごとく打ち砕かれ、その死から3年も経ずに、日本は対米開戦に踏み切ったのであった。

外交官に必要な資質

外交には、斎藤大使のような「個の力」が欠かせない。斎藤は、英語力のみならず、外交官が持つべき資質の多くを備えていた。まさに理想的な外交官と言えるが、そう評価されるには具体的にどんな資質が求められるのだろうか？

宮廷外交時代に活躍したカリエールは、外交官に必要な資質として、洞察力、器用さ、順応性、幅広い知識を挙げた。近代外交の時代に英国外交を導いたニコルソンは、知性、知識、眼識、分別、愛想、魅力、勤勉、勇気、気転を外交官が当然持つべき資質であるとし、理想的な外交官の資質として、誠実、正確、平静、忍耐、よい機嫌、謙虚、忠誠を挙げた。外交官への期待の高さを窺わせる盛り沢山の要求である。

ちなみに、日本外務省は、①日本のために働きたいという強い情熱、②世界中のどのような国でも勤務できる心身のたくましさ、③多様な文化や価値観を理解して受け入れることができる柔軟性、④さまざまな人と誠実に向き合うコミュニケーション力を挙げている。

一方、米国の国務省は、採用条件として、❶自分の担当分野以外の任務にも対応できる柔軟性、❷政府の政策への公の支持、❸どこにでも赴任できる適応力を求めている。日米ともに、適応力や柔軟性を重視していることが分かる。また、国務省は語学を必要条件とはみなさないが、アラビア語や中国語などに秀でている場合には試験で加点しているようである。

筆者が重視する資質は、「知力」「誠実さ」「勇気」である。

知力

権謀術数渦巻く16世紀のイタリア・フィレンツェ共和国の外交官だったニッコロ・マキャベリ(1469~1527)は、ライオンと狐を持ち出して、両者の立場を持つ必要を説きつつ、「狐の業をより巧みに使いこなした者こそが、より一層の成功を収めた」と論じた(『君主論』)。第5章で論じた通り、圧倒的な力を持つ大国なら「狐の業」など使わずとも、力ずくで目的を達成できるだろう。しかし、そんな大国はごくまれだ。多くの国家にとっては「狐の業」が必要である。

それではハリネズミとの比較ではどうか？　バーリンは、『ハリネズミと狐』において、大きなことを一つだけ知っているハリネズミと、多くのことを知っている狐を対比させている。多元主義の狐か一元主義のハリネズミか？　その答えは、誰がいつどこで答えを出すかによって異なる。

外交は、過去に実施された首脳会談や交渉、締結された条約などの基礎の上に積み上げられていく継続的営みである。国際協調外交で歴史を画した幣原喜重郎は、当時こう述べた。《一国の政府が公然外国に与えた約束は、条約に依ると否とを問わず、如何に政府又は内閣の更迭がありましても、これらの更迭によって変更し得べきものではありませぬ》（幣原平和財団『幣原喜重郎』）

その意味で、外交には継続性が求められ、そのことが国際関係の安定にもつながるのであるが、その一方で、国際情勢が大きく変化しているにもかかわらず、既存の情勢認識や政策を墨守するなら、外交は硬直化し、袋小路に入ってしまうだろう。ハリネズミと狐のどちらが外交官の資質として望ましいだろうか？

「１００年に一度の大変局」（習近平国家主席）とも言われる時代の答えは狐であろう。１０

0年前の戦間期も、国際情勢は変動し、複雑化した。日本はその変化に鈍感で、柔軟な対応ができずに、中国大陸での終わりのない戦争にのめり込み、遂には成算のない対米戦争に突き進んでしまった。

五百旗頭真は、東条を批判している。真珠湾奇襲の3ヵ月前の御前会議において、昭和天皇が異例の発言を行い、主戦論を諫《いさ》め、外交を主とするよう促したにもかかわらず、その後、東条英機陸相が過去の決定に基づく政策の一貫性を主張して近衛首相を追い詰めたからである。

《過去の経緯が何であれ、国際環境の中でその決定がどのような将来的意味をもつのかについての評価をなすことが基本的責務であるのに、それを考えぬく知識も意欲もなく、後ろ向きの狭小な論拠により決定を支配するのである》（『日本の近代6』）

狐は、多くの「知識」を身につけて、状況の変化を嗅ぎ取り、臨機応変に対処して、身を守る。そのためには「たくさんのこと」（『ハリネズミと狐』）を知っていなければならない。

外交官に必要な「たくさんのこと」とは何であろうか？

第一に、外交史である。過去の外交の歴史をひもとき、注意深く読み解くことで、戦略の策定や交渉にとっての有益な教訓やヒントを得られる。そんな教科書とも言える書が『外交』（ヘンリー・キッシンジャー）である。同書は、ウェストファリア条約の下での欧州主権国家システムが誕生した17世紀中頃から冷戦終結後の20世紀末までの外交史を取り扱う。キッシンジャーが綿密な歴史研究、人間観察、リアリズム理論を駆使して書き上げた不朽の名著である。外交の成功や失敗の原因を透徹した観察眼で解き明かしていく筆致は見事と言うしかない。キッシンジャーは、別の著書で、「社会は、空間よりも時間の中に存在する」（『回復された世界平和』）と指摘して、外交問題の研究において、歴史的文脈を意識することの重要性を説いている。外交官は何よりも時間（歴史）への視点を忘れてはならない。

第二に、不確実な国際政治において数少ない不変的要因である地理を政治的文脈に投影して政策や理論を発展させることも重要である。第6章で書いた通り、地政学は戦略を論じる上で欠かせない。地球儀や地図を傍らに置き、日々、世界を俯瞰することを習慣とすべきである。

第三に、国際政治思想である。第3章で論じた通り、リアリズムとリベラリズムによって形成され競争してきた国際政治理論は、戦略や政策が依って立つ国際社会の構造を理解し、国際秩序の構築において有力な思想的論拠となる。

第四に、国際法である。国際法を現実の国際政治の中に位置付け、その限界や執行の難しさを認識しつつ、日本の立場を正当化し強化するという実務家的アプローチが求められる。「法の支配」に基づく国際秩序の維持・強化のための外交を展開しつつ、サイバー、宇宙、

ＡＩなどの新しい分野におけるルール作りにも積極的に参画する必要がある。

第五に、特定の国家・地域や分野に関する専門知識である。優れた外交官は、第一から第四までの幅広い知識を有するジェネラリストであると同時に、特定の国や地域、特定の分野についての深い知識を有する専門家でもある。外務省に採用された者は研修語として課された言語の習得のため、海外の大学に留学する。研修語には、英語の他に、フランス語、スペイン語、ドイツ語、アラビア語、中国語、韓国語、ロシア語などがあり、専門職の外交官の中にはこれら以外の特殊言語の習得に努める者もいる。外務省に採用されると、こうした語学研修やその後の在外公館や本省での勤務を通じて、特定の国家や分野の専門家となって、外交力の底上げに貢献することになる。

カリエールの次の指摘は今日も妥当する。

《実践によって高めることのできる多くの資質があり、必要な知識の大部分は絶えず応用問題をこなすことによってしか得られないのである》（『外交談判法』）

以上5つの知識を基礎に、それを応用問題に適用して実践的な「知識」に高めていくことが外交官には求められるのである。

誠実さ

マキャベリはこうも述べている。

《人間は邪悪な存在であり、あなたに信義など守るはずもないゆえ、あなたのほうだってまた彼らにそれを守る必要はないのだから……どれだけの和平が、どれだけの約束が、君主たちの不誠実によって、虚しく効力を失ってしまったかを、示すこともできるであろう》（『君主論』）

マキャベリは、不道徳と考えられている行為も国家の利益のためであれば躊躇《ためら》うべきではないと主張した。ローマ教皇から「悪魔の書」と断罪され、禁書とされた『君主論』は、フィレンツェという国家の瓦解の中に身を置いた外交官が君主に諭した警世の書であった。後年、権謀術数を意味する「マキャベリズム」として人口に膾炙《かいしゃ》し、外交官も誠実であるより狡知であれと喧伝され、議論を呼んだ。

その類の発言をいくつか挙げてみよう。

《大使とは、自国の利益のため、外国で嘘をつくために派遣される誠実な人間をいう》（ヘンリー・ウォットン英国大使、1568～1639）

《外交官は名誉あるスパイである》（アブラム・ド・ウィックホール　オランダ外交官、1606～82）

《普遍的な正義の言葉で自国の利益を包み隠すことが外交官の仕事である》（1857年、ワ

レフスキー仏外相のビスマルクへの発言）

一方、道義を重視する外交官は誠実さや良識を強調した。カリエールは、「立派な交渉家は、彼の交渉の成功を、決して、偽りの約束や約束を破ることの上においてはならない」と注意を促したし、ニコルソンに至っては、「マキァヴェリの見解に、一時たりとも同意してはならない」と強く釘を刺し、外交上の美徳として、「誠実」を一番に挙げた。ニコルソンは、外交交渉の基礎を道徳的な力に求めたのである。ケナンも、外交の本質は誠実さにあると強調した。

筆者も、誠実さこそが外交官に求められる資質であると思う。第1章で紹介した川路聖謨は、近代日本の外交官の先駆けとして、そんな資質を遺憾なく発揮した。

勇気

昭和天皇が最高戦争指導会議でポツダム宣言受諾の意思を表明した際、「忍び難きを忍ばねばならぬ」例として引いたのが三国干渉であった。※ それほどに大きな屈辱を味わった国民は臥薪嘗胆の9年を耐えて、日露戦争に総力をかけた。その戦争と外交を担った外交官こそ、陸奥が病状を悪化させて外務大臣を辞める前に抜擢した小村寿太郎であった。

日露戦争の戦況は、陸でも海でも日本が優位に立ち、国民は勝利の報に沸いた。

しかし、日露戦争を指導した満洲軍総参謀長の児玉源太郎は、開戦直前に、元老伊藤博文に対し、「日本がロシアを相手に2年以上戦ったら、惨敗します。大暴れができてロシアがびくびくしているうちに、アメリカに仲裁に入ってもらえるよう外交的な手を打っておいてください」と頼んでいた。伊藤もこれに応えて、ロシアとの国交断絶の日に早くも和平仲介を得るための外交努力を始めていた。そして、児玉の予想が現実味を帯び出すと、桂内閣は、「いかにしても和平を成立させるべき」(岡義武『山県有朋』)との方針に決した。ポーツマス講和会議の日本側首席代表を務めた小村外相は、世論が求めた賠償金要求を取り下げることで、ロシアとの交渉を妥結に導いた。

日本軍の継戦能力が限界にあったことを知らされていなかった国民は、賠償金要求を取り下げてでも交渉の妥結を急いだ政府への不満を爆発させ、日比谷焼き打ち事件などの騒乱が起きて、桂内閣は退陣した。

稀代のジャーナリスト清沢洌は、世論と外交の関係を冷静に捉えていた。民衆の声を土台とする議会政治に異議はないが、「国家の絶大なる難局に面した場合には、暫《しば》らく輿論を無視し、国家のために一身を犠牲にする」のも指導者の任務であると主張した(『清沢洌評論集』)。そこには、多くの賢人の洞察と共通する真理が存在する(第4章を参照)。

小村外相は、無責任な世論に叩かれ、暗殺の危険を冒しながらも、国力を超える戦争を終わらせるべく譲歩をしたのである。その慧眼と気概は高く称賛されるべきである。小村が帰国した時の様子を吉村昭はこう描写している。

《プラットフォームには桂総理、山本（権兵衛）海相らが迎えに出ていて、小村と挨拶を交わすと両側に立ち、小村の腕を抱えてプラットフォームの出口に進んだ。彼らは、小村に爆裂弾か銃弾が浴びせかけられた折には、共に倒れることを覚悟していたのである》（『ポーツマスの旗』）

松岡外相が国際連盟脱退演説をして帰国した際の歓迎ぶりとは正反対の険悪な空気が立ち込めていた。清沢洌は桂と小村をこう描写した。

《国家のためにまことに決死の覚悟をしていました。かれらの頭には国家百年の計あって、自己と家族の安否は元よりなかった》（『清沢洌評論集』）

外務省調書『日本外交の過誤』は、外交の衝に当たる者には、果断と真の勇気が求められ、世間的には評判の悪いようなことでもあえて責めを取って行う気概が必要だと指摘している。

そんな気概を持つ小村のような政治家や外交官がいてこそ国家は道を誤らずに済む。

軍部を恐れてその暴走を傍観するばかりの議会の不甲斐なさに憤った斎藤隆夫は演説の中でこう叱咤した。

《支那事変は建国以来の大事件であって、……しかして事変以来二年有半を経過したが、……いずれの議員も軍部の圧力に辟易してこの重大問題に触れんとする者のないのは、国民代表の議員として如何にも意気地なき臆病千万の次第である》（『回顧七十年』）

※1945年8月10日の「聖断」では、「……忍び難きを忍ばねばならぬ」「明治天皇の三国干渉の際の御心を偲び奉り……」とある（古川隆久『昭和天皇』）。

終章　試練の日本外交

・貿易や経済連携、経済協力や環境などの分野に加えて、以上申し述べましたとおり、「人間のための経済」の一環として、「いのちと文化」の領域での協力を充実させ、他の地域に開かれた、透明性の高い協力体としての東アジア共同体構想を推進してまいりたいと考えます。（鳩山由紀夫首相、第１７３回国会における所信表明演説、２００９年10月26日）

・トランプ大統領とは、電話会談を含めて二十回を超える首脳会談を行いました。個人的な信頼関係の下、世界の様々な課題に、共に、立ち向かってまいります。（安倍晋三首相、第１９６回国会における施政方針演説、２０１８年1月22日）

・核軍縮を巡る情勢は、一層厳しさを増しています。しかし、「核兵器のない世界」への道のりがいかに厳しいものであったとしても、我々はその歩みを止める訳にはいきません……「核兵器のない世界」に向けた現実的かつ実践的な取組を推進して参ります。（岸田文雄首相、国連「未来サミット」での演説、２０２４年9月22日）

戦争の教訓からの出発

第1章において、幕末の開国に始まる日本外交史を振り返った。そこには光と影があり、成功もある一方で、多くの過誤と教訓が読み取れた。明治日本は厳しい国際環境の中、「坂の上の雲」をめざして駆け上った。その軌跡は世界を驚かせた成功物語であった。しかし、坂の上に立った時、その先の目標を見失った。軍部はその存在意義を賭けて仮想敵国を立て、軍備拡張に邁進した。外交と軍事のバランスは崩れ、力を過信した軍部と独善的なナショナリズムに引きずられる格好で大陸での出口なき戦争にのめり込み、挙げ句の果てに勝算なき対米戦争に突き進んでしまった。この昭和の戦争は完膚なきまでの敗北に終わり、明治以来の功業をすべて失った上に、国民を犠牲にし、国家を破滅の淵にまで追い込んだのである。近隣諸国の被った人的物的損失も甚大だった。戦争は多くの人命を奪ったのみならず、人間の尊厳をも奪い去った。

太平洋戦争中に日本軍の捕虜となった連合国兵士は過酷な扱いを受けた。これら元戦争捕虜（POW）は泰緬鉄道の建設現場や日本の炭鉱や工場などで働かされて、事故や飢えや虐待などで約3500人が亡くなったと言われる。戦後の英蘭豪といった諸国において日本に対する厳しい感情が根強く残った一因である。

日本政府は、こうした元戦争捕虜を日本に招聘する平和交流事業を実施して、「心の和解」に努めた。筆者も、オーストラリア勤務の折、そんな努力をした。その中の一人は、地元のロータリー・クラブで、「最初は（戦後初めて会う日本人である筆者に）会うのが怖かったが、会ってみたら好きになった。現在の日本人が皆そうであればと思い、訪日したらまさにその通りであった」とスピーチした。日本軍によるダーウィン爆撃、日本の特殊潜航艇によるシドニー湾攻撃、日本人捕虜の多くが銃弾に倒れたカウラ収容所集団脱走事件など、日本との戦争の記憶は今もオーストラリア各地に残っている。

シドニー湾攻撃慰霊式典で献花・黙礼する筆者（2012年6月撮影）

しかし、そこは今、日本との和解と友好の現場ともなった。歴史を振り返る記念式典に出席する度に、筆者は、平和への決意を新たにするとともに、人間としての高潔さや勇気を称え、寛容の精神を示してくれたオーストラリアの人々に深謝すると同時に、世界の中での日本という国家のあり方を自問した。

２００２年、オーストラリアを訪問した小泉純一郎首相は、オーストラリア政府が特殊潜航艇乗組員の海軍葬を行い、遺灰を日本に返還し、その母を温かく迎えてくれたことに感銘を受けたとスピーチした。

そして、日本とオーストラリアがかつての敵から今日の友となって、相互の信頼や共通の価値に基づく強固な関係を築き上げてきたことに、筆者は外交の持つ可能性を感じ、勇気づけられた。

中曽根康弘首相は、先の大戦に対する反省の上に立って、「外交の5原則」を唱えた。その中には、「国力以上の対外活動をしてはならない」「外交はギャンブルであってはならない」「世界史の正統的潮流をはずれてはならない」などがある。この原則について、中曽根は後年こう述べている。

《経済大国がそのまま、外交大国になれば、ややもすれば戦前のようなことが起こり、近隣諸国に誤解を与える恐れもある。「大国」ではないということを国民に理解できるように、「非核中級国家」という言葉を私は頻繁に使っていました。これが、戦争体験から生まれた反省の上に立った、戦後日本の理想であり、現実でもありました》(『中曽根康弘が語る戦後日本外交』)

日本は政策を誤り、無謀な戦争に突き進んで、アジア太平洋の各地に大きな傷跡を残した。日本の人々も被害者であった。地獄のような沖縄戦に駆り出された少年少女、極寒と飢餓と苦役に倒れたシベリア抑留者、太平洋の孤島で玉砕した名も知れぬ兵たち、特攻で海に散った学生、原爆で焼き殺された市民……夥《おびただ》しい数の大切な命が不条理に奪われた。そして、その向こう側にいたアジア太平洋の人々の間でも無数の悲惨な物語が語り継がれてきた。その一つ一つの死と悲しみに国家としてどう報いていくのか？

終戦50年の1995年8月15日、村山富市首相は、「深い反省に立ち、独善的なナショナリズムを排し、責任ある国際社会の一員として国際協調を促進し」「(近隣)諸国との間に深い理解と信頼にもとづいた関係を培っていく」ことで、「犠牲となられた方々の御霊を鎮めるゆえんとなる」と述べた。

歴史の教訓を汲み取り、二度と戦争を起こさないとの平和主義と国際協調の原則は、戦後日本の外交に埋め込まれた理念となった。村山は、そのことを歴史の節目において改めて内外に鮮明にしたのである。

村山談話の20年後の終戦70年、安倍晋三首相は、こう総括した。

《日本は、孤立感を深め、外交的、経済的な行き詰まりを、力の行使によって解決しようと試みました。国内の政治システムは、その歯止めたりえなかった。こうして、日本は、世界の大勢を見失っていきました。満州事変、そして国際連盟からの脱退。日本は、次第に、国際社会が壮絶な犠牲の上に築こうとした「新しい国際秩序」への「挑戦者」となっていった。進むべき針路を誤り、戦争への道を進んで行きました》

その上で、「（私たちは）歴史の教訓を深く胸に刻み、より良い未来を切り拓いていく、アジア、そして世界の平和と繁栄に力を尽くす」大きな責任があると述べた。

戦争体験を持つ日本人はいなくなりつつある。それは先の大戦以来、日本が平和だったことを意味する。平和は当然でも、偶然でもない。平和を続けていくためには、戦争の記憶や教訓を引き継いでいかなくてはいけない。敗戦によって再出発した日本外交において、それは「国際協調」という言葉に集約された。

国際協調による国益確保

幣原喜重郎と吉田茂。日本外交史にその名を残した二人の外交官は、ともに戦争への流れに抗するもそれを止めることができなかった。

戦後、首相となった二人は施政方針演説において、こう述べている。

《国内及び国際関係の羅針盤たるべきものは、銃剣の力ではなく、徳義の力であり、合理的精神の支配でなければなりませぬ》（幣原喜重郎、１９４５年11月28日）

《国の安全独立は、一に軍備軍力のみの問題ではないのであります。頼むべきは国民の独立自由に対する熱情であります。独立自由愛国的精神の正しき認識とその観念であります。この熱情及び正しき観念に欠くる軍備は、外に対しては侵略主義となり、内においては軍国主義政治となるのは、わが国最近の事実の経過に徴してはなはだ明らかなところであります。再軍備に対しては、国民諸君は最も慎重を期せられたいと存ずるものであります》（吉田茂、1951年1月26日）

幣原が理想主義的な軍事力否定論者であったのに対し、吉田は現実主義的な軍事力慎重論者であった。しかし、二人とも外交への強い思いは共有していた。二人の残した言葉にそれが窺われる。

《外交の目標は国際間の共存共栄、即ち英語でいわゆるリヴ・エンド・レット・リヴということにあるのだ》（幣原喜重郎『外交五十年』）

《（チャーチルは回顧録で）「外交は常に〝グッドウィル・アンド・ペイシェンス〟をもって終始せねばならない」といって短見、浅慮の外交を戒めている。老練なる政治家の戒めとして我々は常にこれを銘記せねばならない》（吉田茂『日本を決定した百年』）

幣原の言う「共存共栄」も、吉田の言う「善意」と「忍耐」も、国際協調を重視する信念が基礎にある。吉田は幣原の内政への感度の鈍さを指摘した。二人の間には、外交と内政の関係をめぐる認識に温度差はあった※ものの、欧米と協調しつつ満蒙権益の確保をめざした幣原も、幣原の下で外務次官を務めた吉田も、国際協調によって国益を確保するという基本的な外交姿勢では一致していた。

しかし、いつの世にも、いずこの国にも、国際協調を「弱腰」や「追随」と批判する人々はいる。そんな声が支配した戦前の日本は、二人の国際協調への努力を封殺する「偏狭な自国中心主義」（佐藤栄作首相）によって戦争に突き進んでいった。

戦後、吉田首相は、「日本の利益は世界的の共同利益に合するものでなければならん」（参議院予算委員会、1954年3月9日）と述べ、国際協調への決意を滲ませた。こうして、戦後の日本は偏狭な国益の追求を戒め、「世界的の共同利益」を外交の目標とした。そこには、国益は国際協調を通じて実現されるべきとの強い政治的意思が存在し、それが受け継がれていった。歴代首相の施政方針演説がそのことを物語る。

佐藤首相は、「国際協調を基礎とする」外交を強調し、福田赳夫首相は、協調こそが国際社会の行動原理であり、「偏狭なナショナリズムは世界的混乱を招く」と警鐘を鳴らし、「冷静に長期的国益を踏まえ、国際協調の精神に沿って最善の解決を図る」と力説した。中曽根首相は、「我が国の立場のみにとらわれることなく、世界全体との調和を図ることが、ひいては我が国益に沿うゆえん」と説き、小泉首相は、「今後も日米同盟と国際協調の重要性をよく認識して」外交を進めると述べたし、安倍首相も、「国際協調主義に基づく積極的平和主義の立場」を強調した。

一つ注意しなければならないのは、「国際協調」の「国際」が意味する中身、すなわち、国家間の協調とはいずれの国家と協調するのかという具体的政策論が残されているという点である。

その点を了解した上で言えば、国際協調は日本外交の基調として定着し、それが日本の平和と繁栄の成功要因ともなったのである。

※幣原は回顧録『外交五十年』で、「わずかばかりの兵隊を持つよりも、むしろ軍備を全廃すべきだという不動の信念に、私は達したのである」と述べ、「日本の生きる道は、軍備よりも何よりも、正義の本道を辿って、天下の公論に訴える、これ以外にはないと思う」と述べている。一方、吉田の外交思想には変化が見られる。1920年代、幣原外交を「軟弱」政策と批判し、外務省では幣原本流から外れた強硬派と見られていた（ジョン・ダワー『吉田茂とその時代』）が、30年代には「はっきりした自由主義者」で「アメリカの良き友人」（グルー駐日大使）として、穏健な打開策を唱えて行動した。戦後、吉田は、再軍備を求めたダレス特使との会談で、「再軍備は日本の自主経済を不能にする。対外的にも、日本の再侵略に対する危惧がある。内部的にも軍閥再現の可能性が残っている。再軍備は問題である」（「講和問題に関する吉田茂首相とダレス米首相会談、日本側記録」日本外交主要文書）と述べて反対した（最終的に、吉田の指示で、将来の民主的軍隊に発展すべき5万人からなる「保安隊」の創設をうたった「再軍備の発足について」と題する文書を提出し、日米交渉は妥結した）。

「国際協調」への批判

一方で、日本外交は「国益より国際協調を優先」し、「自主ではなく追随であった」との批判もされた。例えば、2002年、小泉政権の「対外関係タスクフォース」は、小泉首相に提出した『21世紀日本外交の基本戦略』において、「国益追及より先に無原則に国際協調を優先させるきらいがある」と指摘した。こうした批判にどう答えるべきだろうか？

第一に、国益と国際協調は矛盾しない。国際協調とは、誰と何について協調するかを論じない限り、具体的な政策とはなり得ない。幣原や吉田が掲げた国際協調は、英米との協調を意味したが、軍部主導の政府は独伊との同盟に走り、英米との対立を決定的なものにしてしまった。

戦後、日本は「外交の3原則」（「国連中心」「自由主義諸国との協調」「アジアの一員」）を掲げて、（1）ほぼすべての国家が加盟する国際連合、（2）戦略利益とリベラルな価値を共有する自由主義諸国、（3）地理的近接性を持つアジアとの協調をめざした。しかし、3者の間には矛盾も起こり得たし、どれか一つの選択を迫られれば、国家国民の生存と安全という死活的国益を日米安全保障条約に委ねた日本に、第2の原則以外の現実的選択肢はなかった（3原則の中で、明示的に「協調」という言葉が使われたのも第2原則のみである）。その意味で、国際協調の中心にあったのは、自由主義諸国であり、その要となる米国であった。それは、日米同盟の堅持とG7の結束を意味した。従って、日本の国際協調は突き詰めれば、米国との協調であり、それこそが国益に基づく戦略的選択であった。こう理解すれば、国益より国際協調を優先したとの批判は当たらない。

そもそも、国益という外交目的と国際協調という外交姿勢のどちらを優先するのかという問題設定自体に論理的な無理がある。

佐藤首相は、こう整理した。

《国家利益は、あくまで世界平和と結びつき、国際協調を基礎とする……国際社会においてわが国の正しい利益を堂々と主張するとともに、向上した国際的地位にふさわしい責任を果たしていきたい》

佐藤にとって、国際社会の共通利益や普遍的な規範・ルールと調和する「正しい利益」を「堂々と主張する」ことは、吉田が唱えた「正義の外交」に他ならなかった。吉田は正義を唱えることが外交の常道であり、「長い間には、必ず正義の外交がその国の利益と合致する」（『回想十年』）と述べていた。佐藤の言葉には、「吉田学校」門下として受け継いだ保守本流の外交哲学が見て取れる。

第二に、国際協調が「自主外交」を否定し、「追随外交」に甘んじたわけではない。

戦後、吉田の前の政権を担った幣原は、マッカーサー元帥に対し、日本にはかつて「民主主義的潮流」が存在したが、満州事変後に「有害なる勢力」がこの流れを逆転させてしまったと述べている。その勢力の一翼を担った松岡洋右外相は幣原（協調）外交と対極の「反米自尊外交」を展開し、国際連盟脱退に際しては、「真の自主外交こそ真の国際協調の前提たり得べき」と強弁した。しかし、「自主」を叫べば叫ぶほど、それは独善や利己や孤立を鮮明にした。日独伊三国同盟締結を決定した御前会議において、松岡は米国に対する「毅然たる態度」を強く主張した。松岡の強調した「自主外交」は、国際連盟に象徴される第一次世界大戦後の国際秩序に背を向け、力による現状打破をめざした外交として歴史に記録されることになった。

戦後、国際協調は「追随」であるとの批判を受けることが少なくなかった。しかし、協調が国益に適うと主体的に判断する場合には、その判断は自主的であり、協調は自主と矛盾しない。三木武夫首相はこう述べている。

《反対することが自主で、協調することが追随というわけではない。協調することを自主的に決めるのも自主外交である》（1976年の施政方針演説）

このように、国際協調は、一部に批判はあったが、平和主義を掲げた戦後歴代政権が堅持してきた基本姿勢であり、外交の礎石でもあった。

しかし、「長い平和」と呼ばれた冷戦が終わると、新たな国際秩序の下で、日本外交もまた新たな課題や挑戦に直面し、その理念や政策を調整する必要に迫られた。国際協調主義の下での「平和主義」と政府開発援助（ＯＤＡ）を取り上げてみよう。

「積極的平和主義」

戦後、非軍事・非暴力の「平和主義（pacifism）」が国民的コンセンサスとも言えたが、紛争を解決して平和を構築し維持するために日本は行動すべきだとの「積極的平和主義」を唱える人もいた。国際法学者・横田喜三郎は、日本国憲法が採用している平和主義の真の精神は「口の先で平和をとなえるだけの消極的な平和主義ではない。実際の行動の上で、平和のために努力し、協力しようとする積極的な平和主義である」と主張した（『朝鮮問題と日本の将来』）。

横田は憲法前文を引いてこう論じる。

《日本が「平和を維持……しようと努めている国際社会において、名誉ある地位を占めたい」とおもえば、日本みずから、平和を維持しようと努めなくてはならない……平和が破壊され、侵略が行われて、多くの国がこれを制止し、平和を維持しようとして……経済的な損失をかえりみず、国民の血まで流して努力しているときに、その努力に協力することを拒絶

し、ただ口先だけの平和をとなえている国があるとしたら、どうして諸国から尊敬され、名誉ある地位を与えられるであろうか》

しかし、日本が積極的平和主義の色合いを帯びるようになるのは冷戦後である。その契機となったのが、クウェートを侵略したイラク軍と平和回復のために結成された米国主導の多国籍軍が戦った湾岸戦争である。日本は湾岸における平和回復活動への協力として130億ドルに上る資金支援を行ったが、ヒトの貢献がなかったがために国際社会から酷評された。その教訓から、1992年には「国際平和協力法」の制定に漕ぎつけて、内戦終結後のカンボジアを皮切りに、平和維持活動（PKO）に積極的に参加してきた。自衛隊の海外派遣への国民の理解と支持も深まっていった。

2003年、イラク戦争後の復興支援において、小泉首相は、「物的な貢献は行うが、人的な貢献は危険を伴う可能性があるから他の国に任せるということでは国際社会の一員として責任を果たしたとは言えない」と述べて、自衛隊の派遣に踏み切った。

こうした変化は、日本が国際社会の平和の破壊者とはならないとの「一国平和主義」を超えて、国際社会の平和と安全のために積極的に行動するとの国際主義的な対外姿勢を体現するものであり、積極的平和主義の現れであると言えた。

そして、第二次安倍政権において、積極的平和主義は政策論を主導するキーワードとなった。安倍首相は、「国家安全保障会議の設置、国家安全保障戦略の策定、集団的自衛権や、集団安全保障措置と憲法との関係など、『積極的平和主義』の旗を掲げるにふさわしい基礎的枠組を、いかにすれば充実できるか、衆知をあつめて検討している」（2013年9月30日）と説明した。そこでの積極的平和主義は、横田の言う国際主義的な概念を超えて、国家の安全保障と関連付けられた点に特徴があった。国際平和のための取り組みの理念であり、レトリックでもある積極的平和主義は、安全保障政策を語る上でも有用な概念であるとみなされたのである。ちなみに、積極的平和主義の外務省英訳は、「Proactive pacifism」ではなく、「Proactive Contribution to Peace」である。ここには、日本が国際社会の平和と安定のために積極的に貢献するとの意思を国際社会にアピールする意図が込められていたと言える。

こうして、積極的平和主義は、安倍政権の下で日本史上初めて策定された「国家安全保障戦略」（2013年12月）に明記された。

《我が国は……平和国家としての歩み（①）を引き続き堅持し、また、国際政治経済の主要プレイヤーとして、国際協調主義に基づく積極的平和主義（②）の立場から、我が国の安全（❶）及びアジア太平洋地域の平和と安定（❷）を実現しつつ、国際社会の平和と安定及び繁栄（❸）の確保にこれまで以上に積極的に寄与していく》（傍線と数字は筆者による）

ここには、二つの平和主義（①と②）と三つの国家目標（❶〜❸）が並存する。戦争の教訓に基づく平和主義（①）を堅持しつつ、積極的平和主義（②）を3つの国家目標の実現について適用すると明記した。積極的平和主義は、国際社会の平和と安定の確保（❸）のための「ヒトの貢献」（自衛隊の海外派遣）のみならず、日米同盟と日本の役割（❶と❷）を強化する論理ともされたのである。その下で、集団的自衛権の条件付き容認を含む「平和安全法制」の制定がなされた。

一方、その後の国連PKOへの新規参加（❸に該当）実績は芳しくない。本来、国際主義的理念である積極的平和主義を国家安全保障にも適用した結果、その中心にあった「国際平和への貢献」は「国家の安全」という死活的国益の後景に押しやられた観がある。この流れは、日本周辺の安全保障環境が厳しさを増す中で、後述する「国家安全保障戦略」の改定においてより顕著となる。

外交手段としてのODA

軍事力というパワーに制約を課してきた「平和国家」日本にとっての最大の外交手段は経済力であった。

特に、アジアを主要な対象としたODAは、戦後のアジア諸国との和解や経済関係の発展を後押しし、アジアの雁行型経済発展を下支えし、東南アジア諸国の民主化の環境作りにも貢献した。中国の改革と開放を支援したことも特筆される。

円借款による経済社会インフラ整備は、東アジア諸国の投資環境を改善し、プラザ合意（１９８５年）による円高の進行もあって、東南アジアを中心に日本企業の進出が続いた。東アジアは世界の成長センターとなり、域内の経済相互依存の高まりに伴う事実上の経済統合が進展した。その核となったのが東アジア全域に製造拠点を広げた日本企業である。

事実上の統合を制度上の統合につなげることが企業に予見可能性を与え、地域協力の枠組み形成にもつながる。日本は経済外交を積極化した。アジア通貨危機（１９９７年）に際しては、「新宮沢構想」（３００億ドル支援）やチェンマイ・イニシアティブ（危機の際の外貨融通システム）などを通じて東アジアの発展と安定を支え、東南アジア諸国から「困ったときの友は真の友」と高く評価された。

筆者が外務省アジア局の課長時代に企画・推進した「アジア経済再生ミッション」（団長は奥田碩トヨタ自動車会長兼日経連会長、後の日本経団連会長）は、１９９９年の８月から９月にかけて、危機克服に努力する東南アジア諸国や韓国を訪問して、２００名以上の政財界トップと会談して、その結果を「日本をアジアに開く提言」として取りまとめた。そこに盛り込まれた日本のイニシアティブ（自由貿易協定の推進、海外看護・介護人材の導入、羽田空港の国際化、モノ作りへの再挑戦、留学生受け入れの拡充、小学校からの英語のコミュニケーション能力の強化などの日本自身の「開国」とアジア支援策）は、国内から強い反対の声が出た提言もあったが、そのまま各国政府に報告され、ＡＳＥＡＮ＋３首脳会議の際に小渕恵三首相より発表された。それは「小渕プラン」と呼ばれて、高く評価された。

２０００年７月、香港の『サウスチャイナ・モーニング・ポスト』は、「日本の新しい外交の風」と題し、日本が東アジアの地域主義を積極的に推し進めていると報じた。同年10月の「アーミテージ・レポート」は、日本が「用意周到な外交と経済的な関わりによって地域の安定と信頼関係の構築に寄与してきた」と評価し、「日本が地域における活動を高めている証拠として」「新たなＡＳＥＡＮ＋３のグループ作り」を挙げた。

その一方で、日本の経済低迷と財政悪化は続き、ＯＤＡ予算は１９９７年のピーク時（１兆１６８７億円）に比べると、２０２０年には約半分の規模にまで減少した。また、東アジアでは経済発展に伴ってＯＤＡを卒業する国が現れ、日本の対中円借款（新規承諾）も２００７年度をもって終了した。

経済力を梃子《てこ》とするアジア外交に転機が訪れる中で、ＯＤＡ政策も転機を迎えていた。ＯＤＡ創成期の理念は、「人道的見地」「相互依存」「（途上国の）自助努力支援」であり、戦略的視点が表立って論じられることはなかった。例えば、１９９２年に援助の効果的効率的実施のために策定された『政府開発援助大綱』では、「世界の平和を維持し、国際社会の繁栄を確保するため、その国力に相応しい役割を果たす」との経済大国の国際貢献を前面に掲げていた。しかし、2003年の改定において、「戦略性を高める」との表現が盛り込まれ、2007年、麻生太郎外相は国会での外交演説において、「ODAは、戦略的外交を行う上での重要な手段である」と表明した。そして、日本最初の国家安全保障戦略（2013年）には、「開発問題への対応はグローバルな安全保障環境の改善にも資するものであり、……ODAを戦略的・効果的に活用」と明記された。2015年の『開発協力大綱』では、「国益の確保に貢献する」と明記され、国益実現のための戦略的外交の手段としての位置付けを強めた。

このように、日本の経済協力政策も、安全保障政策同様、国際主義的な理念が薄れ、国益重視の戦略的思考が強まっていったのである。

東アジア秩序の構想

米国の圧倒的な軍事力と経済力によって支えられてきた東アジア秩序が中国の台頭によって動揺する中で、日本は望ましい東アジア秩序をどう構想し、戦略的にどう行動するかが問われてきた。この外交課題に筆者（当時外務省の担当課長）も関わった。そこでの議論を振り返ってみよう。

1997年のアジア通貨危機を契機に、経済相互依存の高まりが広く認識され、地域の対話と協力の枠組みの必要性が議論されるようになった。そうした流れの中で、ASEAN＋3（日中韓）首脳会議が立ち上がった。

東アジアの地域主義をめぐっては、1990年代初頭にマレーシアのマハティール首相が提唱した「東アジア経済評議会（EAEC）」が排他的経済ブロックであるという米国の反発を受けた経緯をふまえ、米国には丁寧な説明を心掛けた。

第3回ASEAN＋3首脳会議（1999年）の共同声明には、経済分野を中心とする「開かれた協力」が明記された。念頭にあったのは、米国が果たしてきた役割、そして、今後も期待される役割であった。

一方で、日本は同会議の際の日中韓3国首脳会議の開催も提案した。中国の実務レベルからは、北朝鮮との関係から中国が受けるのは難しいとの感触も伝わったが、最終的には、当時の朱鎔基首相の意向が働いたと思われ、経済を中心に朝食会形式の非公式な会議として立ち上がった。この枠組みは、日中・日韓という二国間外交で扱われる懸案ではなく、3国が共有する課題や利益に目を向けることによって、未来志向の対話と協力を促すという意味で、画期的な外交的成果となった（小原雅博『「境界国家」論』）。

日本は、東アジアの「開かれた地域主義」において外交的イニシアティブを取った。AS

EAN＋3のメンバーが発展と拡大のプロセスに入ると、2005年に始まった東アジアサミット（EAS）に、インド、オーストラリア、ニュージーランドが加わり、2011年には、米国とロシアも参加した。

この間、「東アジア共同体」の議論が熱を帯びた。「東アジア共同体」構想は、小泉首相が先鞭をつけた。2002年のシンガポールでの政策演説での「コミュニティ」発言に続き、2004年の国連総会演説では、「〝東アジア共同体（East Asia Community）〟構想を提唱している」と述べた。「community」は小文字から大文字に変わり、小泉首相の積極性が滲み出た。民主党政権下では、鳩山由紀夫首相が外交政策の柱として提唱し、構想の具体的中身を語った。鳩山外交については、米国との関係で批判も強かったが、少なくとも2009年のアジア政策講演（シンガポール）では、前日に日本で行われたオバマ演説と共鳴する形で、日米同盟と米国のアジア関与の重要性が強調された。

筆者は、その構想を取りまとめ、総理のスピーチや発言案を準備した。その核心は「共同体」を地理的概念ではなく、機能的概念として発展させることにあった。そこには、アジアの安全保障と経済繁栄に圧倒的な役割を果たしてきた米国を欠くいかなる共同体も、日米の国益に資する地域秩序とはならないとの認識があった（同前書）。

こうした概念整理は、その後、オバマ政権が推進した「環太平洋パートナーシップ（TP

P）」においても窺われたが、第一次トランプ政権はこうした秩序から米国を離脱させた。
一方、中国は地理的概念を志向し、中国主導の秩序作りを進めた。

振り返れば、1918年、後に首相となる近衛文麿は、「英米本位の平和主義を排す」と題する論文を書き、英米は「平和主義」の美名に隠れて既得権益を守ろうとしていると主張した。そこには、現状維持勢力の米国と現状打破勢力の日本の対立の構図があった。

今日、米中の間にもこうした構図が存在する。中国は、米国が「法の支配に基づく国際秩序の維持」という美名に隠れて自らの既得権益を守ろうとしていると批判し、習近平国家主席は「アジアの問題はアジアで解決する」安全保障観を提唱した。しかし、それは米国を排除した「中華秩序」の構築をめざす現状変更の試みであり、日本が米国と共に推進する「自由で開かれたインド太平洋」構想を柱とする、法の支配に基づく国際秩序とは相容れない。

二つの異なる秩序の攻防はどう展開し、どんな帰結を迎えるのだろうか？

国際秩序は国内秩序と深く関係する。国際秩序と親和性を欠く国内秩序を持つ大国には、対外的摩擦を和らげるべく、国内の政治経済体制の改革に取り組むか、あるいは、力ずくで国際秩序を国内秩序に合うように作り変えるか、という二つの選択肢がある。中国は前者と決別し、後者の道を歩んでいる。自由や民主主義を普遍的価値ではなく、西側の概念であると排斥し、社会の監視と抑圧を強める。中国がめざす国際秩序は安定的にも、持続的にもなり得ないであろう。

E・H・カーは、『危機の二十年』で、新しい国際秩序の形成には、「寛容でなおかつ圧制的ではない」ことが必要であると述べた。

その意味で、中国のめざす国際秩序は、日本が掲げる「(法の支配に基づく)自由で開かれた国際秩序」に代わり得るものとはなり得ないだろう。一方で、大きな懸念もある。そんな国際秩序の中心にいるべき米国が力を弱め、「寛容」さを失い、「世界を照らす灯台」ではなくなってしまったことである。

アメリカ主導秩序の終焉

国際政治の本質は権力政治である。協調よりも競争が、法よりも力が、国際公益よりも国益が幅を利かす。対立と紛争は絶えず、戦争も起きる。力ある大国は覇権を求め、自らの国益と理念に基づく国際秩序を打ち立てようとする。

20世紀、その地位に昇りつめた大国は米国であった。ファシズムを打倒し、コミュニズムとの冷戦に勝利して、民主主義と市場経済が遍《あまね》く世界に広がる『歴史の終わり』(フランシス・フクヤマ)さえ語られた。

しかし、冷戦後の米国一極秩序は長くは続かなかった。9・11同時多発テロへの米国民の悲憤とネオコンの政策に突き動かされたアフガニスタン戦争とイラク戦争、そしてリーマンショックに端を発する世界金融危機によって、米国は国力を消耗し、威信を傷つけられた。オバマ大統領は、米国が「世界の警察官ではない」と公言し、トランプ大統領は「米国第一」を叫んだ。党派の対立と社会の分断は、南北戦争以来の激しさを見せている。民主主義の輝きは失われ、中国やロシアは自分たちこそ「民主」であると平然と言う。例えば、2021年、中国は『中国新型政党制度』白書、『中国の民主』白書、『米国の民主の状況』と題する文書を次々と発表し、中国の「民主」は米国の民主より「質の高い民主」であると主張した。2022年の中ロ共同声明では、中国もロシアも国民の支持を受けた「民主」であると強調した。

欧州でも極右政党が躍進し、世界で強権政治や非リベラルな風潮が広がりを見せている。それは、「パクス・アメリカーナ（米国による平和）」の終焉を意味する。地政学的な力の空白が生まれ、権威主義国家が力による現状変更に動く。

楽観的リベラリズムが勢いを得た「ポスト冷戦時代」とは一変し、悲観的リアリズムが支配する「危機の時代」が到来した。

危機の本質は、力のバランスが崩れたことにある。世界の舞台の中心に立とうとする中国と優位を維持しようとする米国の競争が激化する。パワーシフトの中で起きるトゥキディデスの罠（第5章を参照）による衝突の懸念も高まる。その最前線となったのが台湾海峡や南シナ海を含む第一列島線の周辺海域である。

加えて、グローバル化への逆流と保護主義の台頭、ナショナリズムやポピュリズムの広がり、デジタル技術による第4次産業革命のインパクト、巨大IT企業による情報支配、気候変動や感染症……こうした変動の波が同時に押し寄せてきており、既存の政治・経済・社会・軍事・安全保障の構造を揺さぶっている。

新型コロナ・パンデミックは世界で700万人の命を奪った。気候変動は世界中で自然災害や異常気象を深刻なものとしている。人類共通の脅威に対処するには国際協調や国際協力が欠かせない。にもかかわらず、世界では対立と分断が広がる。

そんな流れの中で、2022年2月には、ロシアがウクライナに全面戦争を仕掛ける暴挙に出た。戦争の用意も想定もしていなかった欧州諸国は一転して防衛力の強化に乗り出し、中立で国は守れないとの危機感を強めたフィンランドとスウェーデンはNATO加盟に動いた。ドイツは平和主義の下での防衛政策を転換し、国防費の大幅増や武器の対外供与に踏み出した。NATOの結束は冷戦後最も強まり、世界的には日本を含む西側陣営が復活しそうな様相さえ呈している。

一方、中ロも提携を強め、それに北朝鮮やイランなどが合流し、反米勢力を形成する。こうした分断の流れは二大陣営対立の構図に収斂するのだろうか？　中ロが中心的メンバーを占める上海協力機構やＢＲＩＣＳの拡大は新たな国際秩序の構築に向かうのだろうか？　独裁者たちも自分たちの寿命がいつ尽きるのかは知らない。しかし、今後10年、あるいはもっと先まで、彼らが自らに都合の良い秩序を求めて力の行使や力ずくの外交を試みるであろうとの想定は持っておくべきだろう。

そんな独裁者たちとは、競争や対立するしかないのであろうか？

日中関係のマネージメント

２０１８年、安倍首相は関係改善をめざし、訪中した。日中関係は、権力基盤の安定した安倍政権が掲げた「競争から協調へ」向かう道筋を付けたかに見えた。しかし、新型コロナ・パンデミックや米中対立の激化もあり、２０２０年春に予定された習近平国家主席の訪日は延期された。その後の日中関係は改善の流れが途絶え、対立的な構図が色濃くなっていった。

中国の日本専門家は、総じて、日本が米国の対中強硬に引きずられていると論じる。米国は日本の同盟国であり、米中関係の悪化は日中関係にも影を落とす。その意味で、そんな見方もまったく的外れとは言えない。米中対立が激しくなれば、米国は日本に一層鮮明な対中共闘を迫るだろう。米中の狭間で対応に苦慮する日本企業も出てきた。

２０２３年、日米両政府は、中国の外交政策が「自らの利益のために国際秩序を作り変えることを目指して」いると指摘し、「深刻な懸念であり、インド太平洋地域及び国際社会全体における最大の戦略的挑戦である」と明記した（２０２３年の「日米2プラス2共同発表」）。

こうした中国への懸念の高まりを背景に、日米同盟の強化が図られる中で、中国との「戦略的互恵関係」を発展させることは容易ではない。

日米同盟は、「かつてないほど強固である」（２０２４年の日米首脳共同声明）と言われるまでになったが、日中関係をどうマネージしていくのか、最大の貿易相手国であり、３万社とも言われる日本企業が進出する中国との経済関係や東アジアの国際秩序という観点からの戦略的思考も必要であろう。

その際、注意すべきは、経済安全保障の議論である。それは本来国民経済を守るための議論であって、安全保障の拡大解釈によって企業活動を萎縮させたり、市場を歪めたりするようなことがあってはならない。企業の競争力を奪い、経済の活力を減退させることになっては、本末転倒である。一つのことしか見えなくなれば、国益に基づく全体的合理性は実現されない。時の言葉となった経済安全保障の掛け声の下、急ピッチで法整備がなされたが、その運用に当たってはビジネスの予見可能性を封じることのないよう、きめ細かな配慮が求められる。

総合的な戦略としては、日米同盟を日本の安全保障の柱としてのみならず、「法の支配」に基づく国際秩序を支える公共財として位置付け、G7はもちろん日米韓や日米豪印（クアッド）などの有志連合の枠組みを強化し、グローバルな力の均衡を図る政策を打ち固める必要がある。「アジア版NATO」構想がしばしば議論となるが、アジアの政治・安全保障状況に鑑みれば、その実現は容易ではない。日本を始めとする東アジアの平和と安全は、米国とその同盟国の間の「ハブとスポーク」によって支えられてきた。NATOのような集団防衛システムを構築するには、米国の同盟諸国同士が互いに集団的自衛権を行使する約束を結ぶ必要があるが、それが近い将来できると予想するのは楽観的過ぎるだろう。例えば、インドが「新冷戦」下の「非同盟2・0」を外交政策とする限り、安全保障分野での日米豪印（クアッド）の強化には自ずと制約が伴う。

日本が力を入れるべきは、軍事・安全保障のみならず、経済においても、「自由で開かれたインド太平洋」構想の具体化に努めることである。特に、途上国の経済インフラ支援や「環太平洋パートナーシップに関する包括的及び先進的な協定（CPTPP）」の深化と拡大は戦略的にも重要である。こうした経済外交を積極化し、志を同じくする諸国との連携やグローバルサウスと呼ばれる新興国・途上国への働きかけを強めながら、中国とも粘り強く対話を重ねていくことが長期的な対中戦略となろう。

グローバルサウスを味方に

利益や価値の共有という観点から、日本にとって、日米同盟に代わり得る安全保障メカニズムはないが、米国の力が陰りを見せ、台頭する隣国が力を見せつけるようになると、「日米同盟＋α」の戦略が必要となる。「α」には、日本自身の防衛努力、中国に責任ある行動を求める対話の強化、リベラルな国際秩序を支持・擁護する諸国との経済連携や安全保障協力の推進、法の支配など国際社会のガバナンスの強化のための多国間外交などが挙げられるが、外交戦略的に重要となるのが、グローバルサウスに対するアプローチである。

2023年の広島サミットでは、日本はグローバルサウスに属する6ヵ国の首脳を招いて、アウトリーチ会合を開催した。グローバルサウスは若年人口が多く、潜在的成長力を秘めている。インフラ整備や技術支援によってその成長を促しながら、パートナーシップを強化していくことがG7の戦略目標であるべきだ。

中国はG7を凌ぐ経済援助の提供者として、グローバルサウスの間で存在感を高めてきた。そのプラットフォームが一帯一路である。G7も新しいプラットフォームの構築と具体的支援の推進によって影響力の維持に努める。

グローバルサウスには、民主主義体制国家とは言えないものの、G7のパートナーとして協力できる国も少なくない。一方、バイデン政権の下で開催された「民主主義サミット」には、一部のNATOメンバー国や戦略的に重要な国が招かれなかった。G7が「民主主義対権威主義」というイデオロギー対立の構図にこだわれば、そうした諸国を中ロの側に追いやる恐れがある。「民主主義」よりも、「法の支配」を前面に打ち出すことが、外交戦略的に賢明である。

日本は、平和主義、「核なき世界」、途上国のオーナーシップを重視する開発協力、「人間の安全保障※」といった理念を掲げて、グローバルサウスと協働できる外交を展開してきた。それは、米国や中国にない日本独自のソフトパワーであるとも言える。そんな外交を粘り強く続けることが、グローバルサウスを味方にする上で助けとなる。それはまた日本だからこそできる外交である。

外交に全力を挙げる。その上で、本書で論じてきた外交と軍事との関係における軍事の役割が問われなくてはいけない。

※（国家よりも）人間一人ひとりに着目し、生存・生活・尊厳に対する広範かつ深刻な脅威から人々を守り、それぞれの持つ豊かな可能性を実現するために、保護と能力強化を通じて持

続可能な個人の自立と社会づくりを促す考え方。

米国の力と意思

20世紀に入ってから20年余り続いた日英同盟と、戦後70年以上維持されてきた日米同盟は、日本外交の成功体験であった。アングロ・サクソンと手を組んでさえいれば日本は安泰だとの「神話」も生んだ。しかし、英国の覇権が終焉したように、米国の覇権も永遠ではない。イラク戦争が泥沼化した頃から、そんな悲観的な予測や議論が増えた。孤立主義への回帰も懸念される。

米国は同盟国を守る力と意思を持ち続けられるだろうか？　米国社会には、それを不当な負担と考える人々が増えている。米国が国際的役割を担い続けるべきか否か、議論は対立し、政権交代の度に外交政策も変わった。

振り返れば、冷戦終結の2年前に、「手を広げすぎた帝国」の衰退を論じたポール・ケネディはこう書いている。

《自国の政治的・経済的・軍事的能力が世界情勢に及ぼす影響力がずっと確かだった数十年前に引き受けたさまざまな戦略上の責任をいまだに受け継いでいる……世界におけるアメリカの利害や義務が現在では国力をはるかに超えており、そうしたものを同時に守ることができないという厳しくかつどうしようもない事実と直面しなければならないのだ》（『大国の興亡』）

米軍は依然世界最強ではあるが、かつてケネディが警鐘を鳴らしたように、米国の国力にも限界がある。欧州、中東、アジアの3ヵ所で同時に戦い勝利することは難しいだろう。1990年代、国防総省は、同時に二つの地域大国と二つの戦争を戦うことができなければならないとの前提条件に立って軍事計画を練った。2018年、トランプ政権は一つの大国を打ち負かし、もう一つの大国を抑止できる軍事力を維持する方針に転換した。

そんな方針も、ウクライナ戦争やイスラエル－ハマス戦争が起き、台湾への中国の軍事的威嚇が強まると、危うくなる。米国国防産業は需要に供給が追い付かなくなった。こうして、米国は戦略的困難を突き付けられ、提携を強めた中ロは戦略的機会を得た。米国の外交・安全保障関係者は、ロシアがバルト三国などNATO諸国に軍事行動を起こし、同時に中国が台湾に軍事行動を起こす可能性が増大したと見る。欧州や中東で米国が戦力分散を余儀なくされれば、中国には台湾武力統一の機会の窓が開かれ、ロシアにはNATOの反撃力の低下という風が吹く。

中ロと北朝鮮やイランとの提携も進む。台湾海峡と朝鮮半島において同時発生的に軍事行動が起きれば、それが事前に仕組まれたものであるか、あるいは、機会主義的な行動によるものであるかにかかわらず、米国の効果的な軍事的対応は難しくなる。
そうした厳しい認識の下、日本の安全保障戦略は大きな転換を迫られた。

国家安全保障戦略の転換

２０２２年12月、日本政府は、「国家安全保障戦略」（以下、新「戦略」）を全面的に改定した。新「戦略」では、２０１３年の「戦略」にあったＰＫＯへの継続的・積極的参加など、国際社会の平和への貢献についての記述が消えた。「国際協調を旨とする積極的平和主義を維持する」との一文は残ったが、新「戦略」はその名の通り、国家安全保障一色に染まった。それほどに、９年間の安全保障環境の変化は大きく、新「戦略」は、「我が国は戦後最も厳しく複雑な安全保障環境のただ中にある」と警鐘を鳴らした。特に、中国については、「脅威」という言葉こそ使っていないが、「深刻な懸念事項」であり、「これまでにない最大の戦略的な挑戦」と明記した。

こうした情勢認識に立って、新「戦略」は、「戦後の我が国の安全保障政策を実践面から大きく転換する」方針を打ち出し、こう記している。

《防衛力の抜本的強化を始めとして、最悪の事態をも見据えた備えを盤石なものとし、我が国の平和と安全、繁栄、国民の安全、国際社会との共存共栄を含む我が国の国益を守っていかなければならない。そのために、我が国はまず、我が国に望ましい安全保障環境を能動的に創出するための力強い外交を展開する。そして、自分の国は自分で守り抜ける防衛力を持つことは、そのような外交の地歩を固めるものとなる》

注目されるのは、「最悪の事態をも見据えた備え」という危機感を持って、「力強い外交を展開」し、「自分の国は自分で守り抜ける防衛力を持つ」ことで「外交の地歩を固める」とする外交と軍事の連動が明確に意識されている点である。

外交だけで平和と安全は守れない。第一次世界大戦後に一方的軍縮を進めた英国は、ヒトラーの威嚇に屈し、不名誉な宥和主義外交を歴史に刻んだ（第7章を参照）。力の支えなき外交は宥和に追い込まれるとの教訓はその後繰り返し説かれてきた。軍事力を否定するわけにはいかない。自衛隊の存在と役割を正当に評価した上で、日本の置かれた安全保障環境についての的確な判断と、それに基づく現実的な戦略に立って、必要最小限の抑止力と防衛力を速やかに整備する必要がある。

ロシアによるウクライナ侵略は、法の支配に基づく国際秩序の脆弱性を露わにし、横田が批判した「消極的平和主義」は赤裸々な暴力がまかり通る世界の現実に打ちのめされた。2023年には、中東でも戦争が起き、米国は外交的関与のみならず、軍事的な存在も示す必要に迫られた。台頭する中国を念頭にアジアに戦力を重点投入したい米国の世界戦略はジレンマに直面した。

脅威の高まりに直面した日本が抜本的な防衛力強化に動き始めたことは、宥和外交に追い込まれた英国の歴史を繰り返さないためにも必要であった。

日米同盟が外交の基軸であることに変わりはないが、日米同盟さえあれば、日本の平和と安全は万全だとは言えない時代に入った。「自分の国は自分で守り抜く」（新「戦略」）との思いは、それが可能かどうかにかかわらず、国家安全保障の基本姿勢であろう。

時代の空気感

懸念すべきは、時代の空気感である。力のバランスが崩れ、安全保障のジレンマが支配的になる。

トゥキディデスは、『戦史』において、ペロポネソス戦争の原因について、「アテーナイ人の勢力が拡大し、ラケダイモーン（スパルタ）人に恐怖を与えたので、やむなくラケダイモーン人は開戦に踏み切った」と結論づけた。ペルシャ戦争後50年にわたってアテーナイの力が伸長し続けたことは歴史の記録をひもとけば明らかであり、トゥキディデスの賢察は「恐怖」に注目したことにある。すなわち、今日まで続く『戦史』の意義は、アテーナイ人の驕りやラケダイモーン人の恐れといった心理的要因を彼らの臨場感あふれる演説や討論によって描き切ったことにある。そこには、人間の本性は変わらず、従って、戦争も絶えることがないという悲観的な現実主義が覗く。

大国間のパワーシフトは誰の目にも明らかだ。それが戦争につながるかどうかが大国の政治家や国民の心理的な相互作用によるのだとすれば、米中間の相互不信や対抗意識を放置すべきではない。

さもなければ、心理的要因は負の連鎖となって膨れ上がり、いずれ『戦史』が描いたように、小さな事件や紛争が契機となって、戦争が起きるだろう。

戦争の基因となる不信や敵意を和らげなければならない。そのためには、対話や交渉を通じた外交努力を続けるしかない。それは、誤算や誤解による事件や紛争の発生とその後のエスカレーションを避ける上でも助けとなるはずだ。

そのことを私たちは十分に認識する必要がある。

日本周辺には、そんな事件や紛争がいつ起きても不思議ではない発火点がいくつも存在するからだ。朝鮮半島、尖閣諸島、台湾海峡、そして南シナ海である。

かつて米中が戦った朝鮮半島では、核兵器やミサイルを弄《もてあそ》ぶ独裁者が中国やロシアの後援を頼んで、米韓日との対決姿勢を強める。尖閣諸島周辺海域では、中国公船の侵入が常態化し、海上保安庁の懸命な海上保安活動が続く。台湾海峡では、中国軍機の台湾防空識別圏への侵入や台湾の海上封鎖を想定した軍事演習などの威圧行動が増大し、緊張が高まる。南シナ海では、中国が領有権をめぐって対立するフィリピンなどへの威嚇を強め、「航行の自由作戦」を展開する米国を牽制する。

いずれの対立もエスカレートすれば、軍事的衝突につながりかねず、核戦争のリスクも孕む。中でも、中国が武力統一を排除しないと明言する台湾をめぐる情勢が懸念される。

日本有事と抑止力

習近平国家主席は盟友プーチン大統領の戦争からどんな教訓を学んだであろうか？

ウクライナ侵攻前には否定された米軍派遣が台湾有事では行われる可能性があること、そして、台湾海峡が持つ軍事オペレーションの難度の高さといった「戦場の霧」は、プーチンの戦争以上に、台湾武力統一へのハードルを高くしている。さらに、グローバル化と経済相互依存を高めながら世界の経済大国となった中国にとって、台湾への武力行使が招くであろう西側諸国の制裁は、さまざまな問題が顕在化している中国経済に大きな打撃を与えるだろう。社会の安定は揺らぎ、共産党一党独裁を危うくしかねない。孫子の兵法により統一を実現することが「善の善」であるが、それがうまくいく保証はない。権力闘争を繰り返してきた中国共産党ならではの戦略の重点は、武力統一を含むあらゆる選択肢を残し、主導権を握りながら揺さぶりをかけ、好機を窺うことに置かれている。常態化した「力の威嚇」がある日突然「力の行使」に転じる可能性も含め、有事の想定と備えが必要であろう。

米国は、中国が台湾の武力統一に動いた場合に、軍事的に介入するかどうかを明らかにしない「戦略的曖昧」政策を維持してきた。この政策によって、中国は米国の介入を恐れ、台湾は米国の不介入を恐れることにより、「二重の抑止」効果が期待できると説明されてきた。しかし、中国の軍事的威嚇が強まる中、「戦略的明確」政策への転換を求める声も出る。バイデン大統領は、ロシアのウクライナ侵攻前に米軍を派遣することはないと明言し、それがロシアの侵攻を促したとの批判も招いた。その後、バイデン大統領は米国には台湾を守る約束があると繰り返し公言した。一方、「米国第一」主義で不確実性を武器とするトランプ氏のような大統領もいる。米中の駆け引きが台湾海峡の行方を左右する。

「台湾有事は日本有事」である。それは軍事面に限られない。ドイツは、ロシアとの経済依存関係を深め過ぎて、そのつけに苦しんだ。日本の対中経済依存の高さも、日本駐在員や家族の安全を含め懸念材料となる。

有事の中身にもよるが、米国が軍事的行動を決定すれば、地理的に在日米軍がその先頭に立つことになる。日本が傍観して済むはずがないし、中国から在日米軍基地にミサイルが撃ち込まれる事態も想定する必要がある。有事が起きてから議論するようでは、間に合わない。

有事を起こさせない抑止力の強化に加えて、万一有事となったときの備えを平時から怠らないことが肝要である。

抑止力については、日米同盟の下、日本の「盾（拒否的抑止）」と米国の「矛（報復的抑止）」という役割分担によって維持されてきた。しかし、ウクライナ戦争は、「矛」を持たない国家の非対称な戦いの不条理を印象づけた。第5章で述べた通り、1994年のブダペスト覚書まで、ウクライナは核兵器保有国であった。そんな経緯から、ウクライナが核兵器を放棄しなければ、ロシアの侵略は起きなかったのではないかとの議論が起きた。

北朝鮮の大陸間弾道ミサイル（ICBM）は米国本土を射程に収める。米国の拡大核抑止は、北朝鮮の増強された核攻撃能力を考慮に入れなければならなくなった。中国は米国と並ぶ核戦力の保有に向けてその増強の歩みを強める。韓国では、北朝鮮の核攻撃を抑止する「矛」としての核兵器保有の議論が高まり、国民の4分の3が核保有を支持するに至っている。安倍元首相は「核共有（nuclear sharing）」についても議論すべきだと主張した。

核兵器をめぐる現状はきわめて深刻である。

米国の拡大核抑止への信頼を高めるとともに、日本が持つべき抑止力についても議論すべきであろう。気にかかるのは、議論の焦点が「反撃能力」という「報復的抑止」にばかり当たっていることである。「打たれたら打ち返す」との論理に立つ反撃能力は、相手の第一撃によって倒れる国民を救えない。例えば国民が避難する核シェルターである。スイスでは、全国民を収容できる地下核シェルターが個人住宅や公共施設に完備されている。韓国も全国に1万7051ヵ所設けているが日本にはない。その整備を含め、「拒否的抑止」の議論も、国民の理解と支持を得ながら進めるべきだろう。

その一方で、「核なき世界」をめざす努力は続けていくべきだ。

「核なき世界」をめざして

2016年5月、オバマ大統領は、現職の大統領として初めて広島を訪問し、こう演説した。

《この町の中心に立ち、勇気を奮い起こして原爆が投下された瞬間を想像してみるのです。目にしている光景に当惑した子どもたちの恐怖を感じてみるのです。声なき叫び声に耳を傾けるのです。……いつの日か、証人としての被爆者の声を聞くことがかなわなくなる日が来ます。けれども1945年8月6日の朝の記憶が薄れることがあってはなりません。この記憶のおかげで、私たちは現状を変えなければならないという気持ちになり、私たちの倫理的想像力に火がつくのです。そして私たちは変わることができるのです》（傍線は筆者による）

2024年10月、オバマが強調した「証人としての被爆者」の団体である日本被団協（日本原水爆被害者団体協議会）がノーベル平和賞を受賞した。ノーベル平和委員会は、授賞理由として、核兵器が二度と使われてはならないというメッセージを証言によって示してきた実績を挙げた。

ノーベル経済学賞を受賞したトーマス・シェリングは、著書『軍備と影響力』（1966年）において、広島と長崎への原爆投下以来、核兵器が使用されていない主因として抑止（相互確証破壊）の理論を精緻に論じたが、同時に、「広島のレガシー」となった「核のタブー」を挙げて、「核使用を禁忌する伝統の重みこそ……何よりも価値がある」と強調した。

この「核のタブー」は、今や80年の長きにわたって守られてきた。被爆者たちの作り上げた伝統は人類にとっての貴重な財産である。しかし、それが今後も守られる保証はない。プーチン大統領はそんなタブーに挑戦する核の恫喝を繰り返す。たとえそれが戦術核であろうとも、このタブーが破られれば、人類は破滅の瀬戸際に追い込まれかねない。

世界はすでにそんな危機を経験している。1962年のキューバ危機は、フルシチョフのミサイル撤去という決断がなければ核戦争になっていただろう。フルシチョフはその譲歩が一つの理由となって2年後に失脚し、代わって権力を握ったブレジネフは核戦力の遅れを取り戻すべく核軍拡に邁進した。1960年代後半には米ソの核の「パリティ（均衡）」と

「相互確証破壊」理論が「長い平和」を可能とした。しかし、それは「恐怖の均衡」による「冷たく危うい平和」であった。

オバマは、広島演説でこうも述べた。

《人間が悪を行う能力をなくすことはできないかもしれません。ですから私たちがつくり上げる国家や同盟は、自らを防衛する手段を持つ必要があります。しかし私自身の国と同様、核を保有する国々は、恐怖の論理から逃れ、核兵器のない世界を追求する勇気を持たなければなりません》

こんな「恐怖の論理」から抜け出すべきだと行動で示した指導者もいた。レーガンとゴルバチョフである。1986年、二人の指導者はレイキャビクで歴史的な会談を行った。画期的な進展があったが、レーガン大統領が「第二のヒトラー」による核兵器入手を理由に挙げて、SDI（戦略防衛構想）に執着したため、最後の最後で合意に至らなかった。最終的合意に達していれば、史上初めての核兵器全廃につながる可能性さえあった。翌年末には、ゴルバチョフが訪米して、中距離核戦力（INF）全廃条約に署名した。こうして、二人の指導者は冷戦終結への物語を紡いでいったのである。

「核なき世界」の実現のために活動を続けた元米国国防長官のウィリアム・ペリーはこう評価している。

《レイキャビク会談は、核兵器の使用禁止と究極的な廃絶を希求する我々を鼓舞する、新たな思考法と前向きな可能性の輝かしい未来を照らし出す灯台のような存在だった》（『核戦争の瀬戸際で』）

公開されたレイキャビク会談の記録を読むと、「新思考」や「前向きな可能性」を感じさせる発言が随所に見られ、理性と外交の可能性に勇気づけられる。我々の多くが「核のない世界」など実現不可能と考えているが、それが真剣に語られたのである。

リップマンは、歴史的名著『世論』で、こう言い残している。

《読者諸氏はこの十年の間に起こったあらゆる凶事のただ中にあっても、こんな人たちをもっと増やしたいと思うような男や女を見たであろう。こんな瞬間をもっと増やしたいと思うような瞬間瞬間を経験したであろう。もしそうでなかったら、神といえども諸氏を救うことはできない》

レイキャビク会談は、そんな「人たち」とそんな「瞬間」を歴史に記録した。

唯一の被爆国である日本にも、「核のない世界」の実現に向けて活動を続けてきた人々とそれを支援する人々がいる。そんな「瞬間」は、国連総会で核兵器禁止条約が採択された2017年にも生まれたが、日本政府は反対票を投じた。米国の拡大核抑止は日本の安全にとって欠かせない。現実の国際政治と長期的な理念の溝は深い。それでも、一部の西側諸国は同条約の締約国会合にオブザーバーとして参加し、対話に加わる意思を行動で表した。そんな国となったドイツは、核抑止の重要性を指摘しつつも、「核兵器のない安全な世界に向けた道を見つけるための、真剣で率直な議論を行いたい」と発言した。被爆国である日本はその場にいなかった。現実と理想の矛盾を「広島のレガシー」で昇華するような「しなやかでしたたかな外交」、そんな理想主義的現実主義の外交もできる国家でありたいと思う。

外交センスのある国家

かつて国際秩序に挑戦して亡国への坂を転がり落ちた日本は、戦後、国際協調や国際貢献を外交の礎石として、世界の平和と繁栄に汗を流してきた。国際社会で名誉ある地位を占めたいとの思いは他のどの国よりも強かったように思う。そうした思いや実績は誇ってよいし、実際、多くの諸国から感謝や尊敬を勝ち得てきた。

そんな外交を支えたのが40年以上にわたって維持された世界第二の経済大国としてのパワーであった。中でも、ODAは軍事的制約を抱えた日本にとって、最重要な外交の手段であった。筆者もその一端を担い、経済力の持つ外交的重みを実感した。しかし、21世紀に入ると、そんな実感は薄れていった。

2012年に公表された「アーミテージ／ナイ報告書」（第3次報告書）は、日本は「一級国家」(first-tier nation)に留まるか、「二級国家」に転落するかの瀬戸際にあると指摘した。「一級国家」とは、相当な経済的影響力、能力の高い軍事力、グローバルな構想力を持ち、国際社会が抱える諸問題に関するリーダーシップを発揮してきた国家を指す。同報告書は、日本が一級国家であり続ける意思と能力を有すると結論づけた。そこには、同盟国への期待と激励も込められていたであろう。

果たして、その後の日本は一級国家であり続けているだろうか?

その答えは、アジアの隣国である中国との比較によって見えてくる。「相当な経済的影響力」は中国に移った。この間の日本の経済成長率が年平均1%強であったのに対して、中国は7%前後で成長し、日中間の経済規模の差は拡大し続けた。中国の経済成長はピークを過ぎたが、今やそのGDPは日本の4倍に達する。

「能力の高い軍事力」についても危機的だ。中国は30年以上にわたって続く国防費の増加、核・ミサイル戦力や海上・航空戦力の量的・質的な増強、サイバー・電磁波・宇宙・ドローン・AIなどの軍事利用の強化と優勢確保によって第一列島線内の軍事バランスを中国優位に変化させてきた。

日本は、台頭した中国を前にして、この厳しい現実に対処しなければならない。経済の力強い発展が絶対条件となるが、掛け声だけでは老いる国家を元気にはできない。今後30年ほどで人口が20%以上減少するとの予測がある一方で、高齢者は増え続け、医療や介護の重圧に社会が押しつぶされそうになっている。このままでは財政も破綻する。

脅威を煽り、ナショナリズムを昂揚させても、国力の低下という現実は冷厳だ。国際的な存在感や影響力の低下は誰も否定できない事実である。それは中国の対日認識にも反映する。例えば、『環球時報』(2018年4月16日)の社説はこう主張した。

《2017年に、中国は経済規模で日本の2・5倍以上に達しており、最早中国と競争などできるわけもなく、日本社会はその差に慣れて、競争意識を失いつつある。米中の間で中立的立場に動くことが日本の国益により適う。それが地政学の常識だ》

しかし、日本はもはや中国に敵わないとの指摘に甘んじる必要はない。

ここに来て、中国はかつてない経済の逆風に晒されている。経済成長が鈍化し、1000万人を超える大学卒業生の就職が困難となり、貧富の格差も拡大する。「中進国の罠」「未富先老(豊かになる前に高齢化が進む)」「国進民退(国有企業が前進し、民営企業が後退する)」、膨らむ債務やゾンビ化する不動産など、問題は山積みである。背景には、「社会主義市場経済」の歪みという構造的要因がある。改革と開放の深化が必要だが、習政権は党の指導と国家の安全を優先する。2030年までに米国を追い越すとの予測には大きな疑問符が付き始めた。

一方、日本には、中国にはない一級国家としての質の高さがある。それは、GDPや戦闘機や軍艦の数では測れない。GDPに反映されないモノ作りやサービスの質、自然環境や社会秩序、食の豊かさと安全、法の支配、自由と人権、国民主権、メディアの独立……これらすべてがパワーの質と価値の質を高めている。日本という国家は、依然として強靭な社会に支えられた強靭な国家なのである。そんな社会や人材に支えられた外交力やソフトパワーが、「アーミテージ／ナイ報告書」の3番目の条件である「グローバルな構想力とリーダーシップ」を生み出すことにもつながる。

国際秩序が変容し、戦争が多発する危機の時代だからこそ、こうした国家・社会の強靭性が問われる。それを支えるのは、国民の政治的・外交的資質である。その根底には、憲法制定を始めとする近代国家統治の基礎を築いた伊藤博文が述べた「国力の基礎」としての「人民の智慧」に通じるものがある。伊藤はこう述べている。

《他国と競争して以て独立の地位を保ち国威を損せぬ様にしなければならぬと云うには、人民の学力を進め人民の智慧を進めなければなりませぬ。其結果は一国の力の上において大いなる国力の発達を顕すと云うことは自然の結果でありませう》（『伊藤博文関係文書』1889年2月27日演説）

資源のない後発資本主義小国の日本にとって、重視すべきは「人民の智徳」に他ならないということを伊藤は見抜いていたのである。残念ながら、伊藤の思いはその後の歴史が明らかにした通り、「肩を聳《そび》やかしたり目を怒らしたりする」間違った愛国心《ナショナリズム》に押し流されてしまった。敗戦によって、その教訓を学んだはずの日本は、伊藤が言うところの「文明の民」(『伊藤侯演説集』)によって世界と交わり、吉田茂が説いた国際協調と「外交感覚」を重視することを忘れないようにしなければならない。

激動の時代に首相として日本を導いた二人の偉大な外政家が強調した指針が、今ほど重視される時代はない。

若い世代ほど自分たちの国家の行く末に関心を持ち、大いに学んで研鑽に努め、外交感覚を磨き、国益を託し得る代表を選ばなくてはならない。望むらくは、自ら政治や外交の世界に飛び込み、平和と繁栄のために汗を流してほしい。そして、普遍的価値を掲げる日本の外交ビジョンや物語を語ってほしい。それが、民主的外交を支え、自由で開かれた国際秩序を守る道でもあるからだ。外交センスのある日本、そう言われる国であってほしいと願う。

あとがき

戦前、外交は軍事によって排斥され、戦争に押し流されていった結果、国家国民を守ることができなかった。その反省に立った戦後の日本外交は、敗戦から80年の長きにわたる平和に貢献してきた。筆者を含め、国民の大多数は戦争を経験していない。大変に幸せなことだと思う。平和は偶然ではない。その陰にニュースにならない数多の努力が日々積み重ねられている。その一つが平和のための外交である。

今、そんな日本の平和が危うくなっている。

力を誇示し、力を振り回す好戦的な独裁者が平和を威嚇し、破壊する。民主主義社会においても、ポピュリストが台頭し、多様性の尊重や寛容の精神が失われ、対立と分断が激しくなった。人類が到達した最善の政治制度も、現状に不満な怒れる選挙民の行動は制御できない。外交は内政の延長であり、鏡でもある。人間の本性が理性を圧倒する政治が外交を競争的で攻撃的なものとしている。そうした流れが続けば、暴力と戦争が世界を支配する。戦争は市民を巻き込む総力戦となって久しい。核軍縮から核軍拡の時代となり、核戦争の危険も増した。

そんな時代に、日本は国家国民の安全と平和をどう守るのか。適切な抑止力や対処力が必要とされることは論を俟たない。同時に、外交によって対立を和らげ、平和を維持することに全力を挙げなければならない。こうした平和のための外交は、日本のみならず、世界の平和に貢献することをめざすものでもあるべきだ。そのためには、外交力を強化し、外交感覚を磨くことが欠かせない。明確な戦略をもって外交と軍事を連動させる。それが平和を守る現実的で最善の道である。

そんな問題意識が本書執筆の動機であり、動力であった。

思索と執筆を進めるうちに、改めて外交という分野の奥深さに圧倒された。世界では重大な変化も起きた。構成や内容を修正し、紙面の都合上、大幅な削除もした。説明不足との印象を持たれる個所もあるかと思う。実際、本書の各章はそれぞれ一冊の本になり得る。台湾海峡や朝鮮半島など日本周辺の問題については、『戦争と平和の国際政治』（2022年）で詳細に論じたので、興味のある方はそちらを参照願いたい。

本書の議論展開に当たっては、次のような二つの領域や要素の関係性を強く意識した。外交と軍事、現実主義と理想主義、外交と内政、政策と交渉、国益とパワー、力の論理と自由の価値、戦略と地政学、情報と政策、信頼と譲歩、国際協調と国益などである。例えば、外交と軍事や内政との関係は次のように整理できよう。

外交はしばしば軍事に圧倒され、内政によって制約されてきた。しかし、外交を軍事や内政と切り離すことはできない。軍事や内政の支えがあれば、外交の成果はより期待できる。外交と軍事、外交と内政というこの二つの関係をそれぞれどう連動させるかを論じることが外交の役割と限界を理解し、外交感覚を養うことにつながる。

本書から外交を考える際のヒントや手がかりを見つけて下されば幸いである。

最後に、中公新書編集部の白戸直人氏と吉田亮子氏、そして編集を担当して頂いた黒田剛史氏に心からの感謝の意を表したい。国際情勢はめまぐるしく変化する。何度も書き直す間、忍耐強く待って下さり、助言や激励を頂いた。よき編集者に恵まれたことの喜びと幸運を感じている。

この書は今は亡き弘中喜通氏（元読売新聞大阪本社代表取締役社長）の勧めと応援があってこそ世に出ることができた。彼は30年以上の畏友であり、兄のような存在であった。ここに改めて深い哀悼の意と感謝の気持ちを表したい。

2025年1月
トランプ大統領就任の日に、
不確かな平和を憂いつつ、
平和の外交に希望を託す。

小原雅博

『外務省公開外交文書』
外務省極秘報告書『外務省調書　日本外交の過誤』
外務省編『わが外交の近況』『外交青書』1957～2024年
外務省ホームページ　https://www.mofa.go.jp/mofaj/
『露独仏三国干渉要概』外務省外交史料館　レファレンスコードB10070277000
防衛庁/防衛省『日本の防衛　防衛白書』2003～2024年
枢密院審査委員会議事録　1933年

【海外文献・資料】
Allison, Graham, *Destined for War*, Mariner Books, 2018
Bolton, John, *The Room Where It Happened,* Simon & Schuster, 2020
Bouverie, Tim, *Appeasement,* Tim Duggan Books, 2019
Chamberlain, Neville, *The Neville Chamberlain Diary Letters*, Routledge, 2000
Chang, Laurence and Kornbluh, Peter (eds.), *The Cuban Missile Crisis, 1962*, A National Security Archive Documents Reader, The New Press, 1992
Grew, Joseph C., *Turbulent Era: A Diplomatic Record of Forty Years 1904-1945*, 2vols (Boston : Houghton Mifflin, 1952) II
Kagan, Robert, *Of Paradise and Power : America and Europe in the New World Order*, Knopf New York, 2003
Morgenthau, Hans, *The Impasse of American Foreign Policy,* The University of Chicago Press, 1962
Powell, Colin, Koltz, Tony, *It Worked for Me,* Harper, 2012
Satow, Ernest Mason, *A Guide to Diplomatic Practice,* Longmans, Green and CO. London, 1917
Shultz, George P., *Turmoil and Triumph*, Scribner, 2010
Trump, Donald J., *Crippled America,* Simon & Schuster, Threshold Editions, 2015
傅瑩『我的対面是你』中信出版集団、2018年
戴秉国『戦略対話』人民出版社、2016年
小原雅博『日本走向何方』中信出版社、2009年
小原雅博『日本的選択』上海人民出版社、2019年
The White House　https://www.whitehouse.gov/
Harvard Kennedy School Belfer Center *Thucydides's Trap Case File*　https://www.belfercenter.org/programs/thucydidess-trap/thucydidess-trap-case-file
The New York Times, The Economist, The Guardian, Foreign Affairs, Foreign Policy, TIME、『環球時報』『人民日報』ほか

顧録：トランプ大統領との453日』朝日新聞出版社、2020年
マキアヴェッリ、河島英昭訳『君主論』岩波文庫、1998年
増田弘編著『戦後日本首相の外交思想：吉田茂から小泉純一郎まで』ミネルヴァ書房、2016年
マッキンダー，H・J、曽村保信訳『マッキンダーの地政学：デモクラシーの理想と現実』原書房、2008年
マハン，アルフレッド・T、北村謙一訳『マハン海上権力史論』原書房、2008年
御厨貴『日本の近代3　明治国家の完成：1890～1905』中公文庫、2012年
陸奥宗光『蹇蹇録』中公クラシックス、2015年
メイ，アーネスト、進藤榮一訳『歴史の教訓：アメリカ外交はどう作られたか』岩波現代文庫、2004年
モーゲンソー，ハンス、原彬久監訳『国際政治（上・中・下）』岩波文庫、2013年
薬師寺公夫ほか編『ベーシック条約集』東信堂、2020年
薬師寺公夫ほか編『判例国際法（第3版）』東信堂、2019年
柳井俊二（述）、五百旗頭真・伊藤元重・薬師寺克行編『外交激変：元外務省事務次官柳井俊二（90年代の証言）』朝日新聞社、2007年
柳原正治『帝国日本と不戦条約：外交官が見た国際法の限界と希望』NHKブックス、2022年
山本七平『空気の研究』文藝春秋、1977年
横田喜三郎『朝鮮問題と日本の将来』勁草書房、1950年
吉田茂『回想十年（上・中・下）』中公文庫、2014～15年
吉田茂『日本を決定した百年』中公文庫、1999年
吉野作造「民衆的示威運動を論ず」『中央公論』1914年4月号
吉村昭『ポーツマスの旗：外相・小村寿太郎』新潮文庫、1983年
吉村昭『新装版　落日の宴：勘定奉行川路聖謨（上・下）』講談社文庫、2014年
リップマン，W、掛川トミ子訳『世論（上・下）』、岩波文庫、1987年
ロールズ，ジョン、中山竜一訳『万民の法』岩波現代文庫、2022年
和田春樹『開国－日露国境交渉』NHKブックス、1991年
渡辺惣樹『日米衝突の萌芽：1898-1918』草思社文庫、2018年

【公文書ほか】
国会会議録　国会図書館ホームページ
『外交記録文書』外交史料館

参考文献

橋本龍太郎（述）、五百旗頭真ほか編『橋本龍太郎外交回顧録』岩波書店、2013年
波多野澄雄編著『日本外交の150年：幕末・維新から平成まで』日本外交協会、2019年
服部龍二『高坂正堯：戦後日本と現実主義』中公新書、2018年
ハバード，グレン、ケイン，ティム、久保恵美子訳『なぜ大国は衰退するのか：古代ローマから現代まで』日経ビジネス人文庫、2019年
原敬、原奎一郎ほか編『原敬日記（全6巻）』福村出版、2000年
原田熊雄（述）、近衛泰子（筆記）、里見弴ほか（補訂）『西園寺公と政局（全8巻・別巻）』国立国会図書館（手製）、2020年
ハリス，タウンゼント、坂田精一訳『日本滞在記（上・中・下）』岩波文庫、1953～54年
バーリン、河合秀和訳『ハリネズミと狐：『戦争と平和』の歴史哲学』岩波文庫、1997年
ハル，コーデル、宮地健次郎訳『ハル回顧録』中公文庫、2014年
ハルバースタム，デービッド、小倉慶郎ほか訳『静かなる戦争：アメリカの栄光と挫折（上・下）』PHP研究所、2003年
半藤一利『日露戦争史（全3巻）』平凡社、2016年
半藤一利・加藤陽子『昭和史裁判』文春文庫、2014年
坂野潤治『日本近代史』ちくま新書、2012年
坂野潤治『帝国と立憲：日中戦争はなぜ防げなかったのか』筑摩書房、2017年
広田照幸『陸軍将校の教育社会史：立身出世と天皇制（上・下）』ちくま学芸文庫、2021年
フクヤマ，フランシス、渡部昇一訳『歴史の終わり　新版（上・下）』三笠書房、2020年
藤田尚徳『侍従長の回想』講談社学術文庫、2015年
ブル，ヘドリー、臼杵英一訳『国際社会論：アナーキカル・ソサイエティ』岩波書店、2000年
古川隆久『昭和天皇：「理性の君主」の孤独』中公新書、2011年
ペリー，ウィリアム・J、松谷基和訳『核戦争の瀬戸際で』東京堂出版、2018年
ペリー，M・C、ホークス，F・L編、宮崎壽子監訳『ペリー提督日本遠征記（上・下）』角川ソフィア文庫、2014年
ホッブズ、水田洋訳『リヴァイアサン（1）（2）』岩波文庫、1954、64年
ボルトン，ジョン、梅原季哉監訳、関根光宏ほか訳『ジョン・ボルトン回

高橋是清、上塚司編『高橋是清自伝（上・下）』中公文庫、2018年
高橋是清「内外国策私見」1920年９月
瀧井一博『伊藤博文：知の政治家』中公新書、2010年
タックマン，バーバラ・W、山室まりや訳『八月の砲声（上・下）』ちくま学芸文庫、2004年
ダワー，ジョン、大窪愿二訳『吉田茂とその時代（上・下）』中公文庫、2014年
チャーチル，W・S、佐藤亮一訳『第二次世界大戦（全４巻）』河出文庫、1983～84年
土橋勇逸「国際聯盟脱退管見」『現代史資料11　続・満洲事変』みすず書房、1965年
テイラー，A・J・P、吉田輝夫訳『第二次世界大戦の起源』講談社学術文庫、2011年
手嶋龍一『外交敗戦：130億ドルは砂に消えた』新潮文庫、2006年
寺崎太郎『れいめい：日本外交回想録』中央公論事業出版、1982年
寺崎英成、マリコ・テラサキ・ミラー『昭和天皇独白録』文春文庫、1995年
トゥーキュディデース、久保正彰訳『戦史（上・中・下）』岩波文庫、1966～67年
東郷文彦『日米外交三十年：安保・沖縄とその後』中公文庫、1989年
トクヴィル、松本礼二訳『アメリカのデモクラシー（第一巻上・下、第二巻上・下）』岩波文庫、2005～08年
戸部良一『外務省革新派：世界新秩序の幻影』中公新書、2010年
戸部良一ほか『失敗の本質：日本軍の組織論的研究』中公文庫、1991年
トルストイ、藤沼貴訳『戦争と平和（全６巻）』岩波文庫、2006年
永井荷風『断腸亭日乗（６）』岩波文庫、2002年
永井陽之助『新編　現代と戦略』中公文庫、2016年
中曽根康弘、中島琢磨ほか編『中曽根康弘が語る戦後日本外交』新潮社、2012年
中谷和弘ほか『国際法（第３版）』有斐閣アルマ、2016年
中村隆英『昭和史（上・下）』東洋経済新報社、2012年
ニコルソン，H、斎藤真ほか訳『外交』東京大学出版会、1968年
野村吉三郎『日米開戦　最終交渉の経験と反省：駐米大使の回想日録と戦後処理』書肆心水、2021年
ハインリックス，ウォルド・H、麻田貞雄訳『日米外交とグルー』原書房、1969年

ス、2008年
後藤田正晴『政と官』講談社、1994年
近衛文麿『平和への努力：近衛文麿手記』日本電報通信社、1946年
小林雄吾編、山本四郎校訂『立憲政友会史（2）補訂版』日本図書センター、1990年
小原雅博『東アジア共同体：強大化する中国と日本の戦略』日本経済新聞社、2005年
小原雅博『国益と外交：世界システムと日本の戦略』日本経済新聞出版社、2007年
小原雅博『「境界国家」論』時事通信出版局、2012年
小原雅博『日本の国益』講談社現代新書、2018年
小原雅博『戦争と平和の国際政治』ちくま新書、2022年
小松一郎『実践国際法』信山社、2011年
ゴルバチョフ，ミハエル、副島英樹訳『ミハエル・ゴルバチョフ：変わりゆく世界の中で』朝日新聞出版、2020年
斎藤隆夫『回顧七十年』中公文庫、2014年
斉藤孝『戦間期国際政治史』岩波現代文庫、2015年
酒井哲哉編『日本の外交（3）外交思想』岩波書店、2013年
坂本多加雄『日本の近代2　明治国家の建設：1871〜1890』中公文庫、2012年
坂本義和『人間と国家：ある政治学徒の回想（上・下）』岩波新書、2011年
佐々木雄一『陸奥宗光：「日本外交の祖」の生涯』中公新書、2018年
サトウ，アーネスト、坂田精一訳『一外交官の見た明治維新（上・下）』岩波文庫、1960年
シェリング，トーマス、斎藤剛訳『軍備と影響力：核兵器と駆け引きの論理』勁草書房、2018年
重光葵『昭和の動乱（上・下）』中公文庫、2001年
重光葵『外交回想録』中公文庫、2011年
幣原喜重郎『外交五十年』中公文庫、2015年
幣原平和財団『幣原喜重郎』幣原平和財団、1955年
習近平『国政運営を語る（1）』外文出版社、2014年
春畝公追頌会編『伊藤博文伝（上・中・下）』原書房、1970年
スティムソン，ヘンリー・Lほか、中沢志保ほか訳『ヘンリー・スティムソン回顧録（上・下）』国書刊行会、2017年
スパイクマン，ニコラス・J、奥山真司訳『平和の地政学：アメリカ世界戦略の原点』芙蓉書房出版、2008年

キッシンジャー，ヘンリー・A、塚越敏彦ほか訳『中国：キッシンジャー回想録（上・下）』岩波現代文庫、2021年
木村汎『対ロ交渉学：歴史・比較・展望』藤原書店、2019年
ギャディス，ジョン・ルイス、村井章子訳『大戦略論：戦争と外交のコモンセンス』ハヤカワ文庫、2022年
清沢洌、山本義彦編『清沢洌評論集』岩波文庫、2002年
熊本史雄『幣原喜重郎：国際協調の外政家から占領期の首相へ』中公新書、2021年
クラウゼヴィッツ，カール・フォン、日本クラウゼヴィッツ学会訳『戦争論：レクラム版』芙蓉書房出版、2001年
栗山尚一『戦後日本外交：軌跡と課題』岩波現代全書、2016年
グルー，ジョセフ・C、石川欣一訳『滞日十年（上・下）』ちくま学芸文庫、2011年
来栖三郎『泡沫の三十五年：日米交渉秘史』中公文庫、2007年
クレイグ，ゴードン・A、ジョージ，アレキサンダー・L、木村修三ほか訳『軍事力と現代外交：歴史と理論で学ぶ平和の条件』有斐閣、1997年
グローティウス，フーゴー『戦争と平和の法』GPT出版、2023年
軍事史学会編『大本営陸軍部戦争指導班　機密戦争日誌（上・下）：新装版』錦正社、2008年
ゲーツ，ロバート、井口耕二ほか訳『イラク・アフガン戦争の真実：ゲーツ元国防長官回顧録』朝日新聞出版、2015年
ケナン，ジョージ、近藤晋一ほか訳『アメリカ外交50年』岩波現代文庫、2000年
ケナン，ジョージ・F、清水俊雄・奥畑稔訳『ジョージ・F・ケナン回顧録（Ⅰ～Ⅲ）』中公文庫、2016～17年
ケナン，ジョージ・F、関元訳『二十世紀を生きて：ある個人と政治の哲学』中公クラシックス、2015年
ケネディ，ポール、鈴木主税訳『決定版　大国の興亡：1500年から2000年までの経済の変遷と軍事闘争（上・下）』草思社、1993年
ケネディ，ロバート、毎日新聞社外信部訳『13日間：キューバ危機回顧録』中公文庫、2001年
高坂正堯『古典外交の成熟と崩壊（Ⅰ・Ⅱ）』中公クラシックス、2012年
高坂正堯『国際政治：恐怖と希望』中公新書、1966年
高坂正堯『世界史の中から考える』新潮選書、1996年
高坂正堯『宰相 吉田茂』中公クラシックス、2006年
高坂正堯「現実主義者の平和論」『海洋国家日本の構想』中公クラシック

ヴェーバー，マックス、脇圭平訳『職業としての政治』岩波文庫、2020年
ウォルフ，マイケル、藤田美菜子・関根光宏訳『炎と怒り：トランプ政権の内幕』早川書房、2018年
宇垣一成、角田順編『宇垣一成日記（3）：自昭和十四年三月至昭和二十四年七月』みすず書房、1971年
臼井勝美『満州事変：戦争と外交と』講談社学術文庫、2020年
ウルマン，ハーラン、中本義彦監修、田口未和訳『アメリカはなぜ戦争に負け続けたのか：歴代大統領と失敗の戦後史』中央公論新社、2019年
NHK取材班編『太平洋戦争 日本の敗因（6）：外交なき戦争の終末』角川文庫、1995年
大山梓編『山県有朋意見書』原書房、1966年
岡義武『明治政治史（上・下）』岩波文庫、2019年
岡義武『山県有朋：明治日本の象徴』岩波文庫、2019年
岡崎久彦『戦略的思考とは何か』中公新書、1983年
岡崎久彦『陸奥宗光（上・下）』PHP文庫、1990年
尾塩尚『駐米大使野村吉三郎の無念：日米開戦を回避できなかった男たち』日本経済新聞社、1994年
カー，E・H、井上茂訳『危機の二十年：1919-1939』岩波文庫、1996年
片山慶隆『小村寿太郎：近代日本外交の体現者』中公新書、2011年
勝田龍夫『重臣たちの昭和史（上・下）』文春学藝ライブラリー、2014年
ガット，アザー、石津朋之ほか監訳、歴史と戦争研究会訳『文明と戦争：人類二百万年の興亡（上・下）』中公文庫、2022年
加藤祐三『幕末外交と開国』講談社学術文庫、2012年
カリエール、坂野正高訳『外交談判法』岩波文庫、1978年
川田稔編『近衛文麿と日米開戦：内閣書記官長が残した『敗戦日本の内側』』祥伝社新書、2019年
カント、宇都宮芳明訳『永遠平和のために』岩波文庫、1985年
北岡伸一『日本の近代５　政党から軍部へ：1924～1941』中公文庫、2013年
北岡伸一編集・解説『戦後日本外交論集：講和論争から湾岸戦争まで』中央公論社、1995年
キッシンジャー，ヘンリー・A、岡崎久彦監訳『外交（上・下）』日本経済新聞社、1996年
キッシンジャー，ヘンリー・A、伊藤幸雄訳『回復された世界平和』原書房、2009年

参考文献

【邦語文献】

アイケンベリー，G・ジョン、細谷雄一監訳『リベラルな秩序か帝国か：アメリカと世界政治の行方（上・下）』勁草書房、2012年

浅野裕一『孫子』講談社学術文庫、1997年

アチソン，ディーン、吉沢清次郎訳『アチソン回顧録（1・2）』恒文社、1979年

安倍晋三『美しい国へ』文春新書、2006年

アーミテージ，R、ナイ，J「アーミテージ／ナイ報告書」（第3次報告書）2012年　https://www.csis.org/analysis/us-japan-alliance-0

アリソン，グレアム、ゼリコウ，フィリップ、漆嶋稔訳『決定の本質：キューバ・ミサイル危機の分析（1・2）』日経BP、2016年

有馬学『日本の近代4　「国際化」の中の帝国日本：1905〜1924』中公文庫、2013年

飯田洋介『ビスマルク』中公新書、2015年

五百旗頭真『日本の近代6　戦争・占領・講和：1941〜1955』中公文庫、2013年

池井優ほか編『浜口雄幸日記・随感録』みすず書房、1991年

石井菊次郎『外交随想』呉PASS出版、2016年

泉三郎『堂々たる日本人：知られざる岩倉使節団』祥伝社黄金文庫、2004年

伊藤隆、照沼康孝解説『続・現代史資料（4）陸軍 畑俊六日誌』みすず書房、1983年

『伊藤博文関係文書』国立国会図書館憲政資料室所蔵

伊藤博文（述）『伊藤侯演説集』日報社文庫、1899年

伊藤之雄『原敬：外交と政治の理想（上・下）』講談社選書メチエ、2014年

井上寿一「国際連盟脱退と国際協調外交」『一橋論叢』第94巻第3号、1985年

入江昭『日本の外交：明治維新から現代まで』中公新書、1966年

入江昭『新・日本の外交：地球化時代の日本の選択』中公新書、1991年

ウィリアムズ，サミュエル・ウェルズ、洞富雄訳『ペリー日本遠征随行記』講談社学術文庫、2022年

小原雅博（こはら・まさひろ）

東京大学卒．1980年，外務省入省．2015年，東京大学大学院法学政治学研究科教授．21年より東京大学名誉教授．博士（国際関係学）．
著書『東アジア共同体』（日本経済新聞社）
『国益と外交』（日本経済新聞社）
『「境界国家」論』（時事通信出版局）
『日本の国益』（講談社現代新書）
『東大白熱ゼミ 国際政治の授業』（ディスカヴァー・トゥエンティワン）
『コロナの衝撃』（ディスカヴァー携書，岡倉天心学術賞）
『大学４年間の国際政治学が10時間でざっと学べる』（KADOKAWA）
『戦争と平和の国際政治』（ちくま新書）
『日本走向何方』（中信出版社）
『日本的選択』（上海人民出版社）
ほか

外交《がいこう》とは何《なに》か
中公新書 *2848*

2025年３月25日発行

著　者　小原雅博
発行者　安部順一

本文印刷　三晃印刷
カバー印刷　大熊整美堂
製　　本　小泉製本

発行所　中央公論新社
〒100-8152
東京都千代田区大手町 1-7-1
電話　販売　03-5299-1730
　　　編集　03-5299-1830
URL https://www.chuko.co.jp/

Published by CHUOKORON-SHINSHA, INC.
Printed in Japan　ISBN978-4-12-102848-8 C1231

中公新書

政治・法律